観念と存在　デカルト研究 I

観念と存在

デカルト研究 1

村上勝三著

知泉書館

序　デカルト哲学の再構築に向けて

フッサールがデカルト哲学を批判したとき、現象学は自らの限界を定めた。フッサールによって批判されているのは「私」を実体とすることである[1]。世界を構成する一部である実体としての「私」、そのような「私」の捉え方が批判された。それを彼は「超越論的転回の失敗 Verfehlen der transzendentalen Wendung」と呼んだ[2]。そのことによって、彼は自らに限界を設定した。己の意識を超えて自らが実体でありうる存在論へと到達できる途を閉ざした。同工異曲のことがミシェル・アンリのデカルト批判にも見いだされる。彼は次のようにデカルト哲学を批判する。「実体については、その十全な概念が神にとっておかれるのに対して、思惟の方は、物体と同じ資格をもつ創造された一実体でしか最早なくなり、かくて超越的な構成によって作り上げられた体系の内部で物体と肩を並べることになる」[3]。この批判が示しているのは現れが実質であるという「実質的現象学 phénoménologie matérielle」の限界設定である。現れないものが実質でありうる可能性の排除である。「思うもの res cogitans」も「広がるもの res extensa」も実体であると捉える可能性の排除である。そしてまた、無限実体も有限実体も実体であると捉える視点の喪失である。今もって現象学者はこの限界に無自覚であるように思われる。

フッサールとアンリ、この六〇年ほどの時代的隔たりに思いを馳せるならば、現象学が自ら設定した限界は広汎なものであり、浸透性の強いものであると言えよう。私たちの住まう歴史的位置が求めているのは、現象学のこの限界を乗り越え、現象学にしかるべき役割を与えることである。それを可能にするのがデカルトの道である。私たちの課題を一言で云えば、〈私の思いに条件づけられた一般存在論 ontologia generalis〉の構築である。「思うもの」として世界を対象化する「私」も実体としては他人の一員である。この「私」は限りあるものとしていつも無限を先立てている。「私」は限りある実体としてその実在の原因を自らの外にもつ。「私」と物体との間に知るという点での優位さがあるにせよ、この本質を異にする二つの実体は実在するという点では同根である。これらのことを理由に基づいて提起することのできる存在論を構築する。私たちが提起しようとしている存在論は現代哲学を暗雲の如く覆っている現象学を放逐しない。現象学にその固有の力を発揮する領域を提供する。現象学が意識を場とする厳密な学である限り、その本拠は、心身合一体としての人間を、一個の人間の心のありさまとして「私」において明らかにする点にある。

「私の思う」ことが「私のある」ことである地点から、一個の人間の意識にまで至り着く。そのためにはまずもって「私」の思い（意識）を超えて登りつめるところに開かれる存在論を見いださなければならない。その存在論を〈私の思いに条件づけられた一般存在論〉と表現した。「一般存在論」と呼ぶのは、この存在論が「存在－神論 onto-théologie」を通過して開かれるにせよ、「ある」を「ある」として問いつつ「実在 existentia」と「本質 essentia」とを「存在 esse」として一つにする場に到達するからである。このことはけっして目新しいことではない。カント以来決定的に分断されてしまった実在と本質とを存在として回復する。一義的であるその「存在」の度合いとひろがりとして「特殊存在論 ontologia specialis」が展開される。私たちの用語法での「特殊存在論」は伝統的ないわゆる「特殊形而上学 metaphysica specialis」という呼び方と重なる部分もあれば、重ならない部分もある。私たちの特殊存在論には「神論」が含まれないからである。「神」つまりは「絶対的他者」・「無限なるもの」

についての不可避的探究は一般存在論の入り口と素材をなす。その一方、「形而上学」という名称を、私たちは一般存在論と特殊存在論を包括するものとして用いる。本質と実在を一つに摑むこの一般存在論の構築は、また、ヒューム以来引き裂かれてしまった「真である」と「善い」とが一つになる場を見いだすことでもある。いったいなぜ私たちは「本当のこと」を「よいこと」と思わなくなってしまったのか。いな、こう思わなくなってしまったのは哲学を生業にする者たちだけなのではないのか。デカルトの道を通って一般存在論への道筋を示す。その第一歩に向けて私たちは踏み出した。

しかし振り返ってみれば、その第一歩は既に歩まれた道程の先にある。既刊の『デカルト形而上学の成立』(勁草書房、一九九〇年)を含めて、『デカルト研究』全三巻、『新デカルト的省察』、これら五冊が一つの形而上学を構築する。『デカルト研究 一』は「私は思う」に条件づけられた存在論に向けて、観念と存在の関係を解明する。デカルト哲学における「観念と存在」の関わりを中心に〈思われてある〉ことの存在論的機構を探る。来るべき『デカルト研究 二』ではその成果を展開しつつ、『省察』「第五省察」の研究を中心に、数学を基礎づける過程のなかから「一般存在論」の到達地点を明らかにする。「存在」が一義的でありつつ度合いの下に開かれる。その頂点をなすのが「必然的実在」、「自己原因」という捉え方である。これらの概念が私たちの言葉として取り戻される。第三巻『デカルト研究 三』は、物理学(自然学)の基盤解明を中心に「第六省察」の研究と既に得られた成果をさらに展開するための努力がなされる。真であることと善いということがどのように一体化して個人倫理の基礎になるのか。他人とのつながりを伴う違いのなかで、私たちがどのようにして個性と主体性を獲得して行くのか。これらのことを考えて行くときに足場となる理論を提供することになる。

こうして三巻合わせて『省察』を中心に据えたデカルト哲学研究を構成する。個別研究としてみるならば、『デカルト研究』の第二巻と第三巻はそれぞれ「第五省察」、「第六省察」の研究という位置を占める。形而上学の生成過程から「第四省察」までは『デカルト形而上学の成立』として既に公開されている。しかし、これらの研究のなかで得られたことを自ら思索し直し、それをとおして自らの経験を探り出し、探り出されたもののなかから選び取りながら、自らの経験を自らのものにするためには、デカルトの道をもう一度「疑い」から辿り直さなければならない。かくして最後を締めくくるのは『新デカルト的省察』である。現に今、東アジアに位置する或る共同体のなかで、或る文化的・社会的・政治的・経済的状況のもとに生活をしている私が、一七世紀のヨーロッパ人であったデカルトの辿って見せた『省察』の道を辿り直す。この五つの著作が合理主義の再構築に土台を与えることになるであろう。

次に、デカルト研究史の展開を簡潔に振り返りながら、私たちの仕事の位置を明らかにすることにしよう。(4) 一九世紀末から第一次大戦終了までの解釈史の流れのなかで、デカルト哲学は近代哲学の出発点とみなされてきたであろう。はじめての近代校訂版全集と言えるアダン・タヌリィ旧版の完成(一九一三年)と共に新しい流れが生じる。一つには、ジルソン(É. GILSON)の仕事のように、中世哲学との関連という視点からデカルト哲学の全体像を見直そうとする動きである。また、グイエ(H. GOUHIER)のそれのようにデカルトの思索の展開をきめ細かに捉え直すということも挙げることができる。それとともに、哲学的議論の展開を『省察』の順序を追いながら、テクストの流れを基盤にするゲルー(M. GUEROULT)の研究も現れる。さらにこの態度は、時間軸にそって作品・書簡を配列するというアルキエ(F. ALQIÉ)による著作集の出版にも受け継がれる。この時期に、アダン・ミヨー版

『書簡集』が完成し（一九三六―六三年）、また、アダン・タヌリィ新版が完結した（一九七三年）ということも研究の緻密化を促したと言えるであろう。

さらに、七〇年代に入って、永遠真理創造説を解釈の核心に据え、思索の展開を時間軸にそって捉えるという点での集大成的研究としてロディス・レヴィス（G. RODIS-LEWIS）の仕事を挙げることができる。彼女の研究成果を足場に、ベイサッド（J.-M. BEYSSADE）、マリオン（J.-L. MARION）という人達の作品が現れる。ベイサッドは、ゲルーの方法論への批判をもって自らの著作を始める。ベイサッドの最初の仕事の軸は叙述の順序とは異なって流れる時間への着目にある。それに対して、マリオンの解釈においてはハイデガーに負う「存在―神論」という着眼がその軸になる。この二人においては、思索の展開をそのまま追うというロディス・レヴィスの方法を乗り越え、もう一度デカルト哲学を全体的に捉え直すという試みが重視されている。しかし、ベイサッドの研究に顕著なテクストを精確に読もうとする態度、あるいは、マリオンの著作の随所に見られる典拠の網羅性を求める態度、さらに両者にとって当然とされるデカルト解釈史上の研究業績を視野に収めるということ、これらは、ロディス・レヴィスの基本的研究態度を継承しているとも考えられるが、むしろ、フランスにおけるデカルト研究の伝統の故と言った方がよいであろう。

マリオンはデカルト哲学を「コギト」と「神」との二重の「存在―神論」と解釈する。彼はデカルト哲学に形而上学の終焉を見て、パスカル的な「こころ cœur」の場への乗り越えを提起する。神学にまで展開された現象学によってデカルト哲学を制覇する試みとみることもできよう。彼の解釈によって〈知ることとあること〉のデカルト哲学における問題としての根底性が回避されることになる。これが彼の解釈の革新性であるとともに、このことによって彼の解釈が現象学の境界線によって区切られることにもなる。さらに、一九九五年カンブシュネル（Denis

KAMBOUCHNER）の作品がデカルト研究の新しい時代を開く。(5) 彼は『情念論』の研究をデカルト研究の出発点とする。そこから『省察』に向かって歩みを進める。「コギト」を情念の主体として捉え、いわば〈生活世界〉のなかから形而上学を立ち上げるところに彼の革新性があると予想される。「予想される」と書いたのは彼の『省察』研究はこれから日の下に現れることになるからである。彼の解釈にはマルブランシュ以来の現象学的思考が活かされていると思われる。

私たちの仕事は、「これに」対して——と述べるならば、現今の日本的情念のありさまを思いみるとき、おこがましい、不遜なという反応の目の前に浮かぶことに疑念もあるまじき思いではあるが、蟷螂の斧も斧として、自らの立場を明らかにするのも、また研究者の務めであろうからと思い直し、彼らに対して自らの仕事が——どのような位置にあるのであろうか、これも簡潔に記しておくことにしよう。先に見たマリオンの解釈との位置関係からするならば、私たちの仕事は〈知ることとあること〉の関係がデカルト哲学における基本設定であることを取り戻し、そうすることを通して中世スコラ哲学から近代哲学への展開を連続と断続として捉える視点を提供するであろう。また、マリオンは現象学によってデカルト哲学を罷免し、カンブシュネルは現象学からデカルト形而上学へと向かう。私たちは〈私の思い〉を真上に超えて絶対的他者に到る道を示す。もしカンブシュネルが無限への超越を果たすならば、方向性としては相同な点をもつ。しかし私たちは現象学が本領を発揮しうるのは、形而上学が確立されてから、心身合一体における〈こうむられるもの〉としての「情念passion」の問題においてであると考える。私たちの仕事を一言で示すならば、思うことをやめるならばあることもやめてしまう比類なき存在である「私」、その「私」の思いに条件づけられた一般存在論の樹立としてデカルト哲学を解釈することである。

その出発点を告げる『デカルト研究 一』の「第一部」は、あるいは、デカルト哲学のもっているひろがりを示し、あるいは、本研究全三巻のなかで出会うことになる拡散的眺望を披瀝しつつ、やはり全三巻のなかで出会うことになる論述の仕方の多様性を例示的に展開する。「第一章」は存在を度合いとして開示するときに鍵となる「実象性・レアリタス」という概念を、研究報告という仕法で解明する。「第二章」はデカルト自然学の土台設定を「光」という一点から照射して物語る。「第三章」は哲学的思索を展開するための日本語を探し、鍛えながら、心身合一体としての「私」の行為のありさまについて論じる。「第二部」は、知識の確実性を求めるということがどのような問題なのかということを明らかにし、『規則論』からの「観念」についての捉え方の展開を踏まえつつ、デカルト的「観念」とは何であるのか、これを報告する。「第三部」は『省察』以降の「観念」説の展開のなかで近代的「意識」概念成立の次第と、「本有観念」という摑み方の意味を明らかにするとともに、中世スコラ哲学との連続面・断絶面を明らかにする。こうしてデカルトが「観念」という語を用いて開きだした新しい地平における存在論的機制に光が当たる。「第四部」は「観念」をめぐる解釈上の問題の総まとめとして、まず、「反論と答弁」における議論の応酬を追い、応酬の問題点を纏めるとともに、さまざまな解釈を通覧しながら、その問題点を明らかにする。そして最後に、デカルト的「観念」説とはどのような問題であるのかということを提示する。かくて「観念と存在」の問題が一般存在論の開けに向けて果たす役割がおのずから浮き出して来るであろう。

註

（1） E. HUSSERL, *Cartesianische Meditationen*, Husserliana, Bd. 1, S. 63. 浜渦訳『デカルト的省察』岩波書店、五四頁。

（2） *op., cit.* S. 63. 同上五三頁。

（3） M. HENRY, *Généalogie de la psychanalyse*, PUF, 1985, p. 21. 山形他訳『精神分析の系譜』法政大学出版局、一九九三年、二〇頁。

（4） 以下に言及されている研究者の著作およびデカルトの全集、著作集、書簡集については、本書「第四部第四章」と巻末の「引用文献著者索引」を参照していただきたい。

（5） Denis KAMBOUCHNER, *L'homme des passions*, Albin Michel, 1995.

目次

第Ⅲ部　「観念」の歴史と『省察』以後

観念と存在

デカルト研究I

第Ⅰ部　知ること・あること・行うこと

第一章　デカルト哲学における「実象性（レアリタス）」のありか

序　問題の所在

「実在性・実象性 Realität, réalité, reality」というこの概念の起源は、オイケン（R. Eucken）によれば、ドゥンス・スコトゥス（Duns Scotus）の「レアリタス realitas」という概念に求められている。[1] しかし、ドゥンス・スコトゥスの「レアリタス」という概念は、現代語の「実在性」という語がもっているような〈現実的〉という含みを全くもっていない。要を言えば、ドゥンス・スコトゥスの言う「レアリタス」とは、「是性 hæcceitas」も「何性 quidditas」をも含意しうる概念、つまりは本質上での事物《もの》の規定性を示しているのであって、本質に付け加えられる実在から区別されている。[2] 換言すれば、ドゥンス・スコトゥス的「レアリタス」は、当の事物《もの》をその事物《もの》たらしめている規定であって、事物《もの》の現実性とは峻別されていると言ってよい。このような「レアリタス」概念が、現代におけるような意味合いに向けて転換されるわけであるが、その転換点は『純粋理性批判』（*Kritik der reinen Vernunft*）におけるカント（Kant）の「客観的実在性 objektive Realität」という概念に求められてよいのではないか。[3] 無論、カントにおいても、「実在性」が「事象性 Sachheit」と言い換えられている箇所もあるように、[4] それまでの伝統的意味は保持されていると言えよう。しかし一方では、「客観的実在性」が「実在 Existenz」と言い換えられる場合も生じてくるのである。[5] この点に関してハイデガー（HEIDEGGER）は、カントの「客観的実在性」が「可能性」から区別された「現実性」を意味する場合がある、と指摘している。[6] ハイデガーの指摘するこうした側面を、われわれは「弁証論」において多く確認することができる。[7] また、カントの言う「客観的」ということは、「主観」との対比において対象へと方向づけられたものであり、周知の如く、中世スコラにおけるこの語の用法とはその方向性において逆なのであるが、そうした視点から、ハイデガーはデカルトの「レアリタス」概念に言及して次のように論じている。デカルトの「対象的（客観的）レアリタス realitas objectiva」はカントの「客観的実在性」とまさに正反対であり、「主観的に表象された可能性」であって、逆にデカルトの「現実的レアリタス realitas actualis」の方が現実性を表現している、と。[8] 要するに彼は、「レアリタス」のスコラ的意味とデカルト的意味とに差違を見ていないのである。

確かに、ハイデガーの述べているように、「レアリタス」がデカルトにおいて可能性としての肯定的《ポジティーフ》な規定を意味するという側面を否定することはできない。たとえば「第四省察」で、誤謬が「レアーレな何か quid reale ではない」とされる場合に言われていることは、誤謬が神に依存する肯定的《ポジティーフ》な規定、つまりは、「レアリタス」を欠いているということである（AT. VII, 54）。しかしながら、「対象的レアリタス」が「主観的に表象された可能性」でしかないならば、如何にして「対象的レアリタス」という概念を用いて神の実在を証明しようとすることができるのであろうか。「対象的レアリタス」という概念は、「第三省察」での「観念」の原因からの神の実在証明において、なくてはならぬ概念であるばかりでなく、「第六省察」における物体の実在証明に際して、デカルトは想像力及び感覚について論及しつつも、最終的にはこの概念に依拠することとなる。突き詰めて言えば、デカルトが「コギト cogito」つまりは「思惟する事物《もの》 res cogitans」としての〈私〉から外的事物の実在へと赴かんとする際に、この概念が導きの糸となっているのである。デカルトの「レアリタス（実象性）」概念が、このような彼の根本設定に深く根ざしつつ、どのような意味をもつに至ったのか。このことを本章の課題としよう。

第一節　本質と実在の区別

そのような中心的考察に入るに先立って、デカルトの実在と本質についての基本的考え方とスコラ的考え方との差違という点から始めよう。デカルト哲学の哲学史における独自的意義を、哲学における「コギト」の第一義性の確立、つまりは所謂認識主観の確立という方向への第一歩、というところに求めようとする通念的指摘がある。ところでその一方、この「コギト」の第一義性ということが、デカルトの「存在 esse」についての観方に何らかの変更を呼び起こしているであろうということも、当然顧慮されて然るべきであろう。このような見通しのもとに、スアレス（F. SUAREZ）とデカルトとが樹てている三つの区別について簡単に比較し、「存在」に対するデカルトの基本的な観方を瞥見してみる。

「区別」は、スアレスによれば、次の基本的な三つの、すなわち、事物《もの》 res と事物《もの》の間に存する区別としての「実象的区別 distinctio realis」、様態 modus とそれが帰属する事物《もの》との区別としての「様態的区別 distinctio modalis」、そして、この二つの区別はともに、「事物《もの》の側から a parte rei」の現実態としての区別であるが、これらとは別に「外的命名 denominatio extrinseca を介して事物《もの》が対象化され、様々な概念に帰属される限りで成立する」[9] 区別としての「理拠的区別 distinctio rationis」、とに区別される。「理拠的区別」とは、たとえばわれわれが神において一つの属性を他の属性から区別するような場合であって、先の二つの区別が事物《もの》の側からの区別であるのに対して、これは知性における区別、ここにおいて事物《もの》の側からの区別と知性における区別は、対立的な両極を成すとされている、と言うことができる。スアレスによれば、被造物の実在と本質の区別は、右の三つの区別のうちの「理拠的区別」である。すなわち、事物《もの》の側からの実在と本質の区別が問題である場合、比較されるべきは「現実的実在 acutualis existentia」と、「実在する現実的本質 actualis essentia existens」なのであるから、事物《もの》そのものにおいては実在と本質を区別することができない。[10] 従って、この区別は「実象的区別」でも「様態的区別」でもない。しかし、「事物《もの》においては引き離されていないことを、知性は切り離すことができ、この知性は更に現実的実在を分離して被造物を概念することもできる」[11] わけであって、実在と本質の区別はかくて、知性によって実在を切り離すことに基づいて成立する「理拠的区別」であるとされる。

一方、『哲学の原理』におけるデカルトもそのような三つの区別を樹てている。「実象的区別」は実体間の区別であり、「様態的区別」は実体と本来の意味での様態、および、一つの実体の二つの様態の間に成り立つ区別である。「理拠的区別」は実体と属性、および、一つの実体の二つの属性の間に成り立つ区別である（AT. VIII-1, 29-30）。これらの規定は規定そのものとしては明快であるが、ここの箇所と『省察』「第一答弁」との表現上の違いから、デカルトの言う「様態的区別」は、スアレスの規定に照すに、事物《もの》の側からの区別なのか、知性における区別なのか。『哲学の原理』ではその点に立入って論じてはいないが、その後の「書簡」では、「理拠的区別」は「様態という名辞を広く使う場合には様態的区別と呼ばれうる」（AT. IV, 348）、とされている。たとえば、形や運動は物体の本来の意味での様態であるが、形を思惟する場合の思惟と運動を思惟する場合の思惟も、思惟の異なる様態として区別されるのである。

以上のデカルトの三つの区別は、事物《もの》の側と知性とを対立的に捉えているという点で、スアレスの規定と相通ずる面があるにせよ、実在と本質の区別をめぐって両者の決定的な差違が露呈してくる。第一に、『哲学の原理』において実在を属性とする観点が見られることである（AT. VIII-1, 26）[12]。属性は実体に内在する規定である故に、知性の抽象によってのみ、つまりは「理拠的」にのみ実体と区別して捉えられる。スアレスによれば「現実的実在」を切り離すことによって、知性は本質を捉えることになるが、そうではなく、デカルトにおいては実在も属性である限り、これを知性は他の属性と並び立つものとして自らの内に捉えるのである。このように捉えられた属性は思惟の様態に他ならない。他方第二に、デカルトにおける実在と本質の区別は、「実象的」でも「様態的」（本来の意味でのそれではないが）でも「理拠的」でもありうる、ということになる。この区別は、最始的属性としての本質と他の属性との知性の抽象による区別であるのだから、「理拠的区別」であることになり、また「理拠的区別」は思惟の異なる様態間の区別でもあるのだから、この意味では、実在と本質の区別は「様態的区別」ということにもなるのである。更には、実在と本質の区別について、「我々が、我々の思惟の外に実在する事物《もの》を、我々の思惟の内に存在する事物《もの》の観念と正しく区別しさえすれば、このことにおいて何らの困難も生じない」（AT. IV, 249-350）、とデカルトが考えるのであってみれば、事物《もの》は知性の内に「対象的」にあるに応じて本質として理解され、また知性の外にあるに応じて実在として理解されるのであって、この場合に「思惟的実体」とたとえば「延長的実体」という二つの実体が前提とされるのであるから、実在と本質という「この二つが実象的に異なるのは明らかである」（AT. IV, 350）、ということにもなるのである。要するに、デカルトにおいて実在と本質の区別はスアレスの場合と異なり、三つの区別のいずれであるかということにではなく、知性の内と知性の外という区別に深く根ざしていると言える。しかもその上、先に述べた如く、実在が属性として捉えられ、更には実体から区別され、それ自体として捉えられた属性が、思惟の様態と別のものではないのであってみれば、「コギト」から出立しつつ、知性の内から外へと赴いて、知性の外なる事物の実在に到り着くということが必至の問題として提示されていることになる、と言えよう。デカルトの「レアリタス」概念はこのような事態に深く関わっているのである。

第二節　対象的レアリタス（実象性）

デカルトの「対象的レアリタス」という概念について、歴史的に溯りゆくとき、われわれはスアレスの「対象的概念 conceptus objectivus」に逢着する。[13] スアレスは「形相的概念 conceptus formalis」と「対象的概念」を次のように区別する。「形相的概念」は精神の最後の「形相」としての概念することであり、この概念作用によって概念されたものが「対象的概念」である。たとえば、「我々が人間を概念するために、精神において行う作用は形相的概念と呼ばれる。しかし、その作用によって認識され、表象される人間は対象的概念と呼ばれる[14]」、と彼は言う。すなわち、「形相的概念」によって「外的命名」が与えられ、このことによってその対象は概念されたと言われるのであって、「対象的概念」は対象としてのものにとっては「外的命名」である、と。このようなスアレスの「概念」とデカルトの言う「観念」との間には相通ずる面が窺われると言うこともできよう。というのも、ともに対象としてのものを捉える作用とともに、捉えられた対象をも表現していると考えられるからである。

さて、デカルトの「対象的レアリタス」という概念が『省察』において重要な役割を果たしているのは、「第三省察」、「第六省察」、更には「第一答弁」であろう。一方、この概念の端的な規定を、われわれは「第二答弁」に見出す。そこでは次のように述べられている。「観念の対象的レアリタスということによって、私は、観念の内にある限りの、観念によって表象されたものの存在性 entitas を理解する」（AT. VII, 161）」と。ここから理解されることは、「対象的レアリタス」が、知性において「観念」によって表象されるものについて、適用される概念であるということである。しかし、この規定からだけでは、「レアリタス（実象性）」そのものがどのような内実を有する概念であるかは確定されえないが、ここで既に明確なことは、「対象的」にあるということで、知性においてある、延いては私の内にある、というあり方が示されているということである。これに対して「現実的つまりは形相的レアリタス」（AT. VII, 41）——或いは単に「レアリタス」——は、〈私〉をも含むものそのものの、いわば、思惟内化されていない「レアリタス」と解されうる。

　それでは、「対象的レアリタス」、或いは「レアリタス」という概念によってデカルトは何を理解しているのか。この点に一層深く探りを入れよう。このためにとりわけ、『省察』「第一反論」におけるカテルス（CATERUS）と「第一答弁」におけるデカルトとの、「観念」及び「対象的レアリタス」をめぐる応接のなかで露わとなった両者の見解の齟齬する点に注意を集めよう。

　カテルスの根本的主張は、デカルトが「第三省察」で行ったように「観念」の原因から神の実在を証明することはできない、という点にある。それというのも、カテルスは「観念」を、トマス（THOMAS AQUINAS）がそうであったように、[15]「範型 exemplar」としての「イデア」、この意味での「形相」と解するからであって、それ故に、「観念」についてその原因を考えること自体認められないことなのである。もっとも、カテルスは一歩譲って、知性の内に「対象的」にある限りの思惟されたものを、「観念」と呼ぶことを認める。だがそれにしても、知性の内に「対象的」にあるとはどのようなことであるのか、とカテルスは問う。彼の理解によれば、知性の内に「対象的」にあるということは、ものが「対象化」されることの様態によって知性の作用を限定することに他ならない。かくて、彼は次のように言うのである。「対象的レアリタスは純粋な命名であって、現実態としてはない」（AT.

VII, 92)、と。これは、スアレスの言葉遣いという点からみれば、むしろ当然な理解であると思われる。というのも、先に見た如くスアレスにおいて、「対象的概念」がものにとっての「外的命名」と言われていたように、カルスは「対象的レアリタス」を「外的命名」と理解したからである。このように解された「対象的レアリタス」から神の実在を導き出そうとすることは、確かに無理だと言わざるをえない。「対象的レアリタス」が「外的命名」である限り、それはものの「形相」を捉えているのではなく、単に知性が概念しているに過ぎないのである。したがって、その原因が問題になるにしても、概念することの原因として知性が求められるだけであって、概念された何らかの実在する事物《もの》を原因とする、ということは考慮の外のことなのである。

これに対してデカルトは「第一答弁」において次のように答えている。知性の内に「対象的」にあるということは、カテルスの考えるところとは異なり、「対象化」されたものつまりは知性の対象が通常そうであるような仕方で知性の内にあることを意味する、と。つまりデカルトにとっては、〈対象的〉にということが何を意味するかではなく、「対象的」に〈ある〉というあり方が問題にされている、と言える。「対象的」にあるという「存在様態は、知性の外に実在するという存在様態よりもはるかに不完全であるが、それだからといって全くの無ではない」(AT. VII, 103)、と彼は言う。このように「対象的」にある「観念」は無ではなく、存在するものなのであるから、その原因を探求することができる。否、むしろこのような原因こそ、ここにおいて探究されるべき原因なのである。カテルスの言うように、確かに、「観念」について「観念」そのものが知性の外に実在するための原因を求めることはできないが、しかし、「観念」が知得されるためにはやはり原因が必要なのであって、この原因は、スアレスの言うところの「形相的概念」の如き、概念する知性としての知性ではなく、「作用的かつ全体的原因」(AT. VII, 40) と言われるものでなければならない。このようにしてデカルトは、「対象的レアリタス」つまり知性の内にある限りの「レアリタス」について、その原因の求めらるべきことを主張するのである。知性の内から外へと赴きゆくためには、このことが必須の条件になると考えられる。

さて、以上において見られたカテルスとデカルトとの齟齬についての要点を述べれば、「対象的」にあるということを、カテルスは、ものが「対象化」される（知性へと対向的に投げられる）場合に、ものの蒙る変容によって知性が限定されるということ、と理解しているのに対して、一方デカルトは、このことを、知性の外から内へという方向性のもとには理解していない、ということの点に両者の根本的な齟齬が認められるのである。先にわれわれが、相通ずる面が窺われると述べた、スアレスの「概念」とデカルトの「観念」との間にも、根底的なこととして、こうした問題設定上の差違が存すると言うべきであろう。

第三節　レアリタス（実象性）の度合い

かくして、「我々の観念の対象的レアリタスは、その内に当の同じレアリタスが、単に対象的にではなく、形相的にか優勝的に eminenter か含まれているような原因を要求する」（AT. VII, 165）。[16] 所謂〈因果の原理〉であるが、この原理を用いつつデカルトは、「第三省察」において、神の実在証明を遂行する。私の内にきわめて大きな「対象的レアリタス」を表象する「観念」があり、私がその「レアリタス」を「形相的」にも、「優勝的」にも、有していないことが確実に知られるということに基づいて、「無限実体の観念」の原因としての神の実在が証明されるのである。

ところで、この「レアリタス（実象性）」が、ドゥンス・スコトゥスの言うが如き本質上の規定、たとえば、「何性」でしかないとするならば、あるいはよりデカルトに即して、「性質 qualitas」、「属性 attributum」、あるいはまた「最始的属性 præcipuum attributum」としての本質、でしかないとするならば、「無限実体の観念」が表象する「対象的レアリタス」の原因の有する「レアリタス」も、やはりそのような規定でなければならないであろう。このように「レアリタス」を解するならば、証明されうるのは神の無限性という本質であって、神の実在ではないということになるであろう。言い換えれば、「レアリタス」を本質、つまりは〈何であるか〉とだけ考えるならば、そのような「レアリタス」を有する原因の実在を更に証明せねばならないことになろう。神が〈私〉を超えた本質を有するということだけからして、神の実在が帰結することにはならないからである。先の因果の原理がこのことまでも主張している、と考えることはできないのである。

あるいはまた、『哲学の原理』において実在が属性とされていたことから逆に推し量り、原因としての神の有する「レアリタス」を本質として捉え、この「レアリタス」は実在という属性を含む規定であると主張するならば、それは所謂「存在論的証明 ontologischer Beweis」に他ならないことになるであろう。というのも、この主張は神の本質に実在が含まれているという主張に帰着するからである。更に進んで、デカルトによる「観念」の原因からの神の実在証明は、本質としての「レアリタス」が実在を含むという主張に、結局のところ依拠することになるのである、とするならば、カントの主張すること、つまり、「自然神学的証明 physikotheologischer Beweis」の根底に「宇宙論的証明 kosmologischer Beweis」が、「宇宙論的証明」の根底に「存在論的証明」がある[17]、ということにもなるであろう。

更にまた、「レアリタス」を本質としてのみ解するならば、「第六省察」における物体の実在証明についても疑念が生じうる。物体の「観念」の原因は、この「観念」の表象する「対象的レアリタス」と、同じか、あるいはより大きな「レアリタス」を有さねばならないのであるが、かの神から与えられる「大いなる傾向性 magna propensio」(AT. VII, 79-80) が認められることによって、物体の実在証明に際しては、より大きな「レアリタス」を有する原因を度外視して考えてよいのであるから、当の「レアリタス」を「形相的」に有する原因が探求されるのである。この当の「レアリタス」を、物体の本質である延長としてのみ捉えるのであれば、物体の実在を言うためには、何らかの事物《もの》が延長を本質とするならば、その事物《もの》は実在する、ということが既にして認められていなければならないのではないか。確かに、デカルトによれば、われわれが思惟の様態として知得する属性があるからこそ物体は認識される、ということになるのではあるが、しかし、何らかの事物《もの》が延長を本質とするということ、このことから直ちに当の事物《もの》の実在するということが帰結する、と考えることはできないであろう。もしやこのことが可能であるとしたならば、物体が「延長的な事物《もの》 res extensa」(AT. VII, 78) として見出されるや物体の実在が言われていることになり、更に進んで、物体の「観念」の表象する「対象的レアリタス」に依拠しつつ証明が完遂される必要もない、と敢えて言いうることにもなりかねないのである。

「レアリタス」を属性の如きもの、そのような本質上の規定としてのみ、つまりは〈何であるか〉を表示する規定としてのみ、解するならば、以上の如き問題を惹起することになると考えられる。

この点をもう一歩突き進めて究明するために、「レアリタス、つまりは存在性の様々な段階 diversi gradus」(AT. VII, 165) について検討を加えることとしよう。「第二答弁」において、この段階は様態、有限実体、無限実体を位階づけるもの、すなわち、実体は様態より、無限実体は有限実体より大きな「レアリタス(実象性)」をもつとされている。[18] この「レアリタス」の段階が「対象的レアリタス」の段階に対応していることは明らかである。「第三省察」では次のように述べられている。「実体を私に表示する観念は、単に様態或いは偶性を表象する観念よりも、一層大きな何ものかであり、かくていわば一層大きな対象的レアリタスを自らの内に含んでいる」（AT. VII, 40）、と。

これらの論述から、デカルトにおける「レアリタス（実象性）」概念と「実体」概念との連繫を看取することができるのである。われわれは、デカルトによる実体の端的な定義を『哲学の原理』に見出す。つまり、実体は「実在するために他のどのような事物《もの》も必要としないように実在する事物《もの》」（AT. VIII-1, 24）である。次に、われわれの関心からして注目される箇所が「第三答弁」に見出される。そこでは、実体は様態より「一層事物《もの》である esse magis res」（AT. VII, 185）とされている。要を言えば、個々の様態或いは属性は厳密な意味では事物《もの》と言われない（AT. VII, 224）のであって、厳密な意味での事物《もの》、言い換えれば「十全な事物《もの》 res completa」（AT. VII, 222）は「実在する事物《もの》」つまりは実体である。実体と比較されるならば、様態はより少く事物《もの》であり、無限実体は有限実体を超えた意味で、はるかに「一層事物《もの》である」と理解される。このように考えてくれれば、より大きな「レアリタス」を有するということで、「一層事物《もの》である」ということと同じことが言われているのにわれわれは気づき、かくして、先の「レアリタス」の段階による位階づけは、実体の有する「レアリタス」を基準とするものである、ということが明らかになるのである。重ねて言えば、延長或いは思惟について、程度の差違を持ち込むことはできないのであるから、この「レアリタス」をそのような実体の本質と解することはできない。そうではなく、「レアリタス」を実体の実体であること、「十全な事物《もの》」であること、と理解すべきであることにわれわれは考え到り、かくして、実体であることが、「実在する事物《もの》」であることを含意しているのであってみれば、可能性に対する現実性そのものではけっしてないが(19)、にもかかわらず、事物《もの》の実在と密に絡み合う規定として、更に言えば、実体としての〈私〉の有する「レアリタス」と比較することによって、比較された事物《もの》の実在について語ることができるような、そのような規定として、デカルトの言う「レアリタス」を解すべきである、とわれわれは論決するのである。

第四節　結　論

以上の考察からして、冒頭に触れたハイデガーの如く、「レアリタス」のスコラ的意味とデカルト的意味を同一視することはできない。第一に、「対象的」にあるということの意味が異なっている。スアレスによれば、ものが知性に向かって投げられ、これを機に知性の内に「対象的概念」が構成される。換言すれば、「対象化」されるということは、知性の外から知性へと投げられることを意味し、「対象的」にあるとはそのようにしてあることを意味していた。一方、デカルトにおいて、「対象的」にあるということは、「対象化」されるされ方を問題とするのではなく、端的に知性の内にあることを、しかも知性の対象が知性の内にあることを意味していた。第二に、知性の外から知性へというスコラ的観方を逆転した問題設定のもとにはじめて、デカルトの「レアリタス（実象性）」概念はその効力を発揮する、ということを指摘しうる。デカルトの「レアリタス」概念について、「コギト」の第一義性によって切り拓かれた知性の内から外へという根本設定を抜きにして、考えてゆくことはできないのである。この根本設定に依拠しつつ、デカルトの「レアリタス」概念は、事物《もの》の〈何であるか〉だけを表示するのではなく、それを一つの手掛りとして事物《もの》の実在に関与しうるところの規定として、解されるべき意義をもつに到る、と言えよう。

（1） R. EUCKEN, *Geschichte der philosophischen Terminologie*, S. 68.

（2） ドゥンス・スコトゥスについて参照したものは次の通りである。J. DUNS SCOTUS, *Opera Omnia*. Vivès ed. 1893-1894, vol. IX, XII, XVII. *Opus Oxoniense*; M. HEIDEGGER, *Der Kategorien-und Bedeutungslehre des Duns Scotus*, Frühe Schriften; É. GILSON, *Jean Duns Scotus*; E. BETTONI. *Duns Scotus: The basic principles of his philosophy.*

（3） 黒田亘著『経験と言語』「第四章　経験の可能性」参照。

（4） KANT, *Kritik der reinen Vernunft*, A574, B602.

（5） *op. cit*. A569, B597.

（6） M. HEIDEGGER, *Die Grundprobleme der Phänomenologie,* S. 49, Geaamtausgabe, Bd. 24.

（7） たとえば、KANT, *op. cit*. A437, B465 od. A567, B595 od. A592, B620, etc.また、G. MARTIN, *Immanuel Kant, Ontologie und Wissenschaftstheorie*, SS. 228-229では、カントの「客観的実在性」は「純粋に存在論的意味における現実性に対する最も普遍的なカント的概念」である、とされている。

（8） M. HEIDEGGER, *Die Grundprobleme*……, S. 50.

（9） F. SUAREZ. *Disputationes metaphysicæ*, disp. 7, sect. 1, art. 21.

（10） *op. cit*. disp. 31, sect, 1, art. 13.

（11） *op. cit*. disp. 31, sect. 6, art. 15.

（12） 「実在し持続するものにおける実在や持続のように、それらのものにおいて、どのようにも異なる仕方ではありえないものは、性質とか様態とかではなく、属性と言われねばならない」(AT. VIII-1, 26)。

（13） デカルトの「対象的レアリタス」という概念の背景を探る試みとして次のものを挙げうる。R. DALBIEZ, Les sources scolastique de la théorie cartésienne de l'être objectif, *Revue d'histoire de la philosophie*, 1929 (III); É. GILSON, *Discours de la méthode, texte et commentaire*, pp. 320-321: É. GILSON, *Études sur le rôle de la pensée médiévale dans la formation du système cartésien*, p. 204. これらの論文から汲み取られるもう一つの歴史的溯行の途は、ドゥンス・スコトゥスの「対象的存在esse objectivum」という概念に求められる。この点についての詳しい論及を小論では避けざるをえないが、要点のみを簡略に言えば次の通りである。ドゥンス・スコトゥスによれば、「理拠的存在ens rationis」或いは「認識された存在ens cognitum」は「対象的存在」をもつのであるが、この存在は真なる存在ではないとされ（*cf. Op. Ox.* 1. I, dist. XIII, unica & dist. VIII, q. 4. n. 10）、あるいは、「理拠的存在を前以て要求するものはどのようなものでも、真に実象的存在 ens reale ではない」（*Op. Ox.* 1. I, dist. VIII, q. 4, n. 10）とされているが、要するに、「理拠的存在」が「対象的存在」をもつからといって、その原因として「実象的存在」を考えることはできない、ということになるであろう。

(14)　F. SUAREZ, *op. cit*, disp. II, sect. 1, art. 1.

(15)　THOMAS AQUINAS, *De veritate*, q. 3, a. 1, Res.

(16)　この原理に関して、スアレスにも同様な表現を見出すことができる。「結果は自分の原因に属する何ものかの内に形相的にか優越的にか前以て存しないどのような完全性ももちえない」（*op. cit.* disp. XXVII, sect. 1, art. 2）、と彼は述べている。デカルトの独自性は、この原理を「対象的」にあるものに適用する点に求められるであろう。

(17)　KANT, *op. cit*, A630, B568.

(18)　「より大きなレアリタス plus realitatis」を肯定的（ポジティーフ）な規定の数量的多さと解することはできない。もし、このことによって、肯定的（ポジティーフ）な規定の数量的多さが意味されているならば、「延長的実体」と「思惟的実体」も「レアリタス」によって区別されるはずであるが、そのようには述べられていない。更に、この考えを突き詰めてゆけば、神について言われる「無限 infinitum」が「レアリタス」の数量的無限、結局は「無際限 indefinitum」とされかねない。しかし、周知の如く、デカルトは「無限」と「無際限」を峻別している（AT. VIII-1, 15-16）。あるいはまた、「役割を代行しうるほど大きなものである」（AT. VII, 161）という「優勝的」なあり方とも、この考えは馴染まない。たとえば、いくつかの属性をもつ実体の「レアリタス」が、それより一つ多い属性をもつ実体の「レアリタス」に「優勝的」に含まれる、と考えることはできないであろう。要するに、「レアリタス」を数え挙げうるものと解すれば、有限実体の有する「レアリタス」よりも無限実体の有する「レアリタス」の方が、数という点で多いということになり、「優勝的」で言われていることが理解できなくなるばかりか、「レアリタス」を属性の如きものと解することになるであろう。「レアリタス」が属性であるならば、先の位階づけにおいて様態も属性を有することになり、明らかに不都合である。「レアリタス」は様態、属性、本質が語られる場面とは、少なくとも異なる場面で問題にされていると考えねばならない。そうでなければ、「レアリタス」の一つの段階として、様態を挙げることはできないであろう。

（19）デカルトはヴォルフ（CH. WOLFF）流の考え、つまり、実在を「可能性の充足 complementum possibilitatis」（É. GILSON, *L'être et l'essence*, p. 178）とする考えを取らないからである。

第二章　科学の光・光の科学

序　近代科学の成立

もし、まじめな遊びということが形容矛盾でないならば、デカルトの光遊びはそのような遊びであったろう。そして、近代科学の成立にデカルトが何ほどかの寄与をしているならば、彼の光遊びはその一端を担っていたのである。

近代科学の成立、それには三つの柱が不可欠である。一つは実験の重視、二つは数学の自然学への適用、三つは感覚と感覚されるものとの類似性の否定、である。最初の二つは周知至極のことだが、最後のことがどうして柱の一本になるのか。奇異に思われるかもしれない。しかし、なぜ自然現象を説明するために数学を駆使することが妥当なのか。この疑問に答えられないならば、近代科学の金字塔もあやしげな砂上の楼閣なのではないか。第三の柱の示すことは、自然現象を形と運動に基づいてのみ記述し、そこに何らの心的述語をも介在せしめてはならない、ということである。このことが確認されてはじめて、自然現象が数学の適用領野として確保されることになり、実験の重視もここから帰結してきて、近代科学の地盤が確固たるものになりうるのである。第三のものは、かくて、柱というよりは礎石《いしずえ》と呼ばれるに相応しいのである。

この第三の柱を岩盤深く打ち込むこと、これこそデカルトのなさんとしたところであり、極論すれば、彼に与えられた歴史的任務とさえ言えよう。この任務を遂行する上で、光学上の諸問題、就中《なかんずく》、視覚の問題が少なからぬ役割を果したのである。ともあれ、ここでは、これらの重要案件を論ずるのではなく、デカルトの光を繞《めぐ》る種々のアネクドートから照射される輝きが、屈折し、反射して、像を結ぶさまを語ることとしよう。

第一節　光の実験

一六一八年から一九年頃というから、デカルト二十二、三の頃である。『思索私記』と後になって名づけられ、一巻の書とされたものの内に、当時のものと推定される記事がある。デカルトが、世界という舞台にまさしく出立とうとする、その心意気を抱いていた頃である。そこに光についての実験めいた試みが記されている。たとえば、木立を切り揃えたり、生垣を刈り込んで、その影が何かの形になるようにする。鏡を用いて太陽光線を部屋の内に導き入れ、数字（おそらくはローマ数字）を映し出す。「焰の舌」とか「火の車」のような形を同じようにして現出させたりする。これらの試みがそれである。他にもある。二つの「天日取りの凹面鏡」（集光鏡）を使って、部屋の内にいる者には、太陽が今日は運動をとりやめたかの如く、あるいは、自然の法則に逆らって西から東へと運行するかのようにさえ、見えるようにする、といった試みである。

今にして思えば、児戯に等しい試み、実験と呼ぶには未だおこがましい試み、と思われるかもしれない。しかし、こうした試みも、中世世界を覆って余りあったスコラ自然学の顚覆、近代科学成立へのいわば第一歩へと、デカルトが踏み出すことと無縁ではなかったのである。とは言うものの『思索私記』の内に、自然的事物の認識は、感覚と感覚されるものとの類似性に基づいて成立する、という件《くだり》が含まれている。このことから考えれば、未だ古きスコラ哲学の立場が伏在しているとも看做しうるのである。というのも、中世スコラ哲学のよく知られた認識説からすれば、次のようになるからである。われわれがある物を認識するためには、当の物がわれわれの感覚に、その物がそれであるところの何かを伝えねばならぬ。こうして、われわれが感覚する内容と感覚される対象との間に何らかの類似性が認められることになる。物の内に「小さな魂」のようなものがあって、それが自らの似姿を飛来せしめる、と説明されることもある。これが認められる限り、自然現象を数量的にのみ捉えようとする意図はどこかで挫折せざるをえない。デカルト自身、この空しく絡まった「ゴルディウスの結び目」を自ら解かねばならなかった。

伝記作家アドリアン・バイエの伝えるところによれば、先に述べた類の光遊びを、デカルトは三十代の後半にも行なっていた、というより、それまでも続けていたようである。デカルトの朋友の一人にヴィル・ブレッシュという者がいた。この人は、デカルトと共に旅行もし、様々な機会に、デカルトから多くを学んでいた。彼は「車椅子」の発明者であり、その他にも数々の発明をしている。ある日、デカルトは彼に一つの実験をしてみせた。

窓を閉した暗い部屋の内にヴィル・ブレッシュが、おそらくはデカルトに指示された椅子に坐っている。光の実験には闇が必要だ。ヴィル・ブレッシュが闇を見ている。すると忽然、一連の兵隊が姿を現した。兵隊達は部屋の内に入って来た。傍らを見ようともせず、部屋を横切り、通り過ぎ、消えていった。等身大の兵隊だった。驚嘆し、その仕掛けはと見れば、兵隊に象《かたど》られた小さなものと凹面鏡だけであった。

デカルトはどう仕組んだのか。この実験のなされた年より四年前、メルセンヌに宛てた手紙からそれを知ることができる。そこには図1が示されている。凹面鏡（b）を暗いところに置き、物（a）を陽の射す場所、しかし、客には見えないところに置く。光線が小さい穴（c）を通って像（e）を結ぶ。暗い部屋にいる客にとっては、映

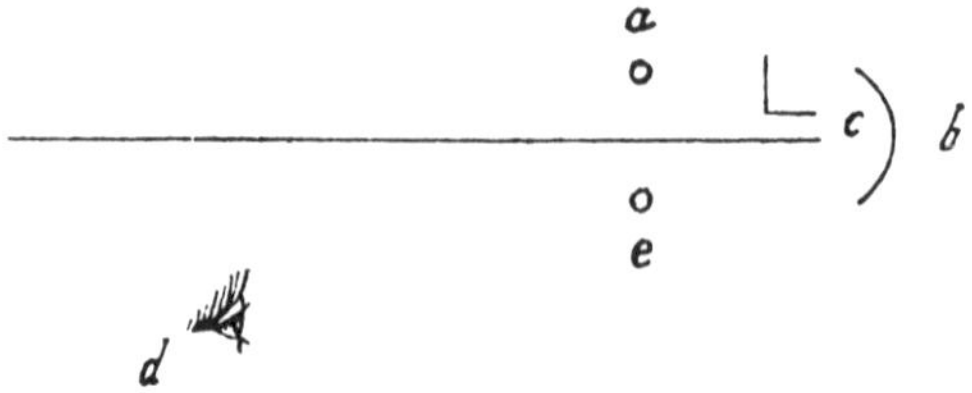

図1　デカルトによる凹面鏡の実験の仕組み図

像が空中に浮んで見える。うまく配置すれば、鏡が光って見えてしまうことのないようにすることができる。

またあるとき、今度は、ヴィル・ブレッシュがデカルトに実験をしてみせた。一六三四年のことである。この頃デカルトは、「屈折光学」を仕上げるべく、それに関連する実験へと心を向けていた。ヴィル・ブレッシュの実験がこれに一役かったのである。この「屈折光学」は、「気象学」、「幾何学」とともに『方法序説』に付け加えられて三年後に出版されることになる。ヴィル・ブレッシュは、デカルトからの示唆もあって以下の如き装置を工夫した。いつものように部屋を暗くする。部屋の外、陽の射すところに物を置く。この対象となる物の前方に凸レンズを置く。部屋の壁に一つ穴を穿《うが》ち、光線がこれを通るようにする。部屋の内で一枚の紙を立てる。こうして紙の上に対象の倒立像を結ばせる。なんのことはない、太陽光線を利用した幻燈である。

「屈折光学」の「第五講」では視覚の成立が説明されている（図2）。ヴィル・ブレッシュの実験は、眼底につくられる対象の倒立像の説明に役立った。いわば眼底の倒立像を紙の上につくってみることになったのである。この、言ってみれば、幻燈遊びによって、眼が対象の内に像を取りに行くとか、対象の一部が眼に飛来するなどという古き俗見の誤りが、実際に、それこそ眼に見えるように示されることにもなったのである。中世スコラ哲学の認識説の一角がレンズの威力に脅かされたと言える。

第二節　望遠鏡の発明

「屈折光学」と言えば、その「第一講」は望遠鏡への讃辞からはじまっている。それを紹介してみよう。望遠鏡によって、昔の人々が自然についてもっていた知識よりも遥かに大きく、遥かに完全な知識に達する途が拓かれた。にもかかわらず、「かくも有用にしてかくも驚嘆すべきこの発明が、はじめに、実験と偶然によってのみ見出されたということは、我々の学問にとって恥である」こうデカルトは書いている。

この望遠鏡の発明者という名誉を、デカルトは、ここでオランダはアルクマールのジャック・メティウスなる人物に与えている。しかし、真の発明者は、実際のところはっきり特定できそうもない。それにしても、ジャック・メティウスはその候補者の内でも弱いようだ。一六〇八年、オランダ政庁に望遠鏡の特許証を請求した人間は三人いる。リッペルスハイ、ザハリアス・ヤンセン、それにメティウスの三人である。リッペルスハイとヤンセンはオランダのミッテルブルグの眼鏡師であった。このミッテルブルグは、眼鏡製作のオランダでの中心地であったのだから、そこから外れた所で仕事をしていたメティウスよりも、この点では、先の二人に分がありそうだ。また、二人の内ヤンセンの息子ヨハネス・ヤンセンは、後になって、自分も手伝って父が望遠鏡をはじめて作ったと主張し、その文献が残っているために、諸家はヤンセンをもって第一候補に推す。だが、如何せん、その陳述書には辻褄の合わ

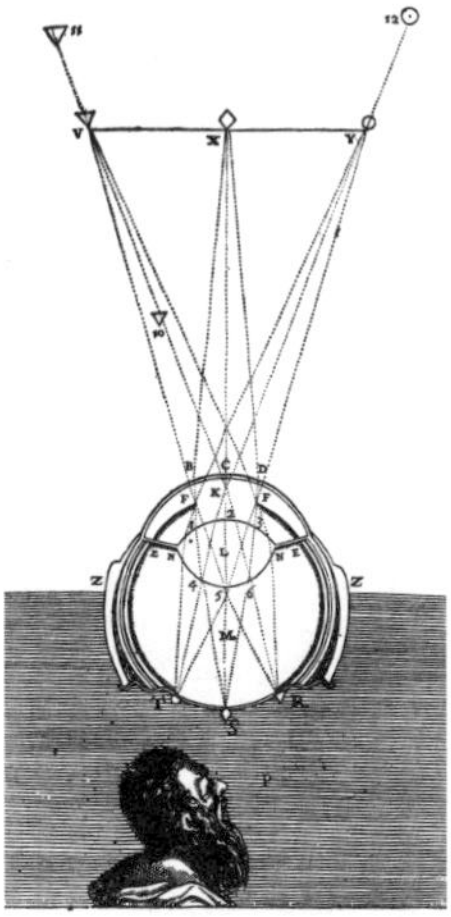

図２　視覚の成立を説明する図（『屈折光学』より）

ない箇所が含まれていて、信憑性に乏しい。ヨハネス・ヤンセンは一六一一年に生まれているのである。要するに、今のところこの件については薮の中と言える。

ところで、遠視用眼鏡は一三世紀の終り頃、ガラス製作の中心地であった北イタリアで発明され、近視用眼鏡は一五世紀中頃には発明されていた。この発明には、一三世紀の学者グロステストやロジャー・ベイコンによる光学上の研究が寄与していた。彼等は、下部が球状になったガラス瓶などを用いて光学上の実験をしており、磨いたレンズを用いることはできなかったようである。しかし、彼等の研究があり、眼鏡が発明され、その眼鏡を組合せることによってはじめて望遠鏡が発明されたのである。

実用的望遠鏡の発明当時、イタリアにはガリレイがいた。また、イタリアは眼鏡製作のいわば老舗でもあった。しかも、凸レンズと凹レンズの組合せによって遠くを見やすくする方法が、すでにイタリアで世に出ていたデッラ・ポルタの『自然の魔術』に示されているという。にもかかわらず、望遠鏡の発明という栄誉はオランダの上に輝くことになった。この点についての疑念はなく、一六〇八年オランダで発明ということは諸家の認めるところとなっている。ガリレイも『星界の報告』でそのことを証言している。条件の上ではむしろ優っていたイタリアではなく、新興の地オランダで発明されたというのも歴史の然らしめるところであろうか。

ガリレイは、オランダでの発明を伝え聞き、自ら凹・凸レンズを組合せて望遠鏡を作り、早速、木星の衛星を発見した。その望遠鏡の凸レンズは、片面が平らで、もう一方の面は球状をしていた。この形は多くの人々によって採用されたが、これには球面収差による輪郭ぼけという欠点があった。凹・凸レンズの両面をともに双曲面にすることによって、この欠点を取り除くという発案は、デカルトの創意によるものである。デカルトの朋友の一人ミドルジュは、はじめ放物面を最適と主張したが、その後デカルトの説を受け入れている。その性能のよさが認められたのである。ちなみに、ケプラーの望遠鏡には二つの凸レンズが用いられていた。

望遠鏡は極大の世界への入口、顕微鏡は極小の世界への入口となった。デカルト、あるいはパスカルも、人間の位置を〈中間〉と看做している。もし、これに視野の拡大ということが何らかの役割を演じていたとすれば、レンズの威力は絶大と言えよう。

第三節　デカルトとケプラー　屈折法則をめぐって

デカルトとケプラーは実際に出会ってはいないが、彼はケプラーの業績に強い影響を受けた。デカルト自身、自分にとってケプラーは光学についての第一の師である、と書いているほどである。

それだけではない。一六二〇年一一月一一日のこととして、デカルトは「驚くべき発明の基礎を理解しはじめる」と記している。人々がこの謎めいた一節を理解しはじめるには長い年月が必要であった。伝記作家バイエによれば、デカルトはこの年一一月九日にプラーグの町に入った。プラーグにはティコ・ブラーエ天文研究所があった。ティコ・ブラーエは、すでにおよそ二十年前、望遠鏡の発明を聞かずに、膨大な観測データを残して没した。彼の死後そのあとを継いで研究を続けたケプラーも、すでに七年前この町をあとにしていた。一六二〇年当時には、天体観測用器具はあらかたこの研究所から持ち去られていた。デカルトは、そこで何を見、何を理解しはじめたのか。ケプラーの著作を読み、望遠鏡の数学的構造を理解しはじめたのである。彼は、後の屈折法則の確立へと彼を導く、その緒をそこに見出した。今ではこのように考証されている。こうした一連の考証によってはじめて、先の一節の意味するところも理解されはじめたのである。

ケプラー自身、自ら屈折法則を見出さなかったのが不思議だ、と言われるほどの地点に達していた。彼がそれを見出せなかった理由の一つを、デカルトの指摘から知ることができる。ケプラーは、双曲線や楕円についての考察を屈折の説明から排除した、というのである。あるいは、こう言ってもよいかもしれない。レンズによって結ばれる像の位置から、レンズの形を考えるためには「逆接線」の問題を解かねばならない。この問題の解決から屈折法則への道程はほんのわずかである。ところで、ケプラーの望遠鏡は二つの凸レンズを組合せたものだった。その場合には、平行光線を屈折の後一点に集めるためには、レンズにどのような数学的形が要求されるのか、という問題が生じない。こうして、屈折法則を数学的に解明するという方向へむかうための一つのきっかけが失われることになった、と。

デカルトはその「屈折光学」で、いわゆる「正弦法則」を解明している。これは一六三七年に出版されたが、翌年、そこで使われている双曲線や楕円についての着想は、ケプラーの考えを借りてきたものだ、という非難をした者がいた。これにデカルトは憤激し、そのような非難をする者は「無知からか悪意からか」そう言っているに違いない、と書いている。先のことから考えれば、デカルトのこの憤りはもっともであると思われる。

ところが、デカルトの死後、剽窃の嫌疑というさらに深刻な噂が喧伝された。屈折についての正弦法則は、今では「スネルの法則」と呼ばれている。このスネルによる発見の方が「屈折光学」の出版より明らかに先である。しかし、デカルトは「屈折光学」においてスネルの業績に触れなかった。ここに剽窃騒ぎの下地が見出される。スネルは一六二六年に没した。死後すぐに、彼の残した草稿の内に正弦法則の定式が見出された。この草稿は一部の人々に回覧されたが、出版はされていなかった。屈折法則の解明が一般に公表されたのは、デカルトの「屈折光学」によってであった。発見したのはスネル、公表したのはデカルト。そのような見方の生まれる素地はあったと言えよう。剽窃か否かの鍵は、デカルトが屈折法則をいつ見出したか、スネルの解決をいつ知ったのか、という二点にある。

　デカルトの死後相当経過してから、次のような噂が生じた。デカルトは、スネルの弟子から正弦法則を知ることができた、とか、例の草稿をデカルトも見ていた、という噂である。しかし、いくら贔屓《ひいき》目に見ても、これだけの噂では、剽窃と断定することができないばかりか、嫌疑をかけることもできない。先に述べた素地があり、噂に尾鰭が付き、権威ある者がそれを助長した、としか考えられない。こうして出来上がったのが、デカルトの剽窃である。スネルのテキストとデカルトのテキストを比較して剽窃と判断した者など誰もいないのである。一六二六年ぐらいまでにはデカルトは屈折法則を見出しており、一方、スネルの解決を知ったのは一六三二年である。考証によってこの二つの年代が確定されるまで、汚名は完全には払拭されなかった。結局のところ、この剽窃という噂も無知と悪意の織りなす綾であったと言えよう。

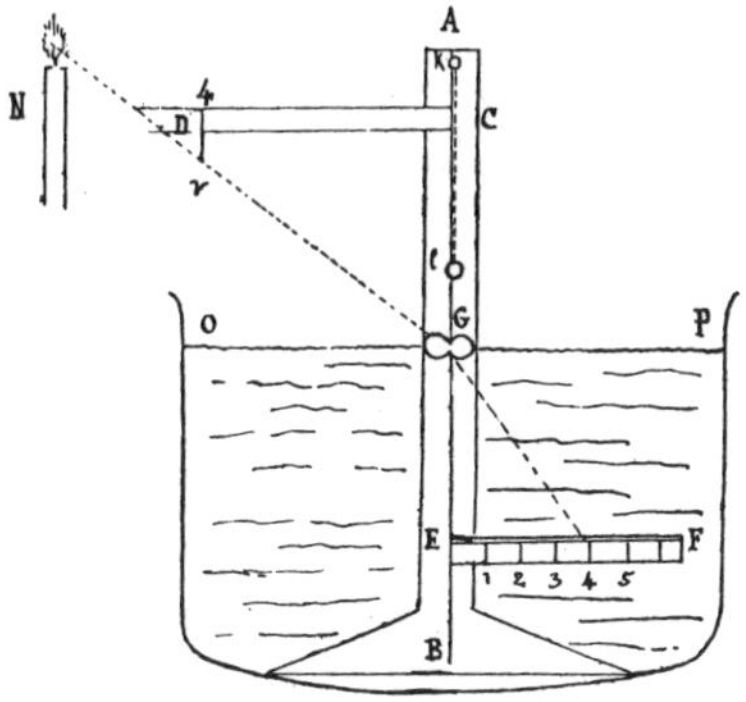

図3　デカルトが屈折法則を説明するために示した古い型の道具

　それはともかく、一六三二年のある手紙で、デカルトは屈折法則について説明している。そこでは図3に示された道具が説明のために用いられている。これはウィテリオン（正確にはウィテレロ――十三世紀後半におけるグロステストの後継者の一人）の書物にある道具の改良型で、そのウィテリオンの道具は、さらに溯って十一世紀頃のイスラムの学者アルハーゼン（イブン・アル＝ハイサム）の書物にあるとされる。言ってみれば、昔の昔に考案された道具である。しかし、デカルトは、実際には、当代の知識と技術を集めた全

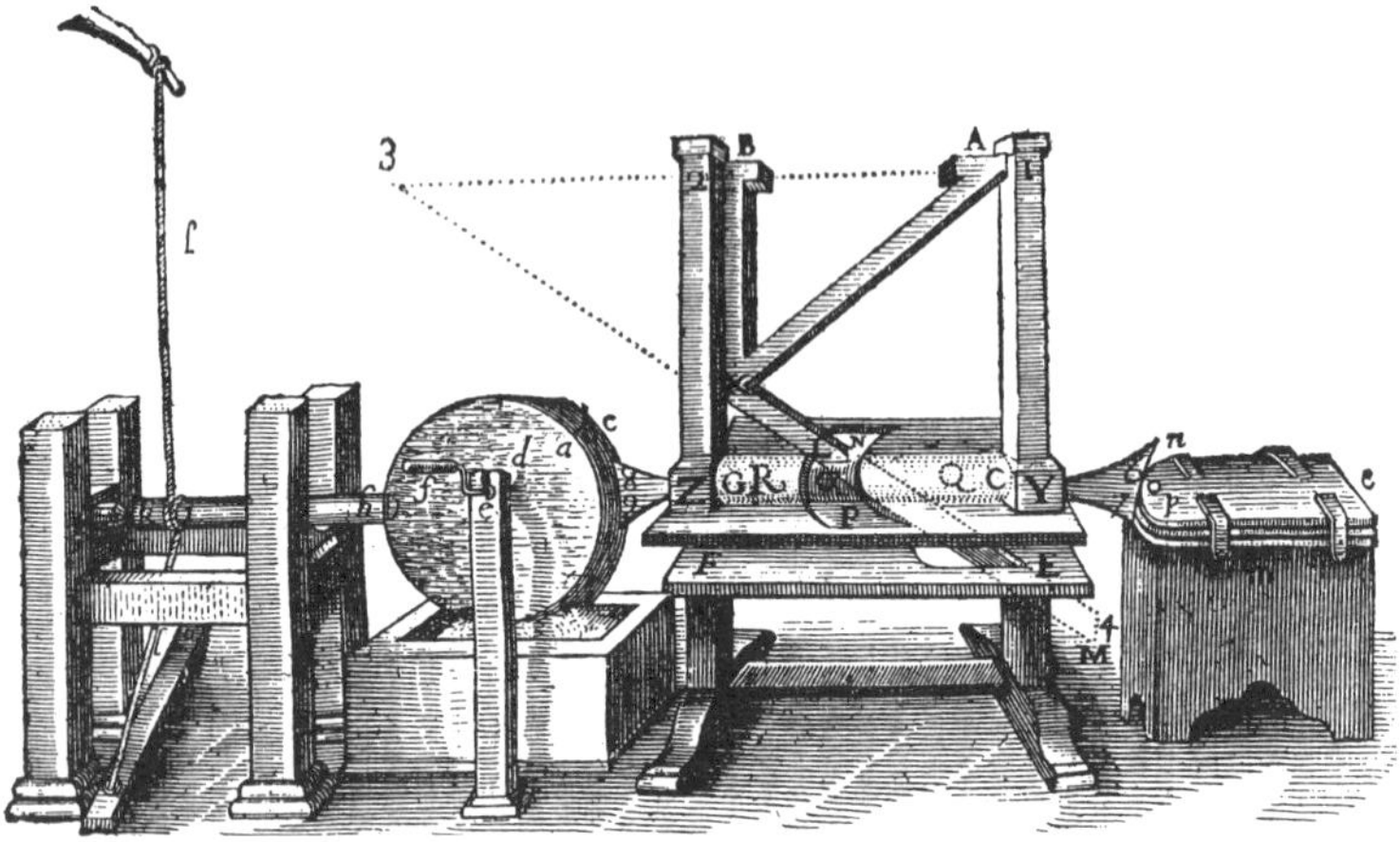

図4　レンズ磨きのための器械
(「屈折光学」より)

く別の道具をこの実験に用いた。ミドルジュが製図し、フェリエの磨いたレンズである。ここで古い道具を使った説明がなされているのには、おそらく、その方が手紙の相手に馴染みやすいと考えてのことであったろう。「屈折光学」にはこの古い道具は登場しない。デカルトは古い道具を使って屈折法則を説明できた。しかし、この道具だけを用いてそれを発見できたろうか。いや、こう問うこと自体無意味である。ガラス及びレンズ製作上の技術的進歩があり、そして屈折についての正弦法則が見出された。この逆ではない。それがこの時代の歴史的流れであろう。

このレンズを磨いたフェリエは、数学や自然学を研究する上で必要になる器具の製作者であった。彼は、敬意を抱きつつデカルトから学ぼうとしていた。腕のたつ職人であるに留まらず、数学にも素養のあったことから、デカルトに見込まれ、レンズを磨く上での様々な事柄を教え込まれることになった。フェリエとの交流のなかで、レンズを双曲面にカットする器具に工夫が凝らされた。後の「屈折光学」では図4のようなこの頃とは別の器械が示されている。この器械の解説に、デカルトは一五頁余りを割いているが、これの実用性を保証した人はいないようである。フェリエとの話に戻れば、デカルトは彼に、レンズの作り方を教示しただけでなく、仕事をするに際しての心得まで書き送っている。多くの時間をかけずに仕事を仕上げようなどと考えないように戒めたり、充分時間をかけて自分の指図した仕事をやり遂げれば、そのレンズを使って「我々は、月の中に動物がいるかどうかを見ることもできるであろう」と励ましたりしている。このようなデカルトの態度に反撥したかどうかは知らぬが、もうオランダに移っていたデカルトの、一緒に仕事をしようという申し出に、フェリエは躊躇を重ね、結局この話は不調に終ったのである。

第四節　虹について

デカルトは屈折の研究から虹の研究へと移っていった。虹、それは古来驚異の的であった。ギリシア時代には「驚き（タウマス）の子」とされていた。この「驚きの子」も、アリストテレス学派になると、太陽光線が雲の水滴によって反射されて生じる、と説明される。時代はずっと下がり十三世紀には、グロステストによって屈折との関係が問題にされ、その弟子ロジャー・ベイコンは、眼と虹を結んだ線が水平線に対してつくる角、つまり、虹角（今ではこの補角が虹角とされる）を四十二度と測定するに到った。これは今でも正しい数値とされる。また、十四世紀には、ドイツの修道僧テオドリックの研究によって虹の解明はさらに進展する。彼は、水を張った球形のフラスコで虹と同じ現象が与えられることを発見し、主虹と副虹がどのようにして生じるのかを説明した。虹は、通常一番上に見えるものから順に言えば、副虹、主虹、過剰虹からなり、主虹と副虹の間にはアレキサンダーの暗帯が認められる。

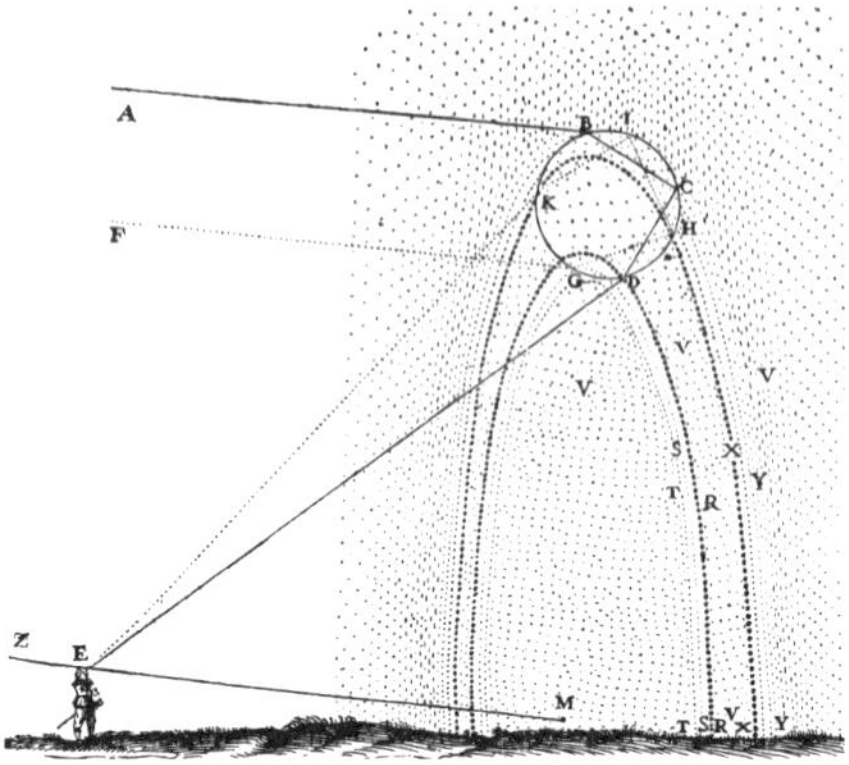

図5　『気象学』における虹の説明図

デカルトもその「気象学」で虹を説明している（図5）。「一つの反射と二つの屈折の後に、四十一度から四十二度の角度において、それより小さいどんな角度においてよりも遥かに多くの光線が見られること、また、それよりも大きな角度においては見られうる光線のないこと」さらには、副虹が二回の反射によって生じること。それらのことを見出したのである（図6）。こうして彼は、主虹と副虹がどのような現象であるかということばかりか、どうして虹角四十二度のところが他よりも強く光って見えるのかということ、さらには、アレキサンダーの暗帯という現象をも説明したのである。プリズムの実験をしたニュートンによって虹の色についての説明がなされれば、主虹と副虹を繞《めぐ》る主な特徴はほぼ説明されたことになる。虹の研究がさらにもう一段の展開をみるには、ヤングによる光の干渉作用の実験、それによる過剰虹の説明まで待たねばならない。それは十九世紀に入ってのことである。デカルトは、落体の問題や衝突の問題のような、自然学上の失敗をいくつかしているが、この虹の研究は高く評価できるものなのである。

このようにデカルトの自然学的研究は、屈折理論や虹の研究といった光学の分野で大きな成果をあげている。その理由の一つには、光線の問題が数学的処理に馴染みやすかったということがある。光線は通常「直線上を進む」と看做されていた。屈折法則は、入射角と屈折角の正弦の比が媒体によってきまる定数であることを示す。その定数が実験的に得られれば、あとは数学的に処理すればよい。虹の研究もこうした問題系の上にあったのである。

「気象学」における嵐や雷についての説明が、スコラ学者達の説明とさほど異ならないのに対して、虹の研究がスコラ的影響を全く免れているのは、この研究が数学に依拠するところ大であったからに他ならない。デカルトの開発した解析幾何学的技法を、実際に、自然現象に適用する場合、光学の分野はきわめて適切な分野であったと言える。

　理由のもう一つとして、光学は、スコラ的実体形相論がその実効を甚だ示しにくい分野の一つであった、ということがある。「実体形相」とは、或る資料と或る形相を結びつけて実体へと仕上げる形相のことである。実体から生じる様々な結果、現象は、その実体形相を何らかの点で原因として生じるとされる。また、スコラ哲学によれば、自然学の対象は本性《ナトゥーラ》（自然）であり、すべての運動の形相つまり運動の原理は本性に存する。かくて自然学者の仕事は、本性であるところの実体形相の探究とそれの分類とに求められる。たとえば、中世も後期では、物体が投げ上げられて放物線を描きつつ落下するその運動は、当の物体に刻み込まれた「駆動力」によって説明された。自然落下に際しての速度増大の原因が、物体に内在する「力」に求められ、その特有な「力」が「駆動力」とされたのである。この説明においてスコラ自然学は破綻をきたす。何らの外的原因もなしに「力」だけが増大していく理由を、さらに説明せねばならない羽目に陥るからである。物体の重さも、実体形相に由来する性質とされるのだからこれの説明には役に立たない。突然重くなるわけにはいかないのである。「力」を運動の原理とする点に難点がないとしても、この「力」を

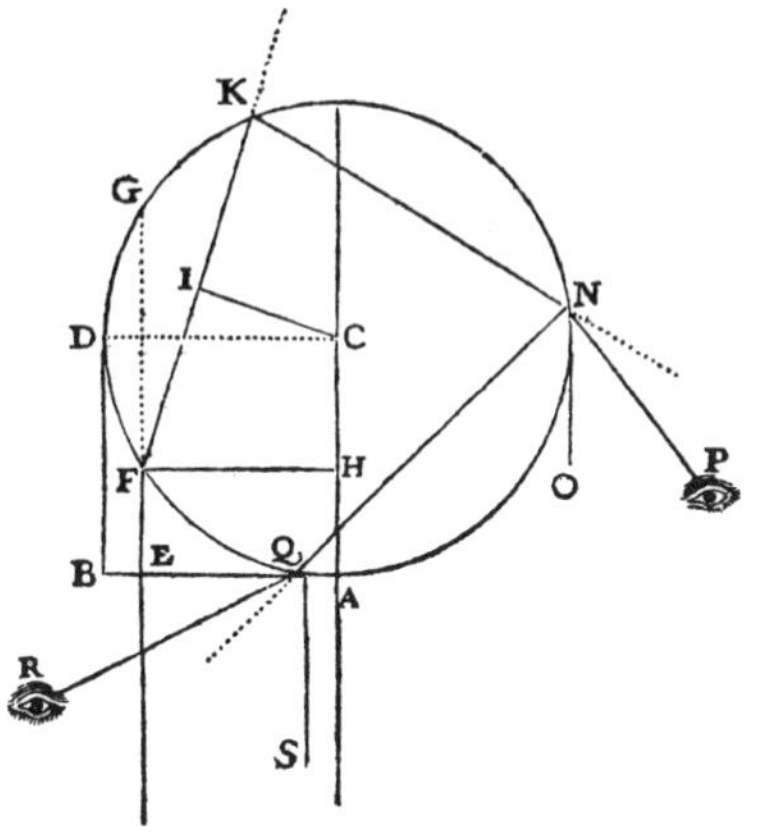

図6　二回の反射で副虹が生じる

個々の物体の本性に由来するものとするや、難問が次々に襲ってくることになる。

光についての事情は若干異なる。トマス・アクィナスによれば、「光るということは光るものの作用」である。あるいは、もっとデカルトに近い頃のスコラ学者によれば、光線とは「透明である限りの透明なものの作用」である。要するに、光の形相は透明という点に求められ、基体は空気とされる。実に融通無礙な規定ではないか。デカルトにとって光の問題とは、光線が、どのように屈折し、どのように反射するかをテーマとするものであった。透明という形相から光線の曲り方を引き出すことはできまい。しかし、それは「力」から放物運動が引き出せないのと同じことだ、と言われるかもしれない。光線を透過したり送り返したりする物体の問題として、屈折・反射の現象を説明しようとする限り、たしかに、同様の事態が生じよう。しかし、この現象を光線の問題として捉えようとする限り、物体と看做しうるのはせいぜい光の媒体である空気でしかない。空気はあくまで媒体でしかない。朝の空気は光り、夜の空気は光らないとは言えない。それでは、透明という形相の内在しているものは何か。「光るもの」としか言えまい。運動の形相が物体に内在するようには、光の形相は物体に内在しはしない。実体形相論の力は、光について希薄にならざるをえない。この点で、光は他の自然とは異質なのである。

デカルトは、光を光るものの作用としている。その点では、スコラの定義と異ならないと言える。それでいて光学上の大きな成果にまで辿り着けたのである。スコラの運動の定義を保持しつつ、慣性の法則にまで辿り着くのは至難の術であろう。そこでは実体形相論が威力を発揮するからである。こうして光の問題におけるスコラ的実体形相論の無力を透かし見ることができるのである。デカルトは、光について古い定義に抵触せずに成果をあげ、その成果の上に立ちつつ、或る物からその物が何であるかを伝えるべく飛来する「志向的形質」といったスコラ的観方を否定することができたのである。

第五節　デカルトとガリレイ　光の速度をめぐって

光学上の成果をさらに自然学全体にまで推し拡げるべくデカルトは『宇宙論』を構想する。この『宇宙論』は一六三三年には完成し、次の年の「お年玉」としてメルセンヌに贈られる予定であった。だが、一六三三年一一月、ガリレイ裁判を伝え聞き、とりやめにする。地動説的見解の含まれていることに危険を感じたからである。

デカルトとガリレイとの出会いについてみれば、話はさらに以前に舞い戻る。先にも述べたように、ガリレイは一六〇九年に望遠鏡を用いて木星の衛星を発見した。その翌々年に、これを祝ってラ・フレッシュの学院の祝祭でソネットが朗読された。この学院で学んでいたデカルトも祝祭に参加していた。彼、十五歳のときである。その感銘を疑うこともあるまい。この当代随一と言ってもよい学者ガリレイに、デカルトは会っていない。その機会が全くなかったというのではない。デカルトはイタリア旅行の途上で、フィレンツェのフェルディナンド二世の宮廷を訪れている。そこには六十の齢を越えたガリレイがいたはずである。デカルトの方は三十路に近づいていた。大方の期待に反して、逸話の生まれる機会は失われたのである。

しかし、両者を結ぶ話題がないわけではない。後年、デカルト四十二歳のとき、メルセンヌの求めに応じて、ガリレイの『新科学対話』を「二時間」で読み、意見を書き送っている。メルセンヌは、ガリレイの新しい業績を紹介する書を公にしようとしていたのであった。デカルトは、ガリレイのこの著作について、スコラの誤りからなしうる限り免れ出ている点、数学を自然学に適用している点を高く評価する。反面「基礎なしに」自然学を樹《た》てたと批判する。ガリレイに遅れて生まれること三十年余りのデカルトにとって、スコラ批判、数学の自然研究への適用は当然なされるべきこと、前年出版された彼の『方法序説』の如く、学問方法論の確立とその基礎づけこそ今やなされるべきだ、このような考えが働いていたのであろう。

メルセンヌに宛てたこの手紙のなかで、デカルトはいくつかの点でガリレイを批判している。そのなかに光速度に関する一項がある。ガリレイが『新科学対話』において述べている実験は、おおよそ次のようなものである。まず、二人の人間がそれぞれランプを持つ。そのランプには蓋が付いている。この蓋を閉じれば光は遮断される。相手のランプの光が見えるや、ただちに自分のランプの蓋を閉じる。これを相互に繰り返す。この操作に熟達した後、近距離と遠距離でこの実験を行なってみる。もし、二つの場合に差異が生じれば、つまり、蓋を開閉する間隔に違いが生じれば、その差異は光の速度によって生じたことになる。この実験は、当然のことながら、稔らなかった。デカルトはこれを無駄だと言っている。

デカルトは、この種の実験にすでに触れており、自分なりの見解をもっていたのである。この手紙の書かれる四年前、ベークマンは次のような光速度の実験についてデカルトに質問してきた。夜、おそらく顔の近くにランプか何かを置く。そこから離れた所に鏡を置く。手で顔を被ったり離したりする。鏡には、手を顔から離した自分の像が映っている。さて「鏡を通してみられるはずの運動よりも、手において感じられるはずの運動の方が先に感じられるか否か」。もしや、鏡を通して、手で顔を被っている自分の姿を見たとしたら、それは光が遅れて届いたからであろう。デカルトは「あなたの実験は無駄だ」と書き送った。

こう書いたのにも、デカルトなりの理由があった。彼は月蝕を例にとってそれを説明している。もし、光の伝達に時間がかかるならば、月が地球の影に隠れ、しかる後ある期間をおいてはじめて月蝕が観測されるはずだ、という着想である。地上で眼に頼りながら光の速度を観測することなどできるはずがないという考え、天体観測によって与えられていたデータに基づいてこれを試みようとしたこと、これらには充分意義を認めうるであろう。この点では、ガリレイの一歩先を見ていたと言うことができるかもしれない。しかし、所詮、月と地球では距離が近すぎたのだし、さらに悪いことには、彼の計算は、地球から月まで光が一時間かかって到達するという仮定の上に立っていたのである。地球から月まで（距離およそ三十八万キロ）を一時間で行くという速度は、もしかしたら、彼の想像しうる限りの最高速度であったのかもしれない。およそ四十年後、オーレ・レーメルの測定によって、デカルトのこの試みはまさしく無駄なものになる。オーレ・レーメルは、ガリレイの発見した木星の衛星の蝕を用いて、現代の数値に比較的近い数値を算出したのである（地球から木星までおよそ五億五千万キロ）。

第六節　光の瞬間伝播説と粒子説

デカルトは光の瞬間伝播と光の粒子説を主張した、とよく言われる。デカルトが光の伝達を一瞬としていたことは事実である。しかし、デカルトは、光の速度を感覚によっては捉えることができないと強調し、他方では屈折という現象の説明に光の速度の差を用いている。こうしたことから、デカルトが光の速度を無限大としていたとは考えられないのである。地球から月まで一時間で到達する速度、そのような速度で飛ぶ物体は、われわれの視界から一瞬にして消え去る。デカルトが光について言う一瞬とは、そのような一瞬ではなかったか。また、光の速度の問題は、彼の自然学における主題系には連ならず、「一瞬の内に拡がる」と言えば事足りる問題であったとも考えられる。ごく若い頃には「稀薄な媒体よりも、濃密な媒体の方を、光は一層容易に通過する」とされていた。この考えによれば、空気中よりも水中の方が光の速度は速いということになる。この考えが後の「屈折光学」にも見出さ

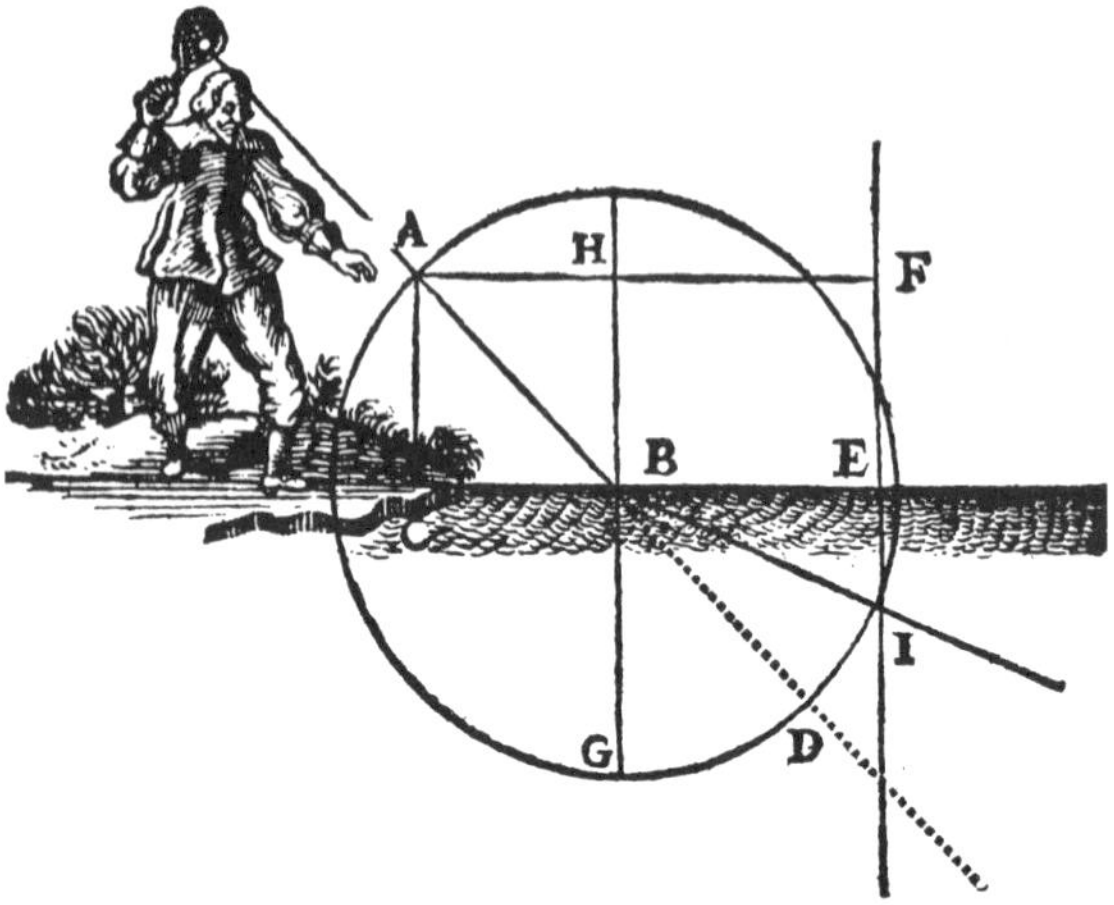

図7　光の屈折や反射をボールの例による説明
（「屈折光学」より）

れる。このことも、彼の光学において光の速度が主題にならなかったことを物語っているのではなかろうか。デカルトに帰せられる光の瞬間伝播説にはこのような疑念が残るのである。

光の粒子説の主張という指摘にもある疑念が認められる。「屈折光学」において、たしかにボールの例が持ち出され（図7）、光子のような微粒子の運動として屈折や反射が説明されてはいる。また、後にクリスチャン・ホイヘンスが音との類比のもとに、光の進行を球面波として捉えたのに対して、デカルトは音と光の伝わり方を奇妙な実験（図8）をもとに区別している。図の物体Aが光を発すれば、この光は管を通り、直線BC上においてしか見えないが、同じ物体Aが音を発すれば、その音はDでもEでもCと同じように聞こえる、というのである。もっとも、この実験より後の「屈折光学」では、光はあらゆる方向に直線的に進むとされているのであるから、この実験が彼の考えにどれほどのものを与えたかは疑問である。とは言っても、音と光の進行の仕方がはっきり区別され、光が波動としては捉えられていないことは明らかである。従って、波動説には立っていないという点では、デカルトの説を粒子説と言えるかもしれない。しかしながら、彼においては、光の伝達は作用の伝達とされるのであって、光った微粒子がボールのように飛んで来るという説明は、言ってみれ

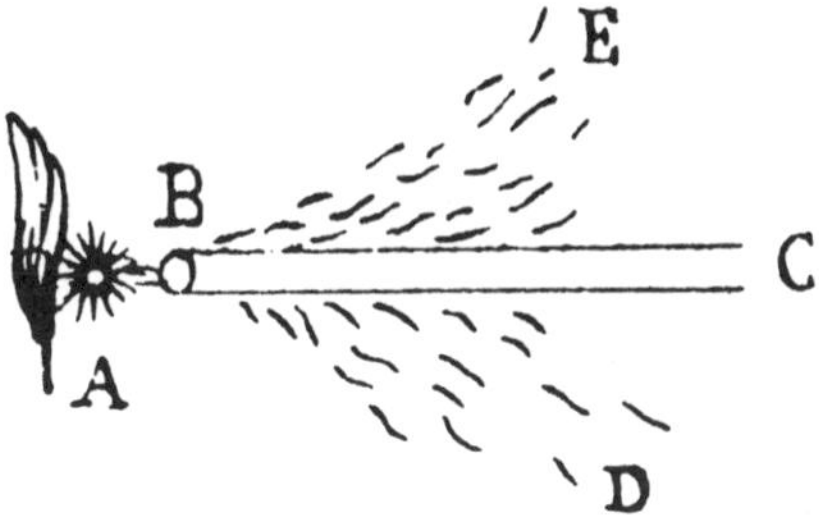

図8　音と光の伝わり方を区別するための実験

図9　視覚の成立が運動法則によるものであることを示す

ば、便宜的なものである。そういう点まで斟酌すれば、今のわれわれが光の粒子説や波動説で思い描きがちな粒子説ではないと言えよう。

光が粒子であるか波動であるか、あるいは、光の速度がどのくらいであるかといった問題、約《つづ》めれば、光の本性に関する問題に、デカルトがどれほどの力点を置いていたのか。先の疑念はすべてここに集中する。彼によれば、視覚の成立、屈折・反射などを説明するためには「光の本性が何であるかを真に述べようと企てる必要はない」のである。スコラ哲学においては、自然学は本性（自然）を対象にする学とされていた。光学に限らずデカルトによる自然現象の説明は、最早本性を狙うものではない。この意味で、デカルトの自然現象を対象とする学は、自然科学という近代的な名前で呼ばれうるのである。

光とは一体何であるかということではなく、屈折や反射がどのようであるかということを説明し、その上に立って視覚の成立を説明すること、これが「屈折光学」の基本的テーマである。その際に最も肝要なことは、光の本性などではなく、光の作用が運動法則に従うということである。それ故にまた、ボールの例がきわめて有効に働くのである。そうである以上、われわれの眼による光の受容も、全面的に運動法則に従わざるをえない（図9）。一方〈見る〉ことによってわれわれの抱く感覚は、運動法則によっては説明できない事柄なのである。ここに感覚と感覚されるものとの類似性が、全く否定されることになる。もし類似が認められるならば、われわれが棒で打たれて痛いと感ずる場合、棒の中に痛みに似た何かがあることになるではないか。『思索私記』に仄《ほの》かに窺《うかが》われた古きスコラの考えは払拭された。「屈折光学」には「感覚するのは心であって身体ではない」と書かれている。かくして「ゴルディウスの結び目」は一刀両断された。

しかし、この問題は、自然学において決着の付きうるものではなく、哲学によって基礎づけられるべき問題である。デカルトは、心身二元論を哲学的に基礎づけるべく思索を重ねて行く。

第三章　行為と意識

——見えるものを越えて——

序　〈私〉とは何か

〈私〉はさまざまなことをする。道を歩いたり、本を読んだり、他人と話したりする。考えたり、感じ取ったり、思い描いたり、思い出したり、何かをしようとしたりする。〈私〉は行動し、思惟する。だからといって、「行動すること」と「思惟すること」との間にはじめから通行手形のありようもない関所を設けているのではない。〈私〉はおこなう、と言ってもよい。われわれが何かをおこなうことを行為と呼ぶならば、〈私〉は行為するものである。行為するものを行為の主体と言ってよい。〈私〉は行為の主体である。その〈私〉とは何であるのか。

第一節　行為主体と身体

日常的な語らいのなかで〈私〉という名辞は固有名とは異なる振舞い方をする。その異なりは「各々が〈私〉という名辞を自分自身について語るためにのみ用いるという一点」(G. E. ANSCOMBE, The First Person in *Mind and*

Language ed. by S. GUTTENPLAN, Oxford 1975, pp. 48-49）にだけ存するのではない。「不二山」という山の名前は、通常〈私〉として名乗り出てこない。「不二山」が〈私〉として名乗り出し、「浅間山」へと向かうとき、われわれは「不二山」を擬人化して思い描いている。行為の主体は人でなければならない。否、人として思い描かれていなければならない。この場合に人と他の動物ないしは他の物との間にきっぱりとした線が引かれていないのが通例であり、日常的な語らいであろう。いずれにせよ、或る人に固有の名前あるいは人に準らえられた人以外の或る何かに固有の名前は、少なくともその名前のかわりに〈私〉をいれることのできる場合をもつ。もはや生存していない過去の人の名前であれ、架空の名前であれ、その名前をもつ何かが「私は……」と名乗りをあげる言語領域を設定することができる。このような人はそうした言語領域のなかで、他の人々と語らい、旅をし、考える。だがそのような人が〈私〉を見ることはない。〈私〉は「モモ」と話しをするが、「モモ」は〈私〉とは話しをしない。物語の登場人物達は物語領域のなかでさまざまなことをする。「ガンダルフ」も行為の主体である。しかし「ガンダルフ」がアメリカの大統領になることはできない。〈私〉は行為の主体であるが、現に今棒で叩かれて痛いと感じる身体をもつことがこのことの条件であるのではない。たしかに、「モモ」はその手で〈私〉に触れることはできないが、大地の温もりを感じ取ることができる。物語の登場人物達は物語領域のなかでは身体をもっている。この人物達は物語上の身体をもち、この〈私〉はこの世界での身体をもつ。二つの領域における身体はそれぞれの領域において同じ役割を果していると思われている。行為主体であるかぎり、〈私〉が身体をもつということが前提されているのである。だからといって、既に述べたように、現に今ここで触れることのできる身体をもっているということが行為主体の条件なのではない。外国を旅している友人も行為主体である。欠かすことのできない条件は、物体性ではなく身体性をもつということである。物体性と身体性の差異については次のように考えられる。つまり、身体性

の限界は擬人化可能性の限界と一致し、物体性の概念は身体性の概念を包摂する、とである。こうして〈私〉が行為主体として捉えられる場合には、身体性を前提することなしに〈私〉について語ることはできないということになる。

行為主体である〈私〉は身体性を有するが、この身体が〈私〉なのではない。この〈私〉は今眼の前にある机の固さを感じ取っている。〈私〉は物語上のではない身体をもっている。その〈私〉が何かをおこなう。おこないがおこないとして成り立つときには、既に多くの事柄も成り立っている。〈私〉のおこないが〈私〉のおこないであるためには、〈あなた〉がいなければならない。〈あなた〉は〈私〉のおこないを眼で見、耳で聞き、或る場合にはそれに触れる。行為が成立するためには観察者が存在しなければならない。行為主体であるかぎりの〈私〉の身体性には観察可能性が含まれていなければならない。むしろ、観察可能であると考えられているからこそわれわれは或る何かを物体として扱い、身体は「物体」という概念の外延に含まれる、と言った方がよい。行為が相互主体的な状況のもとでのみ成り立つということは議論の足場にできる。もちろん〈私〉が自分の部屋に一人でいるときにする行為も行為である。そのときには、観察する他人を受け容れることによって〈私〉の行為なのである。この場合に現に今観察している他人はいないのであるから、これを受け容れるということは行為と行為の報告が一組になっているということを示している。〈私〉がどのような行為をしているのかと考えるときに、その考えられたことが行為の報告というかたちをとっているということである。他人が〈私〉を観察することが可能であるという条件を満たすことなしに行為は成立しない。行為は他人の前にある。たとえ、その他人が現に今ここにいなくとも。

それでは行為ではないとはどのような事態のことなのか。行為には必ず観察可能な結果が伴う。とするならば、そうでない何ごとかが行為ではない何ごとかなのである。たとえば、振舞いにも表情にもあらわれず、言葉によっても表現されない或る人の痛みはその人の行為ではない。またたとえば、〈私〉がこれからどのように議論を組み立てて行こうかと考えているとしてみよう。そして眼の前のノートを見る。議論の組み立ては未だない。ノートは眼の前にある。議論の組み立てが〈私〉に見えて来たとしよう。そうすると眼の前に議論の組み立てが朧にだがあることになる。議論の組み立ては、時間芸術がそうであるように、時のまにまに見え隠れしながら、或る時には〈私〉によってしっかりと摑まえられるが、或る時にはなくなってしまう。議論の組み立てが見えて来たということは、わかりかけて来たということである。肉の眼にその像が浮かびかけたということではない。議論の道筋がわかったということは、そのように述べたり書いたりできるということである。述べられたり書かれたりしたときには、その議論は音声としてあるいはインクの染みとしてある。このように述べられたり書かれたりする議論のあり方は、ノートが眼の前にあるというあり方とは異なっているかもしれない。たとえ異なったあり方であるとしても、わかられて未だ述べられても書かれてもいない議論と比べれば、ノートが眼の前にあるというあり方の側に位置する。議論を述べたり書いたりするということが眼の前のノートと同じ側に位置するとは、他人の眼差や耳差のもとにあるということである。それに対してわかられて未だ述べられても書かれてもいない何かは他人の前にない。見られただけの、あるいは聞かれただけの何かは他人の前にあるが、考えられただけの何かは他人の前にない。何かをすることが他人の前にない何かをすることであるならば、それは行為ではない。表現され損なった思いを思うことは行為ではない。〈私〉はさまざまな思いを思う。そのさまざまな思いのすべてが、表現として、あるいは表情として、あるいは動作としてあらわれるわけではない。そうであれば、〈私〉は行為ではない何かの主体でもあるということになる。〈私〉は行為の主体であるが、行為主体であることと〈私〉であることとは何か異なったことである。

このことと〈私〉は身体であるが、この身体が〈私〉なのではない、ということとはどのような関係にあるのか。他人はこの〈私〉の動作を肉の眼で見ることができる。われわれが他人について観察できるのはその身体以外ではない。行為が行為として成り立つのは、行為者が身体性をもつからであった。身体は観察可能でなければ身体ではない。さて、〈私〉が窓の外の松の木を見ているとしよう。それは現に今の〈私〉の行為である。他人は〈私〉の身体がそのときにとる態勢の特徴を摑まえて、「xは松の木を見ている」と言うことができる。しかし、〈私〉の身体の一定の態勢と「松の木を見る」という行為との間に一対一的対応はない。〈私〉の一連の動作や部屋の配置、〈私〉と松の木との位置関係、眼球のむかっている方向などと〈私〉が窓の外の松の木を見るという行為とは異なる。身体の態勢や身体の置かれている位置関係だけにもとづいて、観察者は「xが松の木を見ている」と言うのだろうか。見るとは常に何かを見ることである。そうであるならば、観察者はとりわけても位置関係にかかわる情報のすべてを集積して、そのときに〈私〉が何を見ていたかを割り出さなければならない。しかる後に観察者の言えることは「xは松の木を見ていた」ということ以外ではあるまい。このように再構成された後にはじめて、〈私〉が窓外の松の木を見るということが〈私〉の行為として認定されるのだろうか。われわれはそのような手続きを踏むこともなく、いともたやすく「xは松の木を見ている」と言う。そのようにわれわれが言う場合にも、たしかにそれに相応しい身体的態勢や身体の置かれている位置関係を見ている。しかし再構成できるように測定しながら見ているのではない。その時に肉の眼で見ていることをいくら積み重ねても「xは松の木を見ている」という行為を再構成できない。たとえ、再構成できるとしても、そしてそのことが或る人の行為と言える条件であるとしたならば、われわれは或る人の過去についてのみその人の動きを行為と認定できるか、あるいは他人が即時に再構成できるような器具を身に着けている人にのみ行為を語ることができるか、あるいはまたこの両方であるのか、それ以外ではないことになってしまうであろう。

　われわれは或る人の身体的態勢やその位置関係を手懸りに、「xは松の木を見ている」というようにかくかくの行為として纏め上げる。しかし、その場合に再構成が可能であるような仕方で観察可能性に依存しているのではない。だからといって、肌理の粗い観察にもとづいてのみかくかくの行為として把握しているのでもない。われわれがその時に見てはいない何かがわれわれによって了解されているのでなければならない。「xは松の木を見ている」という場合ならば、たとえば、xが松の木の背後にある青空を見ているのではないと思わせる何かである。〈私〉の行為は他人の前にある何かであるが、現に今観察されていることごとによってのみ、かくかくの行為として摑まれるのではない。そして行為はいつもかくかくの行為である。このことは次のことを示している。他人から見られる〈私〉がこの身体さえ具えているならば、その〈私〉が行為主体としての〈私〉である、というようには言えないということである。言い換えれば、〈私〉が身体であるということだけに依存して、他人は〈私〉の動きを行為として捉えているのではないということである。たとえよりいっそう基礎的な行為であろうと、このことは妥当する。たとえば〈私〉が足を上げるとしよう。このときに〈私〉が足を上げたのであって曲げたのではないということが観察者に了解されていなければ、観察者は〈私〉の行為を「xは足を上げる」の如く括りあげることはできない。この了解の内容が誤っているとしても事態に変わりはない。この了解を、観察者は肉の眼で見ていないという事実だけで充分である。「xが足を上げる」と観察者が把握するときに、〈私〉は行為主体と看做されているのであり、この身体が〈私〉と看做されているのではない。身体であることと〈私〉であることも何か異なったことなのである。〈私〉を行為主体と等置することも、〈私〉を身体と等置することも誤りである。そしてまた〈私〉の身体の観察だけを頼りに〈私〉の行為を認知することはできないのであるから、現に今見られているこの身体を行為主体と等置することもできないのである。

第二節　〈私〉と〈あなた〉

われわれは行為を他人の前にある何かであるとした。行為は他人によって観察可能な何かである。〈私〉の思うだけの思いは他人によって観察されえない。それと同じように〈あなた〉が思うだけの思いも観察不可能である。〈私〉の思うだけの思いについて〈私〉はあると言う。そのことは〈あなた〉が思うだけの思いについても、〈私〉はあると考えているということでもある。このいずれのあるにしても未だそれのあるということがどのようなことかわかってはいない何かである。〈あなた〉の思うだけの思いがどのようにあるかを、〈私〉はどのようにして知るのか。

〈私〉が自動車の鍵を持って自動車の方へと歩いて行くとき、それは自動車に乗ってどこかに向かうためであるということを〈私〉はしばしば経験する。そこで、もし〈あなた〉が類似した状況において鍵を持っているとき、〈あなた〉は自動車でどこかに行こうとしている、と〈私〉は推測する。この「あなたは自動車でどこかに行こうとしている」ということは観察される何かなのか。あるいは、観察される何かにもとづいて推測されたことなのか。観察されている事柄の候補として挙げられうるのは「あなたが鍵を持って自動車の方へと歩いている」ことや周囲の状況などである。これら観察されているかもしれないすべての事柄を記述しても、その記述のなかのどこにも「自動車でどこかに行こうとしている」ということはあらわれてこない。意志への言及を含んでいること、未来に関する陳述であること、それらはそれらで重要なことであるが、今われわれが明示しておかねばならないのは、それが観察可能な事柄ではないということそれだけである。

これに対しては反論が考えられる。「自動車でどこかに行こうとしている」ということは観察可能である。誰かが自動車の鍵を持って自動車に向かって歩いて行くということと、その人が自動車でどこかに行こうとしていることとは、同じ事態として観察されている、という反論である。もしそうであるとしても、「同じ事態であること」は観察によって知られるのではない。あるいは、誰かが自動車の鍵を持って自動車に向かって歩いて行くことを、その人が自動車でどこかに行こうとしていることとして〈私〉は観察している、と言われるかもしれない。この場合にも「として観察すること」は観察によって知られるのではない。「同じ事態である」という、ないしは「として観察する」という把握は、過去の何度かの観察を源泉とする経験によっていると言うであろうか。誰かが鍵を持って自動車に向かって歩き、しかる後その人は自動車でどこかに行った、という同じ事態を〈私〉は過去にしばしば経験している。しかしその「同じ」とはどの程度に、どのような基準のもとに同じであり、「しばしば」とは何度以上のことなのであろうか。そのような隘路に踏み入る必要もあるまい。次のことを認めてもよい。〈私〉は自分の経験にもとづいて、〈あなた〉は自動車でどこかに行こうとしている、と推測する。このことを認めるとしたにせよ、〈私〉にとって〈私〉の経験は観察可能であるのか。もし、〈私〉の経験が〈私〉にとって観察可能であるならば、その場合の経験とは、たとえば〈あなた〉が鍵を持って自動車の方へと歩いて行くことに応じて〈私〉のとる態度のような何かであり、しかもその〈私〉の態度が〈私〉によって観察される、というように考えられる場合だけであろう。しかしこのようにはとても考えられない。というのも、さまざまな観察から〈私〉の得る経験が〈私〉によって観察されるということは、〈あなた〉にも観察されるということであり、そうならば〈あなた〉は〈私〉と同じように〈私〉の経験を知りうることになるからである。このように経験を捉えることは「経験」概念を歪めてしまうことになるばかりか、〈私〉が〈あなた〉の行為に応じてとる態度を、〈私〉はいわば直に認知すると考える方が実状に沿っているでもあろう。少なくとも〈私〉は眼の前に寝ている猫を見るようには自分の経験を見てはいない。

「自動車でどこかに行こうとしている」という〈あなた〉の行為は、〈私〉には観察可能なことではない。そこでわれわれはもう一つ前の段階に問題を戻してやらねばならない。そもそも「あなたが手に鍵を持って自動車の前に立っている」ということ自体、〈私〉はどのように観察しているのか。この観察が成り立つためにはどのようなことが弁えられていなければならないのか。〈あなた〉の身体的振舞いを〈あなた〉の身体的振舞いとして見ているのでなければ、さきほどの観察も可能にはならない。〈私〉は〈あなた〉が何かをしている、と看做している。なぜ、〈私〉ではなく〈あなた〉なのであろうか。〈私〉は〈あなた〉ではないと思っている。なぜなのだろうか。そう思っているのでなければ、現在の状況下において〈私〉は生きて行くことはできない。しかし、現在の状況がわれわれの議論の足場であるとしても、現在「かくかくである」ということが本来あるいは常に「かくかくである」ということを含意すると言いたいならば、それの理由を述べねばならない。少なくとも、この主張はわれわれの議論の足場である現在の状況にそぐわない。われわれは時間とともに変化するさまざまな事象のなかで生きていると思っている。そうであるからには、「今」という時をとめて、それを随意に「常に」で置き換えてしまうわけには行かない。今の社会で生きて行けないということから、人間が人間として生きて行けないということを結論することはできない。それでも、〈私〉が自分を〈あなた〉とは異なるものだと思うのでなければ、どのような時代を想定しようとも、どのような世界を想定しようとも、〈私〉は生きて行けない。〈私〉は〈あなた〉と異なるものだということが含まれていない〈私〉の文法を考えることはできない。〈私〉は〈あなた〉と異なっている。それではどのように異なるのか。

〈私〉とは異なる〈あなた〉が何かをしている。〈あなた〉は〈私〉とは別の〈私〉である。その〈あなた〉が何をしているのか。〈私〉は〈あなた〉について〈私〉の見ているままを報告する。この事態を模倣ということから考えてみよう。というのも、他人の行為を報告する場合の原初的なすがたがそこに見出されるであろうからである。〈あなた〉が立っている。〈私〉と〈あなた〉以外に第三者がいる。その第三者に対して〈私〉は動作の模倣によって〈あなた〉の行為を報告しようとする。第三者は〈私〉と〈あなた〉の双方を見ている。〈私〉は坐っていたのであるが、〈あなた〉の行為を報告しようとして立つ。第三者には未だなぜ〈私〉が立ち上がったのかわからないであろう。〈あなた〉がさまざまな動作をし、〈私〉が同じような動作を繰り返す。第三者に〈私〉が〈あなた〉の動作を模倣しているということがわかるかもしれない。このときに〈私〉は何を模倣したのか。模倣であるとは同じではないということである。はじめから同じであることを放棄することである。そもそも〈私〉が〈あなた〉と同じであるということはけっしてない。どのように似ていても細部は必ず異なる。〈私〉が人として主体的であることの物的な支えはここに存するであろう。

〈あなた〉が右手を上げたので、〈私〉も右手を上げる。ただ右手を上げることによって〈あなた〉の動作を模倣する場合と、右手の上げ方まで模倣する場合があるであろう。模倣は細部へ細部へと進む傾向をもっているが、その歩みは必ずどこかでとまる。〈あなた〉が右手を上げていることの報告であるならば、〈私〉は右手を上げるだけで充分である。あまりにも細部にわたった模倣であるならば、かえって報告の役に立たない。このことも報告が観察されていることごとだけの束には還元できないということを示唆している。〈私〉と第三者との関心のありよう次第では、〈私〉が別の動作を強調しながら模倣するということもありえよう。しかしこの関心は観察不可能であるか、別の動作に戻っていってはじめて観察可能になるかのいずれかである。いずれの場合にも現に今観察可能であることごとの範囲を越えることになる。さて、〈私〉が右手を上げるということだけで、第三者に〈あなた〉の行為を報告するのに充分である場合に、それで充分であることが〈私〉にどのようにしてわかるのか。また第三者は、そのときに、〈私〉が〈あなた〉の動作を模倣することによって〈あなた〉の行為を報告しているのであり、〈私〉自身に特有な動作として右手を上げているのではない、ということをどうして知っているのか。この二つのことは、〈私〉と第三者の間で報告に関する或る特定のゲームが成立するための要件とは何か、という同じ点に帰着する。右に描写した〈私〉の報告の場合ならば、それが第三者への報告として成功する場合も、しない場合も考えられうる。成功する場合もしない場合も考えられうるということは、以上の描写にあらわれていない何かが成功の鍵、つまり、報告に関するこのゲームの成立要件になっているということである。この鍵は観察可能な何かかもしれない。観察可能である場合のこの鍵は合図としての或る種の動作である。合図なしに際限もなく模倣を繰り返しても、それが報告であるか否か、第三者は疑心暗鬼に陥るしかあるまい。合図は何らかの相互了解の上に立ってはじめて合図たりうる。その了解が現に今観察されているということはありえない。たとえ以前には観察可能であったとしても、今はそうでない。言語を用いた報告の場合には、この点はさらにいっそう明瞭である。なぜならば〈私〉が一定の言語表現を用いたときに、他人が何らかの特定の反応をするためには、両者とも共通に多くのことごとを既に了解し合っていなければならず、そのときにこの了解は観察されてはいないからである。このようにしてわれわれは、〈私〉と異なる〈あなた〉が何かをしている、というように〈私〉が一定の態度をとるという事態を説明する場合にも、観察されていない何かについて言及せざるをえないのである。

〈あなた〉の行為は〈私〉の前にある。〈私〉はそれを見ている。しかし〈あなた〉の行為がかくかくの行為として〈私〉によって括られるように〈私〉が態度をとるときには、〈私〉は〈私〉の見ていない何かを弁えている。〈あなた〉が行為主体であるということは、〈あなた〉が身体性を有する何ものかであるとともに〈私〉の見てはいない何かを〈あなた〉について〈私〉が弁えているということを前提にして成り立つことである。〈あなた〉が身体性を具えているということは、〈あなた〉が行為主体であることの条件ではあっても、その特定の身体が行為主体としての〈あなた〉なのではない。〈私〉も〈あなた〉もそれぞれの身体と置換不可能である。

それでは〈私〉と〈あなた〉の差異はどこに見出されるのであろうか。〈私〉は、今自分が椅子に坐っていることを確かめるために、その様を写真に撮ったり、鏡に映したりはしない。〈私〉は〈私〉の姿かたちを見てはいないのに〈私〉がどのような身体的態勢をとっているかを知っている。また〈私〉が手にした書物に眼をやっているときに、〈私〉が見ているのは活字の列であり、触れているのは書物である。〈私〉は〈私〉が本を読んでいるところを見てはいない。〈私〉は〈私〉が夜空の星を見ているところを見てはいない。しかし、〈私〉は本を読んでいると知り、星を見ていると知る。このことを、〈私〉は〈私〉のしている何かを直かに認知していると言おう。アンスコムの言う「無媒介的な思い unmediated conception」（*op. cit.* p. 63）に相当する。もちろん〈私〉のしている何かのすべてが直かに認知されるわけではない。〈私〉は〈私〉の行為を直かに認知することがあり、他方〈私〉が〈あなた〉の行為をそれと同じように直かに認知することはけっしてない、ということだけで充分である。行為という場での〈私〉と〈あなた〉の非対称性はここから生じてくると言えよう。〈私〉と〈あなた〉のこのような非対称性を認めるということは、〈あなた〉とは異なり、そのままでは〈あなた〉にとって観察可能ではない固有な内容をもった領域を、〈私〉に認めるということである。こうしてわれわれは行為の場から意識の場へと移って行くことになる。観察可能ではない〈私〉の固有域を問うことは、意識の問題へと踏み入ることに他ならないからである。

第三節　記述と思い

われわれのこれまでの議論はアンスコムの「第一人称 The First Person」(*op. cit.*) という論文を横目に睨みながらなされたものであった。さらに、行為の問題と意識の問題の出会う地点へと或る角度から精確に光を照射するために、彼女のこの論文をより正面に近づいて取り上げることにする。アンスコムの議論におけるわれわれにとっての要所を次のように纏めることができよう。第一に、〈私〉を〈私〉という語の用法に沿って考察しているということがある。第二に、〈私〉を指示表現として解する場合には、〈私〉という事象の固有性が見失われるか、何だかわからぬ事柄に立脚しながらこの事象を説明せねばならなくなる、ということが明らかにされる。第三に、〈私〉と語り出す者に固有な事柄として「動作や出来事や状態について作用者であると、あるいは、受用者であると捉える無媒介的な思い」(p. 65) が摘出される。われわれの関心はとりわけてもこの第三の要所に集中して行く。

アンスコムによって自己意識は「〈私〉の使い手"I"-users」と「〈A〉の使い手"A"-users」(*e. g.* p. 51) の差異として特徴づけられる。この差異を示しているのが「無媒介的」で「観察によらない non-observational」(p. 63) 思いである。この思いの記述は真か偽である。「私が立っているという私の想い idea は、もしこの身体が立っているならば、この身体によって検証される」(p. 61)。それゆえに「〈私〉の使い手」と「〈A〉の使い手」との差異は観察者にとって知覚可能である。このようにして自己意識は他人によって観察可能な何ごとかとして捉えられる。「無媒介的な思い」は〈私〉によっても他人によっても観察されず、〈私〉によってのみ直かに思い取られる。

しかし、他人も〈私〉もこの思いの記述を、〈私〉の身体を観察することによって検証できる。たとえば、〈私〉が今「私は坐っている」と言う。他人によって、〈私〉の身体的姿勢の観察にもとづいてこの記述が検証される。

〈私〉は、一方では観察によることなく「坐っている」という思いを直かに抱いている。他方では、〈私〉は自分の身体的姿勢にもとづいて「私は坐っている」という記述を真であると検証することができる。この場合に〈私〉は〈私〉の身体をこの身体として他人の視点に立ちながら〈私〉の与えた記述を検証することになる。もしそうであるならば、この経路のなかで「無媒介的な思い」はどのような役割を果しているのであろうか。「坐っている」という「無媒介的な思い」を〈私〉が抱き、その思いが〈私〉の身体的姿勢の〈私〉による観察にもとづいて検証されるというのであろうか。もしそうであるならば、他人がそうするように〈私〉も〈私〉の身体的姿勢を観察することによって「坐っている」という思いを抱くと考えてはなぜいけないのか。「坐っている」という思いが無媒介的に、つまり観察によることなく思われるということは、事実に他ならないと言われるかもしれない。しかしながら、「坐っている」ことを〈私〉が観察にもとづいて検証することができるならば、そのかぎりでは「無媒介的な思い」を導入する必要はないはずである。他方ではしかし、「無媒介的な思い」を導入しなければ、「〈私〉の使い手」と「〈A〉の使い手」の差異を示すための〈私〉の側の拠が失われる。それでは別の途を辿って、〈私〉は「無媒介的な思い」を〈私〉の身体的姿勢の観察によっては検証できない、としたならばどうであろう。この場合には〈私〉は〈私〉の「無媒介的な思い」の記述については真か偽かを言うことはできないということになる。

「私が坐っている」という記述は、他人が検証するまでは〈私〉にとって、「眼の前に机がある」という記述と同じ仕方ではけっして真とは言えない。あるいはそうかもしれない。しかしながら、その場合には〈私〉が自分の行為を他人に報告することが、他人にとってみれば報告としての意義を失う、という代償を支払わねばならない。その信憑性が失われるのではなく、報告ということが成立するための基盤が失われるのである。

そこで、最初の途に立ち戻って、この「無媒介的な思い」が検証可能になるのは、たとえば〈私〉が「私は坐っている」というような記述を与えるときであるということから考えてみよう。このとき検証されているのは「私は坐っている」という記述である。〈私〉が実際に坐っているかどうかを他人は見ている。これとともに「坐っている」という〈私〉の抱く「無媒介的な思い」も検証されるとするならば、それは「私が坐っている」という記述と「坐っている」という思いとが、同じではなく、しかも一対一に対応しているから以外ではない。「同じではない」と言うのは、同じであるならばどちらか一方が不要になるからである。それにしても記述と一対一に対応しているという事実以外に理由はないであろう。「無媒介的な思い」も〈私〉と〈A〉の差異も、われわれは事実として認めねばならないのはなぜか。〈私〉と〈A〉とが同じ役割を果していないにもかかわらず「無媒介的な思い」を認めねばならないのはなぜか。〈私〉と〈A〉とが同じ役割を果していないめる。問題は、位相の異なるこの二つの事実がどのように結びつけられるのか、という点に存する。

アンスコムの言う「無媒介的な思い」は、それが〈私〉に帰属するかどうか、あるいはそのように思うのは〈私〉であるのかどうか、というような問題を惹起しない。そのような〈私〉の捉え方であるからこそ、〈私〉を指示表現として解した場合に生じるようなアポリアを無効にすることができたのである。しかしながら、この「無媒介的な思い」が〈私〉と〈A〉との用法上の差異という論脈に接木されるとき、齟齬が生じてくる。この齟齬が右に見たような「無媒介的な思い」の空疎さとしてあらわれたのである。言い換えれば、他人が他なる「〈私〉の使い手」を「〈A〉の使い手」とどのように異なって把握しうるのか、あるいは、他人が他なる〈私〉に自己意識を認めるのはどのようにしてか、という他人の視点と「無媒介的な思い」ということが折り合っていないのである。それゆえに「無媒介的な思い」という概念が操作概念としての役割しか果しえないものになっている。彼女が次のように述べるときにこのことは鮮明になる。つまり「動作や姿勢や運動や意図された動作についての思惟thoughtsのみが、無媒介的で観察によらぬ思惟であり、またE. A.という人格について直接的に真か偽かである記述（たとえば「立っている」）である」（p. 63）と彼女が述べるときである。「立っている」は観察によらぬ思惟であり、かつ記述なのである。アンスコムはそこで「私はE. A.である」という記述の役割を明らかにしようとしている。その際に、行為についての記述と思惟についての記述を引き離すまいと努めている。思惟を記述と重ね、観察の場に思惟を引き出し、身体的振舞いと結びつけることによって思惟の検証可能性が主張される。このときに「無媒介的な思い」ないし思惟は記述とは別の何かでありながら、両者は一対一対応という関係に置かれざるをえない。「思い」と「思い」の記述が異なるのは、「思い」の方は他人にとって観察不可能だという一点のみにおいてである。記述において「私は」ということが付け加えられても事情に変わりはないということが問題なのである。「坐っている」という観察不可能な思いは「私は坐っている」という観察可能な記述によってしか言表されない。たとえば「板を鋸で挽いている」（G. E. ANSCONBE, *Intention*. Oxford 1976, §6）という行為にはいくつかの記述が対応しうる。それに対して「坐っている」という「無媒介的な思い」は一つの記述しか許さない。行為の記述と「無媒介的な思い」の記述との間にそのような差異を認めねばならない理由は何か。〈私〉が坐っているということも行為であるならば、「坐っている」という「無媒介な思い」は〈私〉が〈私〉の行為について抱く思いである。この思いを介すると、なぜ行為と記述との間に一対一対応しかなくなってしまうのか。もし、〈私〉の基礎的行為をその他の行為から区別し、前者にのみ一対一対応を認めようとするならば、その区別の基準を示さねばならない。それとともに、一対一対応しかしないということを何らかの仕方で論じなければならない。たしかに、われわれは記述を通してしか他人の思いを思うことはできない。しかしだからといって、他人の思いが他人の思いの記述そのままであると思い込む理由はない。そのように思い込まざるをえないのは、他人の思いだけをあるとしているからである。

これに対して「坐っている」という「無媒介的な思い」は「私は坐っている」という記述としての思いである、と反論されるかもしれない。すなわち、思いと記述の間にどのような間隙も認められない、という主張である。もしそうであるならば、自己意識は記述形式に還元されることになる。「私は坐っている」という記述が自己意識を例示する記述形式であることになり、「無媒介的な思い」は雲散霧消する。〈私〉を主語に立てる言明の〈私〉の行為による検証が、〈私〉の自己意識をそなえた振舞いを証示するというのであるならば、〈私〉を主語とする記述形式が他の記述形式と置き換えることのできない特有の形式であり、われわれが自己意識について語るときにはその特有な記述形式について語っているということになる。アンスコムの議論において「無媒介的な思い」は〈私〉という名辞の用法に支えられている。しかしこの「思い」に固有のあり方は見出されていない。それは、彼女が観察可能性の枠内にすべてを押し込めようとしているからではないのか。〈私〉の行為は他人の前にあり、〈私〉の前にあることもある。それに対して〈私〉によって思われただけの思いは、他人の前にはない。その思いを表現し損なうことが、われわれにはある。このことは、思いと思いの記述の間にも行為と行為の記述の間のような多様な係わり方のあることを示している。〈私〉は行為ではない何か、つまり他人によって観察されえない何かの主体でもある。それだからこそ〈私〉は身体とも行為主体とも置換不可能なのである。思われただけの思いは無ではないのである。われわれは観察可能性という洞窟から抜け出さなければならない。われわれの見ていないものがあるからこそ、われわれは見ることができる。このことを取り戻さねばならない。

第四節　行為と意識

こうしてわれわれは観察されない何かという地点で意識の問題に出会った。〈私〉は観察される何かであるとともに観察されない何かでもある。観察されない何か、思われただけの思い、表現され損なった思惟が、常に或る特定の記述に対応していると考えるのには理由がない。記述と記述される何かとが一体化されるのがまさしくこのような場においてであると言うならば、その理由を示さねばならない。その理由として、思うとは言葉を用いて思うことである、ということが挙げられるかもしれない。もちろんその通りである。しかし、言葉として思うことと言葉を用いて言い表すことが常に同じことであるわけではない。〈私〉は〈痛い〉と思い、「痛い」と言うことがある。このことは〈痛い〉と思い、叫びをあげるという場合を排除しはしない。〈私〉は〈寒い〉と思い、「今日は寒い」と言う。このことも〈今日は寒い〉と思い、「寒い」と言うことを排除しない。思うとは言葉を用いて思うことであるということは、記述と記述される何かとが一体であることを含意しはしない。〈私〉は言葉として思いながら、その思いをどのように伝えたらよいかと工夫することができる。もちろん、常に思いが思いの表現に先立つと言っているのではない。言葉として思われようとも、思われただけの思いは、他人にとって観察されえない何かである。言葉は公共性や社会性に貫かれているのであるから、思うとは言葉を用いて思うことであるという点で、〈私〉の思いも公共性や社会性に貫かれている。しかし、他人の前にはないという点では、思われただけの思いは秘私的 pensée privée であると言える。それに対して、他人の前にありながらも、〈私〉の行為は〈私〉の行為として私的 acte personnel である。秘私的な思いであれ、〈私〉は自分に満足の行く表現を与えて観察可能な記述にもたらすことができる。そうであるかぎり、秘私的であるということが哲学にとっての闇なのではない。それぞれの〈私〉が秘私的な思いを言表へともたらす径路の、それぞれの〈私〉における独特さこそ、闇であると想い誤まらせる源になっていると言えるであろう。或る思いに対して多様な記述が結びつきうるということが、いっそう突き詰めて言えば、〈私〉の思いのあることが闇に葬られているのである。

さらにわれわれは次の結論にも到り着く。すなわち、〈私〉は身体であり、行為主体であり、思うものである、という結論である。これらのうちのどれか一つだけを取り上げることによって〈私〉を汲み尽すことはできない。どれ一つを取っても〈私〉とは置換不可能である。〈私〉が行為主体として捉えられるときには、少なくとも身体性が前提され、〈あなた〉によって見られうるのでなければならない。しかし現にこの身体が見られていなくとも〈私〉は行為主体として振舞う。そして〈私〉の行為が行為として成り立っているのでなければ、この身体が〈私〉の身体として扱われるということもない。〈私〉の見てはいない何かを〈あなた〉について辨えているのでなければ、〈私〉にとって〈あなた〉が行為主体であるとは言えない。観察者が見てはいない何かを〈私〉について辨えているからこそ、観察者は〈私〉を行為主体と看做すのである。つまり、〈私〉が思う事物《もの》として見定められているのでなければ、〈私〉は行為主体としても、この身体が〈私〉の身体であるとも、他人によって摑まれることはないのである。その〈私〉とは何であるのか。本質表示方式を用いるならば、〈私〉とは思う事物《もの》である。〈私〉は「思惟する事物《もの》 res cogitans」である。

第Ⅱ部　「観念」論の生成

第一章　確実性から明証性へ

序　知識への疑い

デカルトの「疑い」は、さまざまな角度からさまざまなかたちで問われ論じられてきた。しかし、そうした論述の多くは、デカルトが何を疑い、どのようにして最も確実な基礎を見出したのかという点に集中していたのではないであろうか。その上に立って「私 ego」ないしは「コギト cogito」を繞る諸問題も考究されてきたのではないであろうか。デカルトが何をどのように疑ったのかということを明らかにすることは、固より当然のことである。だが、このような方途でのみ「疑い」を捉え、デカルト哲学を解釈して行くことには或る危険が潜んでいる。というのも、そのような途を赴き行くに際して、デカルトによって疑われたことがらの確実性がどのような確実性であったのかということが等閑に付されるならば、デカルトの打ち樹てようとした確実性も見損なわれることになろうからである。デカルトによって批判された確実性が明らかにならないならば、それを超えるべく探索された確実性も、不明とは言わぬにせよ、不分明にならざるをえないであろう。確実であると看做されていたことがらへの疑いを突き抜けて開示された確実性、これを判明に捉えるためには、看做されていた確実性がどのようなものであるかを示さねばなるまい。このことに顧慮を払わぬデカルト哲学の解釈が、その土台において危ういことは言うまでもないであろう。「最も確実にして最も明証的である」（AT. VII, 25）[1]という一節の意義の解明からして、その支えの一つを奪われてしまうからである。そこでわれわれは、デカルトによって疑われたのが知識の確実性に他ならぬことを明らかにし、次に、疑われた知識における確実性がどのようなものかという点に着目しながら、デカルト的「確実性」を照らし出すという途を選ぶことにする。

第一節　疑われた確実性

デカルトは、その「第一省察」と「第二省察」の前半とにおいて、一体何を疑ったのか。疑われたことがらの位相を確定することが問題であり、疑いの内容を緻密な吟味にかけることも、その過程をつぶさに検討することをも捨象してよいならば、右の問いに対する答は容易に見出されるであろう。つまり、デカルトは『省察』において知識の確実性を疑ったのである、と。しかし、更に進んでそこにおいて事物《もの》の実在は疑われていないと主張するならば、ただちに反論を招くことになろう。それでは、デカルトは知識の確実性と事物《もの》の実在とをもろともに疑ったのであろうか。この位相を全く異にする二つのことをもろともに疑うとはどのようなことか。この難問に直面して反論者は事実を以て答えるかもしれない。「第二省察」における「世界の内には、天空も、大地も、精神も、物体も全くない」（AT. VII, 25）という想定が指摘されるかもしれない。これに対して、この一節を以て事物《もの》の実在がデカルトによって疑われていることの証拠とはならない、と考えてみよう。というのも、この一節の意義が充分明確になるのは、「第一省察」のこれに対応する一節を合わせて勘案する場合だけだからである。そこには「私自身を、手も、眼も、肉も、何らかの感覚（器官）ももたないが、しかし間違ってこれらすべてをもっていると思っている、として考察しよう」(AT. VII, 22-23) と書かれている。〈もっていないものをもっていると思う〉ことが疑われているのである。更に言えば、事物《もの》が実在しているということが疑われているのではなく、事物《もの》が実在しているかのように思いなすことが疑われているのである。そこで反論者は切り札をきることになる。「第二省察においては、自らの自由を行使しつつ、その実在についてほんの僅かでも疑いうるものはすべて実在しないと想定する精神が、そうして行くに際して、自分が実在しないということのありえないのに気づくのである」(AT. VII, 12)。これを以て、疑いの標的はまさしく事物《もの》の実在に定められているではないか、と反論されるであろう。

　それでは、第一に、事物《もの》の実在を疑うことと、事物《もの》の実在についての知識あるいは思いなしを疑うこととは、どのように異なるのか。デカルトは疑いを否定にまで強化して捉えていると解しうるのであるから(2)、両者の差異するところを見出すためには、事物《もの》の実在を否定することと、その知識を否定することとの差異について考えてみればよい。知られていないことは否定されることもできないし、否定されることによって知られていることがなくなるのでもない。よって、或る知識を否定するとは、その知識の確実性を否定すること、すなわち、不確実であるとすること、以外の何ごとでもない。一方、或る事物《もの》の実在を否定することは、その事物《もの》の実在が不確実であるとすることではない。そうではなく、端的にその事物《もの》がないとすることである。というのも、或る事物《もの》の実在が確実であったり、不確実であったりしうるのは、その事物《もの》についての知り方ないしは発見への道筋の上でのみ、つまりはその事物《もの》の実在についての知識の上でのみ、可能だからである。このことと、当の事物《もの》があったりなかったりすることとは別のことである。また、知識の確実性には程度上の差異を認めることができるが(3)、〈ある〉と〈ない〉にはそれを認めることができないということも明らかであろう。或る事物《もの》の実在可能性が確率論的に計算されるとしても、計算されるのは可能性の程度であって実在の程度ではない(4)。

それでは、第二に、そもそも事物《もの》の実在を疑うことはどのようにして可能なのか。このことを考えるために、まず〈カシオペアのΨ〉という星に何らかの生命体が実在することへと疑いを向けてみよう。ごく普通には、生命体とはどのようなものであり、それが発生し、生存し続けるための条件とは何か、ということが第一に問われるであろう。次に、〈カシオペアのΨ〉が右の条件を満たしているかどうかが問われるであろう。たとえば、その星の大気の状態、星を構成している物質等々が調べられるであろう。最後に、その星に生命体が実在していることの可能性、ないしは不可能性が主張されるであろう。さて、これらの段階のどこで何が疑われたのか。〈カシオペアのΨ〉が生命体の発生と生存に適しているかどうかが疑われたのであろうか。ところで、〈何かが或ることであるかどうかを疑う〉とはどのようなことであるのか。問うことと疑うことが異なるならば、〈何かが或ることであるかどうか〉を問うことと、そのことを疑うこととも異なるはずである。問うことが答を求め、疑うことが答を不定の状態に放置することであるならば、〈カシオペアのΨ〉が生命体の発生と生存の条件を満たしているかどうか、疑われたのではなく、問われたのである。とするならば、右の探索行のどこでもわれわれは疑いはしなかったのではないのか。われわれの例示した道筋は、〈カシオペアのΨ〉に何らかの生命体が実在するか否かを問う道筋に他ならなかったのではないのか。

われわれの知識の組立は、〈カシオペアのΨ〉に生命体が実在するとするか、しないとするかによって、何ら左右されないが故にこれを疑うことができなかったのかもしれない。それではもう少し事実に近づいて、〈フランス小ロマン派 les petits romantiques français〉の実在を疑うことができるかどうか考えてみよう。〈小ロマン派〉は或る人々にとって幻想かもしれず、或る人々にとって実在するかもしれない。〈小ロマン派〉が実在すると主張することも、実在しないと主張することもできそうにみえる。では、〈小ロマン派〉の実在を疑うことは可能なのであろうか。〈小ロマン派〉が実在しない（実在しなかった）としてみよう。その場合に、一体何がなくなるのであろうか。少くとも、ド・フォントネーやその作品がこの疑いによってなくなることはありえない。それでは何が疑われたのであろうか。ここでは、一定の作品群あるいは作者達を〈小ロマン派〉の作品あるいは作者として括り上げることの当否が問われているに他なるまい。この問いは問いであって疑いではなく、ましてや実在についての疑いではない。〈小ロマン派〉の実在を否定できるかのようにみえて、その実在を疑うことの意味は未だ明確にならない。

最後に、眼の前に見えている〈机〉の実在を疑ってみよう。それが真に実在するかどうかということは、ここでは問題にならない。この〈机〉が真には幻影であろうとなかろうとかまわない。なぜならば、「真に」という言葉がもちだされるや、われわれは知識の方へと、確実性の方へと、答を求めに赴かざるをえないからである。そうであってみれば、この〈机〉が実在することを疑うとは、それが実在しないとすること以外の何ごとでもあるまい。つまり、われわれはこの〈机〉についての反事実的想定をしていることになるのである。それが反事実的想定である限り、われわれはこの〈机〉が実在するという事実を知っているのである。知っていればこそ実在しないと想定することも可能になる。〈カシオペアのΨ〉上の生命体の如きものについては、それが実在することを知りもしないからこそ、われわれはその実在を疑うこともできなかったのである。〈小ロマン派〉について言えば、それが実在するという表現の意味が曖昧であるが故に、それを実在しないとすることの意味も曖昧であったと言えよう。〈小ロマン派〉についての疑いは、あくまでも〈かくかくである〉という知識について可能なのであり、実在についての知識への疑いでさえありえないのである。

われわれは、或る事物《もの》が実在すると知っているからこそ、そのものの実在について疑いうるのである。そして、知られていないことについては疑われることもできないのであるから、或る事物《もの》の実在について疑われる場合に、疑われているのはそのものの実在についての知識以外ではないのである。したがって、或る事物《もの》の実在について疑う、つまり、或る事物《もの》が実在しないと想定するということは、そのものが実在するという知識を拠とすることなく、換言すれば、その知識を不確実であるとして省察をすすめることに他ならないのである。

以上のことが当然であるならば、以下のことも当然でなければならない。「私以外にはどんな人間も、どんな動物も、どんな天使もこの世界の内にはいないとしたにしても」（AT. VII, 43）[5]という表現は、それらの事物《もの》が実在しないことを表明しているのではなく、まさしく反事実的想定として、それらの事物《もの》の実在についての知識が「世界」についての把握の確定された位置を未だ占めるに到っていないことを示す、と解されねばならぬということである。また、「私だけが世界の内にあるのではない」（AT. VII, 42）というのも、神の実在が証明されるまでは、「私だけが世界の内にある」という状態であったとしてではなく、それまでは「私」の実在以外は世界把握の確定された位置を与えられていない、と解されねばならぬということである。或る事物《もの》の実在についての知識を疑うということは、その事物《もの》が「実在することを未だ私は知らない」（AT. VII, 27–28）と看做すことに他ならないのである。以上を要すれば、デカルトが「第一省察」と「第二省察」前半とで疑いを差し向けたのは、知識の確実性に対してであり、事物《もの》の実在に対してではない、ということである。「行動に関してのことごとではなく、認識に関してのことごとのみ」（AT. VII, 22）がそこで疑われているのである。

第二節　確実性と明証性

「確実にして不可疑的 certus atque indubitatus」（*e. g.* AT. VII, 18）と言われるように、『省察』における〈確実

であること〉と〈疑いえぬこと〉とは対をなすようなことがらであると解されうる。そこからまた「疑わしく不確実な dubius & incertus」（AT. VII, 80）も一対の表現として了解される。ところで、「疑い」は「懐疑理由 ratio dubitandi」（*e.g.* AT. VII, 18）を要求するのであるから、心理的な疑惑のようなことがらとして捉えられることはできない。それ故、「確実」ということも疑惑と対極をなすようなことがらとして捉えられることはできない。それでは『省察』におけるデカルト的「確実性」を、われわれはどのように解意すべきであるのか。まず、「確実性」と「明証性 evidentia」[6]の差異というところから考えて行こう。

デカルト哲学において、「確実性」と「明証性」とが全面的には交換可能な概念ではないということは、既に指摘されており、その指摘は正しい[7]。交換不可能な例を一つだけ挙げれば、「幾何学的論証そのものの確実性が神についての認識に依存している」（AT. VII, 15: *cf.* VII, 69）という場合がある。「論証」について「明証的」と言えるか否か、というようなことが問題なのではない[8]。「神についての認識に依存」するという点に着目せねばならない。つまり、何かを「明晰かつ判明に」知得するために、神の実在を認識することは要求されていないということが重要なのである。もし、このことが要求されているとするならば、「私はある、私は実在する」（AT. VII, 25）ということも「明晰かつ判明に」は知得されえないことになる。というのも、周知の如く、この言明のなされるときには、未だ神の実在は論証されていないからである。神が「明晰かつ判明な知得」に関与するのは、われわれがそのように知得する能力を有すること（AT. VII, 54 & 62: *cf.* VIII-1, 16）、および、そのように知得されたことが真であるということ（AT. VII, 65, 78 & 169）に対してである。われわれが何かを知得するに際して、神がわれわれに「明晰かつ判明な知得」を与えたり、われわれをして「不分明にかつ不明瞭に confuse & obscure」（AT. VII, 43）知得せしめたりするのではない。幾何学のような学的知識の確実性を主張するためには、神についての認識が求められるが、「明証的に」知ることのためにはそれが求められはしないということである。

　ガサンディの「第五反論」において見られる誤解の一つは、この点を考慮しなかったことにあると言える。彼は「無神論者達」だとて「幾何学的論証」の「明証性と確実性」を確信しているではないか、と反論したのである(VII, 326–328)。ガサンディにとって、たとえば〈直角三角形の斜辺の二乗は他の二辺の二乗の和に等しい〉ということを「明証的に」知るために、一体なぜ、神の実在を認識していなければならないのか、このことは不可解でしかなかったのである。彼は、デカルトその人にとっても、このことは不可解に他ならないという点を見逃していたと言えよう。しかし、デカルトは、ガサンディの誤解を委曲を尽して解こうとはせず、「無神論者達」に「幾何学の論証そのものについて de ipsis Geometricis demonstrationibus 疑っていた懐疑論者達」(AT. VII, 384) を対置させて事足れりとする。この「答弁」によってガサンディの誤解は解消されない。(9) しかしながら、デカルトの「答弁」が答弁になっていないというのではけっしてない。デカルトは「幾何学の論証そのもの」に神の実在についての認識が不可欠であると述べているのである。先に述べた如く、個々の幾何学的論証を「明証的に」知得するか否かという点で、神についての認識が効力を発揮するわけではない。そうではなく、「幾何学の論証そのもの」に、つまり、幾何学的論証によって真理が捉えられうるという幾何学の学としての成立に、右の認識が必須である、とデカルトは答えたのである。神についての認識なしには、「われわれは学知 scientia をもたず、単に確信 persuasio だけをもつ」(à REGIUS, 24-5-1640, AT. III, 65) のである。神についての認識を呼び求めるのは、「明晰かつ判明に知得すること」ではなく、そのように知得されたことの真理性、言い換えれば、一般的にみられた場合の学知の確実性なのである。(10) この点をガサンディは見過ごしたと言えよう。

　ところで、「明証性」には「知性」「想像力」「感覚」というわれわれの認識能力に応じた程度上の差異が認められ、それに準じて「確実性」の方にも段階上の差異が見出されうると言えよう。[11] しかし、『哲学の原理』を参照することによって、両者の間に次のような差異を看て取ることができる。つまり、「確実性」には「実践的確実性 certitudo moralis」と「形而上学的確実性 certitudo metaphysica」という区別が存するということである。これは、けっして認識能力上の差異に係わる区別ではなく、確実性の基礎づけという点からの区別なのである。「形而上学的確実性」とは、神の善性についての認識という「形而上学的基礎」に支えられた「確実性」である。[12]「数学的論証」、「物質的な事物《もの》が実在するという認識」、「物質的な事物《もの》についてのあらゆる明証的な推論」(AT. VIII-1, 328) はこの意味で「確実である」とされる。形而上学によって、数学的及び自然学的知識の確実性に基礎が与えられるということである。数学や自然学において「明証的」に知られたことの確実性には、このような基礎づけが求められる。しかし、この基礎づけが、「明証的に」知ることのために求められているのではない。その上、「確実な」ことがらが、必ずしも「明晰かつ判明」に知られているとは限らないということは言うまでもあるまい。[13] 以上によって、少なくとも、知識の「確実性」と知ることについての「明証性」とが、デカルトによって区別されていることを、われわれは領掌しうるのである。

第三節　確実性と明証性の一致する地点

次に、デカルト的「確実性」により逼り行くために、「疑い」の過程における「確実性」がどのようなものであるかについて考えてみよう。既に検討をすませたように、そこで疑われているのは知識の確実性である。しかも、一般的に確実であると思いなされていることがらであるからこそ疑われるのであり、一般的に疑わしいとされていることがらが疑われているのではない。「第一省察」における疑いの深化という点からみても、既に所有されている知識のうちでは数学的知識が最も確実であるとされていることは明らかである。ここから、デカルトが疑いの鋒先を向けた知識の体系における確実性とは、数学をその頂点にいただく学知の確実性であると言える。数学的知識は「あらゆる真理のうちで最も確実である」（AT. VII, 65）と看做されていたのである。ところで、数学を諸学のうちで最も確実な学と看做していたのは、疑いに這入る以前のデカルトだけでは勿論ない。スコラの学問論においても、数学が諸学のうちで最も確実な学とされていたのである。この点をトマス・アクィナスとスアレスについて確認しておこう。

トマス・アクィナスは「思弁的学 scientia speculativa」を「自然学 physica sive scientia naturalis」、「数学 mathematica」、「神学 theologica, id est divina scientia」（別名「形而上学 metaphysica, id est trans physica」）の三つに区分している。(14) これら三つの学のうちで、われわれにおける学としての限りでは、数学が最も確実であるとされている。神学の扱う対象は「そこから我々の認識がはじまる諸感覚からはるかに離れている」が故に、数学の方がより確実であり、自然学の場合には、「何かを認識するために多くのものを考察せねばならない」が故に、数学よりも不確実であるとされる。(15) 要するに、数学は「感覚の射程内にあり、想像力 imaginatio によって捉えられうる」(16) 対象を扱うので、「一層容易に、一層確実に認識される」(17) のである。また、スアレスは「三種の抽象 triplex abstractio（引き離すこと）」に基づいて、学をやはり「自然学」（「哲学」）、「数学」、「形而上学」に区分する。自然学は個々のものからの「抽象（引き離し）」によって成立するが、そこでは「感覚的質料 materia sensibilis」は引き離されずに用いられる。数学は「理解することに関して secundum rationem は感覚的質料を引き離すが、知的質料を引き離さない。というのも、〔数学の扱う〕量は、〔感覚的質料から〕引き離されるにもかかわらず、物体的ないしは質料的なものとしてしか概念されえないからである」（〔　〕内補足筆者）。「形而上学は、しかし、感覚的質料も知的質料をも引き離す。というのも、形而上学が考察する〈ある ens〉の理解は、それ自身において、質料なしに探求されるからである」[18]。このような考えから、形而上学の方が数学よりも確実性において優るという余地が認められながらも、「我々においては in nobis」数学の方がより確実とされるのである[19]。

数学は理解するという点で「感覚的質料」に依存せず、しかも、感覚を出発点とする人間的認識に最も適っているが故に、最も確実であるとされる。感覚から離れ過ぎれば、その認識に「感覚から受け取られたものが不充分なかたちで導きいれられる」[20]ことになる。また、感覚に近づき過ぎれば、その認識は「多くのものについての認識」[21]に依存することになる。要するに、この両者による数学的知識の確実性の主張は、〈感覚に前以てなかった何ものも知性の内にはない〉とする認識説と深く連関しているのである。

デカルトは、彼等と同じような仕方で数学の確実性を主張しないばかりか、主張することもできない。何故ならば、スコラ的認識説に支えられた確実性の主張を容認することは、また、スコラ的認識説を是認することにも通底するからである。このことから、デカルト的「疑い」が数学的確実性を疑ったことの意義を次のようにして汲み出すことができる。トマス・アクィナスによって「方法的に探究を進めること procedere disciplinabiliter」は数学に属しているとされている[22]のであるから、数学は諸学に方法を与えるものとして、世界の学知的把握の核心に位置づけられていたと解することができる。それ故、数学の確実性を疑うことは、スコラ的世界把握の中枢部に擾乱を導き入れることに他ならない。この確実性を覆せば、その上に構築された知識体系全体の確実性も崩壊に帰すことになる。ここに、デカルトによって数学の確実性が疑われたことの意義が見出されるのである。したがって、疑われているのは、計算間違いの如きことがらが介入してくる個々の数学的論証ではなく[23]、数学の学としての成立に係わることがらと解されるべきである。「最も単純にして最も一般的なものしか扱わず、それらが自然の内にあるかないかについてほとんど顧慮しない」(AT. VII, 20) からといって、そこから数学の確実性を主張しうるわけではない。というのも、数学の確実性は「欺く神（悪しき霊）」[24]の想定によって揺がされうる (AT. VII, 21) からである。このことは、数学が自らの確実性を自らのみによっては主張しえないということを示している。換言すれば、数学の確実性は数学以外の何かによって基礎づけられねばならないのである。かくして、「欺く神（悪しき霊）」の想定は、数学的知識の確実性を確実性の頂点に据える世界の学知的把握に対する最終的な「懐疑理由」として解意されうるのである。このことはまた、反事実的想定が極点にまで到ったことをも意味している。繰り返しになるが、これによって世界の実在が否定されたのでも、秘私的領域へと没入することになるのでもない。スコラ的認識説に対する批判的見地から、確実性の根拠が新たに求め直されているのである。言うまでもなく、その根拠は「私はある、私は実在する」という言明が、すべての知識のうちで「最も確実にして最も明証的である」(AT. VII, 25) ということに見出される。ここにおいて、確実性の頂点と明証性の頂点とが合致することになる。

第四節　結　論

かくして、確実性が明証性と合致し、明晰かつ判明に「私」の知ることは、また、確実に「私」の知ることでもある、ということになってみれば、そしてその限りでのみ、〈何かが確実である est certum〉ということと〈何かが私に確実である sum certus〉[25]ということとの間に差異はなくなる。その限りでのみ、「堅固にして変わることのない確信 persuasio」と「確実性」とは同じことになる (AT. VII, 145)。しかし、このことによって確実性が、

〈何かを確実である〉と表明する発話者に相対的なことがらになるのではない。何故ならば、この「確信」は「我々を疑うべく押しやる何らかの理由を残している」場合の単なる「確信」ではなく、「けっして何ものによっても揺り動かされえないほど強固な理由からもつ確信」、結局のところ「学知」(à REGIUS, 24-5-1640, AT. III, 65)に他ならないからである。明証性と確実性が合致することにおいて拓かれる地平での「確信」は、けっして発話者に相対的であるような確信ではない。たとえば、「私が思惟する際に私が実在していること」は、それを「同時に真であると信じる credere ことなしには思惟することもできない」が故に、われわれはそれについて「けっして疑うこともできない」(AT. VII, 145-146)のである。この限りでのみ、「信じること」「確信すること」は確実性と同じ水準にあると言えるのである。勿論、〈この限りでのみ〉という限定を外すことはできない。外してしまえば、人それぞれに異なった確実性を主張しうることになるからである。この限定だけを取り出して言うならば、数学的確実性を根拠づけるという地平においてのみ、ということになる。数学的確実性を支える明証性の水準においてのみ、別言すれば、数学を基礎づける形而上学的次元においてのみ、ということである。デカルトによって、明証性の頂点と合致する確実性が、数学的確実性を超えたものとして、いわば縛られて、領域的・次元的・質的制約のもとに捉えられているということを見逃してはならないのである。

以上のことから、『省察』のうちに三つの異なる、水準という点では二つの異なる、「確実性」を見出しうることになる。つまり、疑われた「確実性」と、明証性に裏づけられた「確実性」と、この「確実性」に基づいて明らかにされる神の実在についての認識に基礎づけられた「確実性」である。第一と第三の「確実性」はともに学知の水準における確実性である。これらのこと、および、疑いを差し向けられた知識体系における数学の位置故に、数学的知識を疑うことが反事実的想定の総仕上げになるということから、以下の結論が得られる。「身体(物体) corpus」も、「私」以外の精神も、「私はある、私は実在する」という言明の段階では、未だ世界把握における確定した位置を占めるに到っていない。しかし、このことは確実性・明証性の上で、それらについての知識よりも「私」についての知識の方が先立つことを示すが、実在の上で先立つことを示しはしない。身体や他の精神の実在についての知識が不確実であるとすることは、それらのものの非実在を主張することではないからである。むしろ、それらが実在するということは事実であり、それ故にこそそれらについての反事実的想定も可能だったのである。したがって、〈私は精神であり、かつ、私は身体である〉という言明が、デカルト哲学において自己矛盾的言明になる局面はけっしてない。「抽き出してのみ言えば[27]」(AT, VII, 27)、つまり、本質表示方式をとれば、〈私は精神である〉ということになるのである。また、他の精神の実在することが事実である以上、〈精神は私である〉と言うことはできない。かくて、次の主張がデカルト哲学に反しないことは、最早明らかであろう。つまり、「最も秘められた考えさえ、公共的になされうるのでなければならず、公共的に表現された考えの意味は、私的に抱かれた考えの意味と同じでなければならない[28]」、という主張である。デカルト的「確実性」が心的事実に支えられているということは、この「確実性」が秘私的であることを含意しはしないのである。

(1) *E. g.* AT. VII, 22 & 24. *Cf.* H. GOUHIER, *La pensée métaphysique de Descartes*, Vrin, 1962, pp. 23-31.

(2) *E. g.*「確実性の度 gradus certitudinis」(AT. VII, 65-66), etc.

(3) 或る事物《もの》の実在する可能性が五〇パーセントであると計算されるとしても、だからといって当の事物《もの》が〈あり〉かつ〈ない〉ということにはならないからである。また以上の議論は、疑わしいことがらを「偽である」(AT. VII, 24: *cf.* VII, 22) と看做すという点に着目しても同じことになる。知られていないことについては、真・偽を問うこともできないからである。

(4) AT. VII, 55 & 58 にも類似した表現が見られる。

（5）「明証的な」と「明断かつ判明な clarus & distinctus」とを本章では区別しない。*Cf.* J.-M. BEYSSADE, *La philosophie première de Descartes*, Flammarion, 1979, p. 38.

（6）P. MARKIE, *Clear and Distinct Perception and Metaphysical Certainty* (Mind, 88-349, January 1979, pp. 97-104)

（7）「最も明証的な論証 evidentissimæ demonstrationes」（AT. VII, 4）。しかし、「確実な certus」が「論証」「議論（立論）argumentum」「理拠（理由）ratio」「学知（知識）scientia」に多く附加され、「認識 cognitio」には1箇所でのみ附加され、「知得 perceptio」に附加された「確実な」が『省察』本文中に見出されないということも事実である。

（8）P. GASSENDI, *Disquisitio metaphysica* (Texte établi, traduit et annoté par B. ROCHOT, Vrin, 1962), pp. 511-517. ここでもガサンディは「懐疑論者達」というデカルトの言葉に眼を奪われ、核心点を見失っている。

（9）以上のことは AT. VII, 141 からも確かめられる。そこでは「無神論者のそのような認識は真なる学知 vera scientia ではない」とされている。

（10）「明証性」の側については AT. VII, 74-75 を、また、「確実性」の側については AT. VII, 436-439 を参照。

（11）「神はこの上なく善であり、けっして欺くことがないのであるから、神が我々に与えた真を偽から弁別する能力によって、我々が判明に知得する限り、神が誤らせることはありえない、という形而上学的基礎」（AT. VIII-1, 328）。

（12）このことは「明証性」が「想起 recordatio」という問題を惹起すること（*cf.* AT. VII, 146 & 246）に係わる。

（13）THOMAS AQUINAS, *In Boetii de trinitate*, lect. II, q. I, a. 1. 自然学は「あること及び知ることに関して secundum esse et intellectum 質料に依存し」、数学は「あることに関しては質料に依存するが、知ることに関しては依存せず」、形而上学は「あることに関してさえ質料に依存しない」とされる。また、有働勤吉「トマスにおける理論哲学の問題」（松本・門脇・リーゼンフーバー編『トマス・アクィナス研究』創文社、一九七五年、四一五－四四〇頁）、及び、É. GILSON, *René Descartes, Discours de la méthode —— Texte et commentaire*, Vrin, 1925, pp. 138-139 参照。

（14）*Op. cit.*, lect. II, q. II, a. 1. 勿論「信仰 fides」の「確実性」は別である（*cf. Sum. theol.*, II-II, q. 4, a. 8）。

（15）稲垣良典『トマス・アクィナス』勁草書房、一九七九年、一三九－一四〇頁。

（16）*Op. cit.*, lect. II, q. II, a. 1.

（17）F. SUAREZ, *Disputationes metaphysicææ*, disp. I, sect. II, a. 13.

(18) *Op. cit.*, disp. I, sect. V, a. 26. また、*Commentarii in octo libros physicorum Aristotelis*, Prœmium, 5, 4, Conimbricæ, 1592 (par É. GILSON, *Index Scolastico-Cartésien*, p. 230) においても、数学と「自然哲学 philosophia naturalis」と形而上学との間での確実性の差異が論じられている。そこでは、形而上学、自然哲学、数学の順でより確実であるとされている。数学が最も確実である理由として、それがどんな「実経験 experientia」にも係わりをもたず、「感覚的質料や運動を引き離して」考察することが挙げられている。

(19) THOMAS AQUINAS, *op. cit.*, lect. II, q. II, a. 1.

(20) *Ibid.*

(21) *Ibid.*

(22) ライプニッツは計算間違いという点でしか数学的論証を疑いえないとしている。G. W. LEIBNIZ, *Animadversiones in partem generalem Principiorum Cartesianorum* (*Die philosophischen Schriften von G. W. Leibniz*, hrsg. von C. I. GERHARDT, Bd. IV, S. 356)

(23) いわゆる「欺く神」(AT. VII, 21) と「悪しき霊」(AT. VII, 22) の差異については、H. GOUHIER (*op. cit.*, pp. 113-121) の説を承認するが、ここでは区別する必要がない。

(24) AT. VII, 35, 36, 42, 69, 78 & 90.「第三省察」以降にこの表現が用いられていることに注目せねばならない。

(25) *Cf.* G. E. MOORE, *Philosophical Papers*, George Allen & Unwin LTD, 1954, pp. 238-240.

(26) 所雄章『デカルト』講談社、一九八一年、二六三―二六四頁参照。

(27) A. KENNY, *The First Person* (in C. DIAMOND & J. TEICHMAN, *Intention & Intentionality*, The Harvester Press, 1979, p. 11). これは勿論デカルト哲学への批判として述べられたものではない。しかし、「もしデカルトの精神が言語を使用するならば、それは私的言語でなければならないと思われる」(A. KENNY, Cartesian Privacy ―― in G. PITCHER, *Wittgenstein*, Notre Dame. 1968, p. 369) という観点からすれば、本文中に引用した一節はデカルト哲学にとって容認しがたいということになるのである。A. KENNYのこの点での基本的な誤りは、「心的なことと私的なことを同一視」(Cartesian Privacy, p. 361) することと、「私的言語」の問題とをそのまま重ね合わせた点に求められよう。本論の狙いの一つは、デカルト哲学を考えて行く上で桎梏となっているこのような基本的な誤解を解消することにある。

第二章　『規則論』における「観念」

序　デカルト的「観念」をめぐる困難さ

デカルト的「観念 idea, idée」が一義的規定を受け容れ難いことは既に周知のことである。しかし、デカルト的「観念」の多義性が多義性として放置されるならば、デカルト哲学の哲学的・哲学史的意義は捉え損なわれることになるであろう。われわれはデカルト的「観念」説を解明して行く場合に、「観念」と対象との関係が右の多義性に機軸を与えるという点できわめて肝要であると考え、この機軸に沿ってデカルト的「観念」説の展開過程を明らかにし、以てこれの有する豊饒さを規定された豊饒さとして開披することへと進むことにする。デカルト的「観念」説の展開過程[1]は『知能指導のための規則論 *Regulae ad directionem ingenii*』を出立点とするのであるが[2]、それ以降の展望を今は展望としてのみ提示することによって、本章の定位するところを明らかにしておこう。われわれの差し当たっては見通すばかりのところによれば、対象との関わりという機軸からして、デカルト的「観念」は、まずその対象を物体的事象とし、次に「私」の外なるものとし、最後に「私」そのものをも対象とするに到る。第一は『規則論』に、第二は『省察』本文に、第三は『省察』の「諸答弁」に見出される。また、第一から第二への思索史的にみられた転換過程を主に『宇宙論』及び「屈折光学」に、第二から第三へのそれは『省察』本文中に探査しうるであろう。これら転換を標す特徴的な点のみを挙げてみれば、第一の転換については「像 image」とそれの表す対象との類似性への批判を(*e. g.* AT. VI, 113)[3]、また第二の転換については「私自身の観念 idea mei ipsius」(*e. g.* AT. VII, 43)という把握を提示しうる。換言すれば、第一段階は「形 figura」を伝手に「観念」が捉えられ、しかしそこに困難が生じ「像 imago」が伝手にされる段階として、また第二段階は「像」的含意を払拭することによって成立する「観念」の段階として、最後に第三段階は「私」によって思惟されたすべてが「観念」と呼ばれうるという段階として見通されるのである。それぞれの段階における思索の共時的仕組を明らかにしつつ、その通時的過程を見定めることがわれわれの課題である。この課題を成し遂げることによってデカルト的「観念」説の展開を呈示しうるばかりでなく、マルブランシュの「内的感得つまり意識 sentiment intérieur ou conscience」[4]という捉え方の含意するところ、「我々は自分の心について明晰な観念をもたない」[5]という彼の見解の意義、延いては「意識」という概念が哲学的主題となり行く事柄上の経緯、更には近世的「意識」概念の意義へと光を照射することも可能になるはずである。そのことによってまたデカルト的「観念」説の豊饒さも幽暗から明るみへ姿を顕すことになろう。

以上の如き展望のもとに、われわれはデカルト的「観念」説の出立点に位置する『規則論』における「観念」についての論述を検討して行くことにする。これを検討して行くに際しての視点は次の二点に纏め上げられる。第一に「観念」と「形」との関連がある。われわれは『規則論』において「観念」が最早「形」を伝手には捉えられなくなっていることを見出すであろう。第二に、右のことと当然ながら緊密に連なるのであるが、「想像力 imaginatio」と「観念」の関係を問題にする。この関係を明かすことによって、身体に刻み込まれた「形」としての「観念」がデカルトによって知性認識を助けるものとされながら、実は有効な役割を果しえぬものになっていることを示す。このために、われわれは『規則論』の「第一二規則」及び「第一四規則」を主に取り上げて吟味する。というのも「観念」について論じられている主要な箇所がそこに見出されるからである。われわれの論究によって、また、デカルトが『規則論』的「観念」説に留まりえなかったことの理由も判明するはずである。

第一節　導入としての「形」

『規則論』における「観念」という語の初出は「第四規則」における使用であると推定される[6]。そこでは、古代の人々も「哲学と数学の真なる観念を認識していた」(AT. X, 376) と述べられている。これだけの表現から多くを引き出そうとすれば、臆測に他ならないということになろう。しかしながら、この一文の文意を汲み取るのに障害となるような曖昧さはなく、古代の人々も哲学や数学の何たるかを知っていたとデカルトが述べようとしたことは明らかである。そうであれば、少なくともここでの「観念」が図形的〈形〉と関わりをもたぬことも明白である。ところが時期的に(どれ程かは定かでないにせよ)遅れて書かれたと目される[7]「第一二規則」では、「観念」は図形的〈形〉との関連のもとに導入されてくる。「第一二規則」の前半部分 (AT. X, 411, 17-417, 15) は「認識する我々」について論じている。まずこの箇所に注目を集め「観念」がどのように導入されてくるかを見ることにしよう。

第一に、「諸外部感覚」は「蜜蠟が印鑑から形を受け取るのと同じ事理《ことわり》ratioで、ただ受動ということを介してのみ本来感覚する」(AT. X, 412)。このことは触覚の場合のみに当て嵌るのではなく、視覚・聴覚・嗅覚・味覚にも妥当する。どのような感覚であれ、感覚の成立が「形」の受容と看做されることになる。この説明は「仮定

suppositio」として提起されるが、この仮定の有効性は次の三点に纏められうる。㈠「触れられ見られるのだから、形よりも容易に感覚の下に入るものは何もない」こと、㈡「形の捕捉 figuræ conceptus はすべての感覚可能なものの内に含まれているほど共通的で単純である」こと、㈢「無数の形は感覚可能なすべてのものの差異を表示するのに充分である」ことの三点である（AT. X, 413）。勿論、ここで以上の三点それぞれの妥当性を問う謂れはわれわれにはない。またここで㈡は㈠の正当性を主張するために述べられているのであるから、外部感覚に刻印される「形」をどのように解すべきかという問題は㈠での「形」と㈢での「形」との差異に集中することになる。つまりそれを、触れられ見られる形と同質的な〈形〉か、他との差異を表示するために用いる《形》かのどちらの「形」として解すべきかという問題である。「白」と「青」の差異が「▥」と「▦」の差異として表示される場合に（*ibid.*）、後者は前者を表示する「人為的記号《サンボル》 symboles conventionnels」[8]と解されねばならない。「白」として感覚されるのが、「色は延長的であり」したがって「形づけられている figuratus」（*ibid.*）という意味で図形的〈形〉と同質的であるのに対して、後者は記号《サンボル》としての（図形的）《形》であると言えよう。デカルトはここで図形的〈形〉から記号《サンボル》としての《形》への変換に感覚の成立を見ているのであろうか。もしそうならば感覚器官には与件を記号化《サンボリゼ》する能力が具わっていることになろう。たとえそうであるとしても、デカルトがここで感覚の成立を人為的ないしは約定的な事柄としてはいず、しかも全くの受動性のもとに捉えていることは慥かである。[9] したがってこの人為的記号《サンボル》の例は例として、つまりすべての感覚内容の〈形〉への還元が思考可能な仮定であることを示す例として解されるべきなのである。要するにここでの主張の中心は、感覚が刻印ということによって成立し、それが刻印として摑まれるが故に〈形〉として捉えられるという点にあると考えられる。この〈形〉は単なる「書き写し une transcription」[10]としてのみ解意されるべきであって、人為性の混入へとわれわれを誘う記号《サンボル》的（ないしは記号《シーニュ》的）含意をそこに読み取ってはならない。「書き写し」ということによって、また、外部感覚が正常である限り、その受動性故に〈形〉が歪曲されて刻印されえないことをも、われわれは示しているのである。

第二節　「形あるいは観念」

第二に、この〈形〉が「共通感覚 sensus communis」と呼ばれる身体の部分に移される。第三に「共通感覚」は、これが「印鑑」とすれば「蜜蠟」に相当する「構像力あるいは想像力 phantasia vel imaginatio」[11]に、外部感覚から物体なしにやってきた純粋な「同じ形あるいは観念」を刻み込む[12]。この「構像力あるいは想像力」は「身体の真なる部分」であり、それが〈形〉を長く保持する場合には「記憶力 memoria」と呼ばれる（AT. X, 414）。第四に「構像力」が「神経」を動かすという以上と逆の過程が述べられ、身体的器官としての「感覚」「想像力」「記憶力」についての論述が一段階を迎える。ここまでは「他の動物」と人間とに共通して言えることであり、「理性のどんな助けもなしに」成し遂げられる過程である（AT. X, 415）。

このように「形あるいは観念 figura vel idea」は全く身体的過程の内に位置づけられる。ところでここにおいて「あるいは観念」と付け加えられていることの理由は何であろうか[13]。この付け加えを無視することはできない。何故ならば、先に挙げた「第四規則」での「哲学の観念」という用法との調和から言って、この付け加えによって事柄がより鮮明にならないばかりかむしろ混乱を惹起しかねないからである。更に「形」の使用を取り止め「観念」だけにするということもできない。外部感覚に刻印されたその「同じ形」が想像力にも描き込まれねばならないからである。他方、この付け加えの理由が問われるのならば、それは当然この「規則」前半部分が何を狙っているのかという脈絡のもとにおいてでなければならない。その狙いとは「なるほど知性intellectusのみが真理を知得しうるのであるが、しかし知性は想像力、感覚、記憶力によって助けられねばならぬ」AT. X, 411）ということを明らかにし、しかもその助成の手立てを探ることにある。したがって、この付け加えの理由が問われねばならず、しかも「知性」との関わりのもとにその意義が求められねばならないということになる。

そこでまず「知性」についてここで述べられているところを検討しておくことにする。「認識する我々」についての第五に「認識する能力」（つまり「知性」）は「純粋に精神的pure spiritualis」であって「全身体から」区別される。この認識能力は、㈠想像力（構像力）から〈形〉を受け取ったり、㈡記憶力の内に蓄えられている〈形〉に自分を振り向けたり、㈢新しい〈形〉を想像力の内に形成したりする。㈠の場合に認識能力（知性）は感覚と呼ばれ、㈡の場合に記憶力と呼ばれ、㈢の場合には想像力と呼ばれる。更に㈣認識能力がそれだけで、つまり共通感覚及び想像力に働きかけたり、それらによって働きかけられたりすることなしに働く場合、言い換えれば、「形あるいは観念」に参与することなく働く場合に「純粋知性」と呼ばれる（AT. X, 415-416）。こうして身体の部分としての想像力も、身体から区別された認識能力としての想像力も同じく〈想像力〉という名で呼ばれることになる。このことはここでの区別が「骨から血が、あるいは眼から手が」（AT. X, 415）区別されるような区別であることに拠っていよう。二つのものの異なることは明白であるが、その明白さは異なりの理由を提示する必要の生じないような明白さなのである。別言すれば、眼も手も身体の一部として或る連動関係をもっているということをいつでも主張しうるような区別なのである。それ故に〈想像力〉を両義的に使用しえたと言えよう。ところでこの両義的な〈想像力〉についてここで指摘しておくべきことは、認識能力としての想像力が身体の部分としての想像力のあることに依存してのみ行使されるということである。

それでは以上のことから「観念」という付け加えにどのような意義を見出しうるであろうか。もし身体的過程としての外部感覚から想像力までの説明の内で「観念」について一切述べられていなかったとしたらどうなるであろうか。その場合には、認識過程の説明すべてを〈形〉だけで済ますか、さもなくば「観念」を純粋知性のみの関わるところとするかのいずれかになろう。後者の場合には、以上に見られた認識過程についての説明の仕方からして「観念」と外的な事柄についての認識とは結びつきえないことになる。〈形〉と「観念」とが全く別箇になり、ここで「観念」について触れる必要さえなくなってしまう。しかし一方〈形〉だけで済ますわけにも行かない。一つには物体の形と想像力に描き込まれた〈形〉との区別がつかなくなるという表現上の問題がある。更に、物体的事象を認識するに際しても「延長、形、運動」の如き概念を用いねばならないが、これらの概念を、これまで見てきたような仕方で想像力に刻印される〈形〉に還元することはできないからである。要するに、幾何学的図形をモデルにした〈形〉という点では「観念」と付け加えることは不要かつ妨げでありながら、外部感覚から想像力に描き込まれるところを受けて知性が真理を認識するという全認識過程を視野に収めるときには、どうしても「観念」と付け加える必要が認められるのである。このように一つの事柄が「形あるいは観念」と両義的に表現されていることと、先に指摘した〈想像力〉の両義性とは同じ根をもっていると言えることになる。即ち、想像力に感覚の伝えるままの〈形〉が描かれ、しかも真理を認識するのは「純粋に精神的」な知性であるとするところに根差していると言えよう。

この両義性故に「形あるいは観念」という表現は、それが伝達される途上では内容的な歪曲を一切受けず、したがって、どのようにして得られたかということについては身体的・生理学的説明で充分でありながら、その説明は得られた内容の説明とは一切ならないことを示すことになる。言い換えれば、この「形あるいは観念」は、それがい、あるためには身体に依存するがそれの何であるかについては身体に全く依存しないのである。われわれはここにデカルト的「観念」説の発端を見出すことができよう。この発端に更なる規定を与えるために「形あるいは観念」があくまでも物体的事象を認識する仕方の説明として導入されたということを付け加えておこう。このことは次のようにしても明白になるのである。一方では「そこに物体的な、あるいは物体に類似した何もないような事柄を知性が扱う」場合には、感覚や〈想像力〉は無力であるばかりか知性を妨げるとされている（AT. X, 416)。他方では「第一二規則」は先にも述べた如く「知性、想像力、感覚、記憶力のすべての援助」（AT. X, 410）を明らかにするとされている。この二点を勘案するならば、ここで知性によって知解されるべく目差されている真理が物体的事象についての真理であることが闡明になる。ここで眼目とされているのは自然的事象について真理を把握することであり、そのためにこそ「形あるいは観念」が導入されているのである。そのようにして〈形〉の複合態たる自然を捕捉することの可能性を説くというのがここで肝要な点であると言えよう。

第三節　「単純本性」

以上の如く解された「観念」説の問題点を探るために「形あるいは観念」と「第一二規則」後半部分で述べられている「単純本性 natura simplex」との比較検討からはじめよう。そのためには「単純本性」の身分が確定されねばならぬ。この点で着目されるべきは「事物《もの》の側から a parte rei」と「我々の知性との関わりから respectu intellectus nostri」（AT. X, 418）という区分である。そして次に「知性によって知得される限りでしか、ものについて扱わない」という視座から「単純本性」の定義が与えられる（*ibid.*）[14]。それ故ここでは「事物《もの》の側から」の論究が排除されていることは明らかなのである。換言すれば、この後半部分で論じられるべく約束された「認識されるべきものそのもの」(AT. X, 411) はあくまでも「知性との関わりから」みられたそれだということである。こうして「単純本性は客観的世界の要素を構成しない」[15] ということが確認される。「単純本性」が「事物《もの》の側から」する本性ではなく、知性によって知得される限りでの本性であるからこそ「単純本性の欠如や否定」ばかりでなく「無 nihil」も「単純本性」の内に数え入れられうるのである (AT. X, 420)。これらのことから「単純本性」が以上に論じてきた〈形〉とは全く性格を異にするものであることが明確になる。第一に〈形〉から「客観的世界の要素」としての面を拭い去ることはできないという点がある。第二に〈形〉は身体の部分としての想像力に描き込まれねばならないが、「無」の〈形〉をそこに描き込むということは〈形〉導入の経緯からして不可能だということがある。しかし〈形〉と「単純本性」とが何らの関係をももちえないと看做すこともできない。というのも、もしそうであるとすれば、認識についての身体的過程と知性による真理認識とが無縁のものとなり、〈想像力〉による知性の援助ということも不可能になるからである。

このことは「単純本性」の分類における「純粋に物質的な事物《もの》」を知性が捉えるためには「像 imago」あるいは「観念」が必要とされているということからも照射される。[16] この「規則」前半部分の論述からするならば、「像」と記されている箇所 (AT. X, 419. 10 & 420. 1) は〈形〉であってしかるべきであるのにそうはなっていないのである。勿論、ここでは「形」の〈形〉と「延長」の〈形〉とを区別せねばならないという先に述べた表現上の困難が顕在化している。しかしことは単なる表現手段の問題には留まらない。「形」の〈形〉について語らねばならないという事態に立ち到ったということこそ重要なのである。〈形〉を伝手としつつ「観念」を捉えて行くことそのこと自体が困難を生じているのである。この困難は、物体的事象についての真理を探究する場合に、素材として捉えられた感覚与件とそれを処理する概念装置との区別と連関という問題に由来していると言えよう。これがまた「形あるいは観念」と「単純本性」との区別と連関の問題に連なっているのである。感覚与件と概念装置との区別を明らかにするためには「形あるいは観念」を想像力に描き込まれた〈形〉として捉えることが有効であるが、連関を見出すためにはそれを「観念」として摑まねばならない。そのようにして把握されるであろう「観念」は〈形〉としての面を捨て去っているのでなければならない。これら諸事情からしてこれ以降の諸「規則」から「形あるいは観念」としての〈形〉は消失すると言えよう。「形あるいは観念」は「像」あるいは「観念」に修正されるのである。〈形〉が対象の形との連続性・同質性を含意するのに対して「像」という表現は外部感覚への刻印からのみ出発するという点をより強く示すであろう。

しかしながら、このことによって「観念」の〈形〉的側面が払拭されることにはならないのである。この点を「第一四規則」[17]における「共通な観念 idea communis」を手懸りにしながら明らかにしよう。たとえば、銀の王冠であれ金の王冠であれ「我々は王冠の形を想像する」(AT. X, 439)。この場合に「王冠の形」の「観念」が右の二つの王冠に「共通な観念」である。そうであれば、想像力に刻み込まれた「基体 subjectum」としての銀の王冠の「観念」と同じく金の王冠の「観念」が「比較」によって「共通な観念」として摑まれねばならないだろう。しかし「この共通な観念が或る基体から他の基体へと移されるのは単純な比較によってである」(*ibid.*)とされるのである。つまり、あたかもたとえば銀の王冠において摑まれた「共通の観念」が先にあって、それが金の王冠にも適用されるかの如く述べられている。「単純な比較」以前に既に「共通な観念」が確保されているのか否か。もし答えが肯定ならば、「共通な観念」がもともと与えられていることになる。もし否定ならば、デカルトの叙述にそぐわないことになる。そもそも二つのものを較べて〈共通な形である〉と言う場合には、(思考上であれ実際上であれ）両者を重ねてみるか、この二つのものに重なる第三のものを用いるかのいずれかでしかあるまい。そして今の場合、想像力に描き込まれた一つの「観念」を引き剥がしてもう一つの「観念」に重ねることはできないのであるから、両者に共通な第三の「観念」が必要になる。ところでこの第三の「観念」がもともと与えられている場合には、第一の「観念」か第二の「観念」かのいずれか一方のみが与えられていれば第三の「観念」をそれに適用しうる。しかしこのときには「或る基体から他の基体へ」の転移はその次のこととなる。しかも第三の「観念」は移動可能な観念でなければならない。また、第三の「観念」がもともと与えられていない場合にも、比較するためにはそれが想像力に描き込まれねばならないが、一度描き込んでしまえば引き剥がして重ね合わせることはできないという事情がある。したがって、「或る基体から他の基体へと移される」「共通な観念」は想像力に描き込まれていない「観念」でなければならない。しかしそのとき「共通な観念」は最早「観念」ではなくなる。以上のことは〈形〉ではなく「像」を伝手にしつつ「観念」が考えられようともかわらない。もしこのようなアポリアを脱却しようとし、かつ「観念」を〈想像力〉の支配下に置こうとするならば、身体の一部である想像力に描かれた「観念」とは異なる位相のもとに「共通な観念」を設定し、しかも「純粋に精神的」である想像力がこれを想像力に描くことなく把握しうるとせねばならない。その場合には第三の「観念」が比較の前に与えられているか、その後に捉えられるかということは右のような仕方では問題にならない。というのも、想像力も想像力も同じく〈想像力〉であるならば、一つの「観念」から（〈想像力〉によってではなく）抽き出され想像力によって把捉された「共通な観念」を他の「観念」に重ね合わせることも、二つの「観念」から「純粋な比較」によって（つまり〈想像力〉によってではなく）抽き出された「共通な観念」を想像力が摑むことも可能だからである。ここで鍵となっていることは想像力も想像力もともに〈想像力〉でなければならないということである。もしそうではなく純粋知性によって「共通な観念」が捉えられるならば、そもそも「共通な観念」とは言えなくなり、先にも述べた如く〈想像力〉が真理の認識に役割を果しえぬことになるからである。しかしながら、このように〈想像力〉が身体の一部としての面を引き摺っているかぎり、「共通な観念」の例として「延長、形、運動」(AT. X, 439) が挙げられ、「単純本性」の内で「純粋に物質的である」ものの例として同じく「形、延長、運動」(AT. X, 419) が挙げられながら、両者を統一的に取り扱うべく踏み切ることができないのである。要するに「形あるいは観念」を「像」あるいは「観念」として捉え直すとしても、〈想像力〉について両義的理解がなされる限り、「観念」から〈形〉的側面は払拭されえないのである。

第四節 「観念」と「想像力」

「観念」から〈形〉的側面が捨て去られることなく、「観念」が身体の部分としての想像力に刻み込まれた〈形〉であるとされている限り、精神的な事柄を認識する場合に助けにならず、物体的な事柄を認識する場合には助けになる、そのような〈形〉とは一体どのようなものかということが問題点をより明らかにするための手懸りになる。そのためにわれわれは「第一四規則」における「語ることの諸形式 formæ loquendi」(AT. X, 443) について検討することにしよう。この「語ることの形式」がデカルトによって吟味されるのは「今後は想像力の援助なしには我々は何もなさぬのであるから、どのような観念を介して個々の言葉の意味 singulæ verborum significationes が我々の知性に提示されるべきかを注意深く見分けることが大事」(*ibid.*) だからである。「言葉の意味」が身体的基盤をもつならば、つまり想像力に描き込まれた「観念」を知性が注視することによって「言葉の意味」の把握が助けられるならば、その意味把握はどのようにしてか「観念」の判明さに依拠することになる。「言葉の意味」と身体的機制との関連を見出し、そのことによって身体的機制を知性認識の助けにしようということである。「言葉の意味」と「観念」との結びつきが、(a)「延長は場所を占める extensio occupat locum」、(b)「物体は延長をもつ corpus habet extensionem」、(c)「延長は物体ではない extensio non est corpus」という三つの「語ることの形式」に即して行なわれる。

まず(a)が(a')「延長的なものは場所を占める extensum occupat locum」との比較のもとに考察される。(a)と(a')では「全面的に同じこと」(AT. X, 443) が了解されるが、しかし(a')の方は「延長」が延長的なものとして「基体」的にのみ解される余地を残しているために表現として不適切であるとされる。想像力に描き込まれた「観念」としては「延長」は延長的なものと異ならない。しかし「ここでは延長的なものよりも延長を取り扱う」のであるから、「基体から分離」されていることを明示できる表現の方が適切なのである (*ibid.*)。他方では「延長」という語を用いつつ論じ進めても、想像力に刻み込まれた「観念」としては延長的なものと異なりはしないのであるから、この表現は身体的機制に支持されているという事情もある。次に(b)「物体は延長をもつ」についてみれば、この表現において「我々は延長が物体とは別の何かを意味すると知解する」(AT. X, 444)。しかし、右にみたように想像力には「一つの延長的物体の観念のみ」が形成される。したがって、この表現を想像力というレヴェルで捉えてみれば、「物体は延長的なものである」、あるいはむしろ「延長的なものは延長的なものである」という表現と異なるところがない。ということは、(b)において「延長」と「物体」とを区別して捉えるのは〈想像力〉の関与によるのではなく、純粋知性によるのでなければならないということである。最後に(c)「延長は物体ではない」が取り上げられる。この場合に「延長」に対応するどのような個別的「観念」も構像力（想像力）の内にはない。したがって「この言表全体は純粋知性によってなされるのである」（*ibid.*）。それ故、純粋知性の所産である(c)型「命題[18]」を真に了解するためには、そのすべてが〈想像力〉から引き離されるべきなのである。このように純粋知性の所産である言表と〈想像力〉と関わりながら得られる言表とを区別することが重要であるとされる。〈想像力〉による知性認識への援助が問題である今は「このような命題〔つまり(c)型命題〕については取り扱わないことにしよう」（AT. X, 445）と言われる。

以上の論述から何が明らかになるであろうか。(a)と(b)は〈想像力〉の関与している表現であり、その意味で〈想像力〉の援助を期待できる表現であった。しかし想像力に描き込まれた「観念」に知性が注目することによって「言葉の意味」の把握が助けられるということではなかった。とするならば、(a)における〈想像力〉の役割は、「言葉によって表現されない他の条件」が「排除されてしまったと軽率にも判断しないように」（*ibid.*）すること以外に、一体何であろうか。(b)についてこの点を探ってみれば、その言表の真意は純粋知性によってのみ捉えられるのであり、〈想像力〉はむしろ誤解に導く素材を提供することになる。(c)についてこの点は一層明瞭である。このように(a)(b)(c)という表現形式を分析することによってデカルトの到り着いたところは、むしろ「言葉の意味」を把握することにとって身体の部分に描かれた「像」としての「観念」が無用ないし妨げになるということ以外ではなかったのである。別の角度からすれば、精神的な事柄を認識する場合に助けにならず、物体的な事柄を認識する場合に助けになるような〈形〉ないしは「像」としての「観念」は、これを望みえないのである。精神的事象にせよ、物体的事象にせよ、身体の部分に刻み込まれた観念が知性認識の助けになりうるか否かだけが問題たりうるのである。物体的事象の認識を説明せんとして、それ故に〈形〉を伝手としつつ導入された「観念」は、どのような認識であれ認識の説明方式として洗い直されねばならなくなる。しかし、そこに〈想像力〉の両義性という壁が立ちはだかるのである。右にみた表現形式の分析は〈想像力〉から身体の部分としての面が拭い去られることがないならば、それが知性認識の妨げとしてしか機能しえないことを露呈しているのである。

第五節　「想像力」の両義性

〈想像力〉が知性認識の妨げになるという事態が露になりながらも、〈想像力〉による扶助がなおデカルトによって期待される。その扶助とは、もし想像力に「事物《もの》の真なる観念」（AT. X, 445）が描き込まれているならば、知性が専ら言語表現にのみ着目していてものの真相を捉え損なった場合に、いつでも「真なる観念」へと戻って来ることができるということに存する。しかし、この「真なる観念」は外部感覚に刻み込まれた〈形〉であればこそこのような補助の役を果しうるのであるが、そうであるならば「真なる観念」を想像力に描き込むことと、この〈形〉を紙に描くことの間には何の差異もなくなってしまう。したがって「観念」を〈形〉（あるいは「像」）と捉え、それを知性認識の助けにしようとするならば、外部感覚から想像力に到る認識過程の説明は一切不要になる。

一方、「観念」が想像力に描き込まれた〈形〉（あるいは「像」）でないならば、「精神的」である想像力に対して物体的事象についての真理を認識するための補助を望むことが不可能になる。このような矛盾的事態はデカルト自身の叙述における矛盾と軌を一にしている。デカルトは先にみた如く(c)型命題についてはこれを扱わないとしながら、他方では「延長的対象に関しては、延長そのものを除いて他の何ものも全く対象において考察しないように事を運ぼう」（AT. X, 447）と述べているのである。後者における「考察」は(c)型命題を以てなされる以外にないのである。[19]

この矛盾をわれわれは次のように解意する。つまり〈想像力〉の有用性を明らかにするために目論まれた(a)(b)(c)という表現形式の分析は、結局のところその目論見が不成功に終わらざるをえないということを示す。逆に言えば、むしろこの分析によって純粋知性の働く場がどこに設定されるべきかが見出されることになる。換言すれば、〈想像力〉の助けを明らかにする過程が逆に〈想像力〉の無力さを露呈せしめ、論究の手立てとしての(c)型命題の有効性を浮き出させる。このような思考の流れとして先の矛盾は解意されるのである。実際この後では「次元 dimensio」が「実象的 realis」であろうと「知性的 intellectualis」(AT. X, 448) であろうと「次元」として変わりはないとされ、またこの「次元」が「実象的基礎」をもとうと「我々の精神の恣意によって案出されたもの」であろうと「同じ仕方で知解される」[20] (*ibid.*) と述べられることになる。「次元」の設定に〈想像力〉は参与していないのであるから、ここにおいては最早身体的支持機構としての想像力は不用であると言わざるをえない。それでもなお「我々の想像力を助ける」(AT. X, 449) ような「次元」を選ぶことが求められる。しかし、このことによって〈想像力〉の有効性が述べられたことにはならない。先に記した如く、そのことは外部感覚にどのような「次元」を呈示すればよいのかという問題に他ならないからである。一方、専ら「精神的な」想像力による助けとは、身体の一部である想像力にどのような働きかけをなすのかという問題でしかない。そしてその場合には、外部感覚から想像力に到る過程は知性認識にとって何らの役割も果さず、従ってまた「観念」を認めることは「新たな存在《もの》 novum ens を無駄に認める」(AT. X, 413) ことになってしまうのである。

こうしてわれわれは『規則論』的「観念」説が〈想像力〉の両義性故に、与えられた役割を果しえなくなっていることを了解するのである。感覚与件である「観念」に対して概念装置の働きかける場である〈想像力〉は、全く受動的な身体の一部でありながら能動的な認識能力であるからこそこの〈場〉としての役割を果しえたのである。

しかし一方ではこの両義性故に、つまり身体の一部という面を引き摺ってのみ働くが故に、〈想像力〉は「保持されるべきものは何であれ紙に描く」（AT. X, 455）こと、およびそこに何を描くのかということによって代替されてしまう。これに伴って「観念」も紙に描かれた「形 figura」（AT. X, 453）あるいは「記号 nota」（AT. X, 454）あるいは「方程式æquatio」（AT. X, 469）によって取って替わられうるものになるのである。この〈想像力〉及び「観念」の無力さを脱却する一つの途は、各々の両義性における一方では身体的側面の、他方では〈形〉的側面の廃棄、つまるところ精神と身体の根柢的区別によって拓かれることは言うまでもないことである。かくて「観念」を「像」として捉え直すが如きいわば小手先の変更ではなく、そもそもの土台からの転換が要請されるのである。

以上のことからまた、われわれは〈『規則論』的方法[21]〉が『規則論』的認識説によって支えられるような「方法」ではないことも確認できる。外部感覚から想像力に到る認識過程の説明、それと連動するところの「観念」説は「方法」の基礎づけにもならず、「方法」の適切な運用を示すことに直接的な寄与をもなしえなかったのである[22]。それらは「方法」の運用は運用として論じられるべきであることを明らかならしめるという間接的な寄与のみをなしえたのである。この間接的な寄与を通してまた、物体的事象についての真理把握も「純粋に精神的な」認識能力を基底においてなされねばならぬということが顕然化してくるのである。

（1）デカルト的「観念」説の展開過程を大まかに追ったものに、J. REE, *Descartes*, Allen Lane 1974, Ch. 5 & Ch. 8 がある。彼は一六三〇年を区切りとして捉え（p. 70）、前期「観念」説と後期「観念」説に分ける一方で『規則論』と『宇宙論』及び「屈折光学」とを同列に扱う（p. 64）。また彼は転換の契機を「懐疑という方法」に求める（p. 70）が、それは的はずれであろう。

（2） この点について少し詳しく述べておかねばならないであろう。『規則論』は周知の如く未完の遺稿である（その公刊に到る事情については、所雄章『デカルト』講談社、一九八一年、一四一－一四二頁参照）。その上執筆年代も確定し難く諸説のあることも知られたことである（前掲書一四三頁、及び RODIS-LEWIS, *L'Œuvre de Descartes*, 1971 Vrin, t. II, p. 472, n. 73 参照）。更にデカルトの思索史上での『規則論』の役割についても諸説がある。たとえば『規則論』は「形而上学のどんな足跡も含んでいない」（F. ALQUIÉ *La découverte métaphysique de l'homme chez Descartes*, P. U. F. 1966, p. 78）とする極端な説、『規則論』ではまだデカルトは「形而上学的態度をきめていない」（RODIS-LEWIS, *op. cit.* p. 476, n. 91）とする穏当な説、また後者の説とは対立するわけではないが『規則論』とそれ以降の思索との連関を重視する観方（たとえば、J.-M. BEYSSADE, *La philosophie première de Descartes*, Flammarion 1979, p. 39 & pp. 150-152 に見出される考えはそうであろう）等々がある。われわれは『規則論』という未完の書全体の思索史における位置について結論を与えようとはしない。デカルト的「観念」説の展開が辿られた後に、われわれもこの問題について何らかの寄与をなしうるであろう。本章でわれわれが狙っているのは「観念」の問題であり、『規則論』においてデカルトが「観念」についてどのように語っているかということである。それ故われわれにとって喫緊の問題は、むしろ『規則論』における「観念」をデカルト的「観念」説の出立点に置くことの妥当性にある。しかしそのことは「観念」という語の初出年代の検討によって片付けうるであろう。先にも触れた如く『規則論』の執筆年代には諸説あるが、今のところ J.-P. WEBER（*La constitution du texte des Regulæ*, Société d'Édition d'Enseignement Supéricur, 1964）の説、つまり一六一九年から一六二八年迄というのが最も広い時期設定である。したがって一六二八年以前に書かれたと目されるテクスト・書簡に「観念 idea, idée」という語が見出されないならば、『規則論』における「観念」が少なくとも AT 版に収められている限りではデカルトの最も若い頃のものであると推定できる。事実『音楽提要 *Compendium musicæ*』『良識の研究 *Studium bonæ mentis*』〔勿論 A. BAILLET の記述であることがはっきりしている場合（AT. X, 203）を除いて〕『思索私記 *Cogitationes privatæ*』等には見出されず、また書簡における「観念」の初出は一六二九年（à MERSENNE, 20-11-1629, AT. I, 81）なのである。因に『規則論』において「観念」という語は「第四、一二、一四、一六規則」にのみ見出され、先の J.-P. WEBER によれば「第四規則」の当該箇所は一六一九年に書かれたことになり（*op. cit.* p. 33）、『規則論』の内でも最も古い用法ということになる。以上によってわれわれが『規則論』における「観念」から説きはじめることの妥当性が認められるであろう。

（3）　デカルトのテクストからの引用に際しては、AT新版の巻数・頁数を記す。

（4）　N. MALEBRANCHE, *De la recherche de la vérité*, lib. 3, par. 1, ch. 1-1, t. I, p. 382 etc.（*Œuvres complètes*, Vrin-C. N. R. S. 1961-1977）

（5）　*Op. cit.* Éclaircissement XI, t. III, p. 163 etc.

（6）　前註(2)参照。

（7）　J.-P. WEBER, *op. cit.* p. 205の表によれば、「第一二規則」は一六二三年から一六二八年の間に書かれ、一六二三年の層と一六二五―二七年の層と一六二八年四月―一〇月の層が入り組んだかたちで区分けされる。これによると「第一二規則」前半部分は同じ層とされ、後半部分（AT. X, 417, 16 *sq.*）は三層からなるとされる。しかし、このことはわれわれの論究にとってプラスにもマイナスにもならない。

（8）　RODIS-LEWIS, *op. cit.* t. I, p. 94.

（9）　この「形」が記号《サンボル》（ないしは記号《シーニュ》）として解しうるとしても、それは「交通標識」や「言語」のような「人工的指標」ではなく、それと対立させられる場合の「自然的指標」（丸山圭三郎『ソシュールの思想』岩波書店、一九八一年、一五六―一五八頁参照）でなければなるまい。またデカルトにより近い時代の『ポール・ロワイヤル論理学』に即して言えば、この「形」は「記号《シーニュ》」のそれぞれ対立項をもつ三分類における第三のものの一つの対立項を成す「自然的記号 signe naturel」に相当すると考えられるであろう（ARNAULD & NICOLE, *La logique ou l'art de penser*, Flammarion 1970, par. I, ch. IV）。たとえば「鏡に映った像」がその例とされている（*op. cit.* p. 82）。しかしそのように解釈するとしても、「自然的」と「約定的 institutionnel」（*ibid.*）の区別が「記号《シーニュ》の読み取りコード un code de lecture des signes」の問題とそのまま重なるわけではない（L. MARIN, *La critique du discours*, Les Éditions de Minuit 1975, pp. 80-85）ことに注意せねばならない。つまり、ここでの「形」を「自然的記号《シーニュ》」として分類することができるとしても、その「記号《シーニュ》」をどう読み取るかという問題をデカルトのテクストの当該部分に読み込んではならないということである。そしてもし「記号《シーニュ》」と解するならば、「触れられ見られる形」との同質的連続性をどのように捉えるべきかを示さねばならない。それなしに〈読み取り〉という人為性の混入を許しつつ「言語記号」と類比的に解釈するならば、逸脱の途は避けられまい（後註(10)(12)参照）。

（10）　J.-L. MARION (1), *Sur l'ontologie grise de Descartes*, Vrin 1975, p. 118. しかし彼は更に先を読み込むことによって逸脱の

途を歩む。この点については註(13)参照。

(11)「想像力 imaginatio」と「構像力 phantasia」をわれわれは本章において区別しない。慥かに「構像力」は身体の部分をはっきりと指している場合が多く、しかもテクストの用例から次第にそうなって行ったと推定することも可能かもしれない(AT. X, 414, 18-19, 20, 26: 415, 1, 9, 18: 416, 9: 423, 19, 25: 424, 7: 425, 18: 440, 29: 441, 11: 443, 5, 10: 444, 4, 21: 449, 20)。しかし後述する如く「想像力」そのものが両義的に用いられている以上、両者を区別することが本論にとって必要であるとは考えられないのである。

(12) テクストは次の通りになっている。《…ad easdem figuras vel ideas, à sensibus externis puras & sine corpore venientes, …》(AT. X, 414. 17-18). 問題は《sine corpore》を《venientes》に係る副詞句ととるか、《figuras vel ideas》に係る形容詞句ととるかという点に存する。副詞句と解するならば、この部分はテクスト前段落での「形」は外部感覚から共通感覚へと「同じ瞬間にどんな実象的な存在 ens reale もなしに」伝えられるという表現との繋がりを仄示することになろう。そして「形あるいは観念」を身体的なものとしつつも、その伝達について身体は伝える以外の役割を果さないということを示すだろう〔『世界の大思想21・デカルト』河出書房、一九六五年所収の山本信訳、三九頁、『デカルト著作集4』白水社、一九七三年、所収の大出・有働訳、六五頁、そして J. BRUNSCHWIG (dans *Descartes; Œuvres philosophiques*, éd. de F. ALQUIÉ, Garnier 1963, t. I, p. 139) の訳《…ces figures ou idées, qui sous une forme pure et incorporelle lui〔*scl.* le sens commun〕parviennent des sens extérieurs, …》はそう解しての上のことであろう。J. BRUNSCHWIGについては「第一四規則」における《per veram ideam》(444, 26)を《par une véritable idée 〈corporelle〉》と補って訳していること、およびその箇所に付けられた脚註(*op. cit.* p. 174)参照〕。他方、形容詞句ととるならば「形あるいは観念」を非身体的なものとする解釈に有利な材料を提供することになろう。たとえばJ.-L. MARIONは、「形」と「観念」を交換可能な概念として同一視し、アリストテレス的《εἶδος》との連関と差異のもとに、「形」を感覚内容それぞれの特殊性が「コード化される一つの書き写し」と解釈し、更に「記号《シーニュ》の体系」あるいは「普遍的で均一な記号化《コダージュ》」をも展望する。このような「記号」に引き付けた彼の解釈からすれば、当該部分を形容詞句ととることも充分考えられることであろう〔J.-L. MARION (1), pp. 117-122 & J.-L. MARION (2), *René Descartes; Règles utiles et claires pour la direction de l'esprit et la recherche de la vérité*, Martinus Nijhoff 1977, pp. 231-232. また彼がこの箇所に付けた訳《…ces mêmes figures ou idées, qui viennent pures et incorporelles des sens extérieurs;》

（MARION (2), p. 42）及び後註(13)参照〕。しかし、われわれは本文中及び前註(9)に述べた理由からこの解釈を逸脱として斥ける〔そもそも「メッセージ」と対置される「コード」（*cf.* A. MARTINET, *Éléments de linguistique générale*, Armand Colin, 5 éd. 1965, p. 30）を逸脱なしにここに持ち込みうるか否かが問われねばならないだろう〕。こうしてわれわれは《sine corpore》を副詞句ととることになるのである。他方、《easdem》を《ces mêmes》と明示的に訳すという点ではJ. BRUNSCHVIGよりもJ.-L. MARIONの方を評価する。というのも、《vel ideas》と付け加えられることによって別種の《figuræ》になってしまうのではなく、同じ《figuræ》がそのまま伝えられるという点を明示する必要が認められるからである。

(13)　勿論、J.-L. MARIONの如く解釈する（前註(12)参照）ならば、付け加えの理由を問う謂れはなくなる。しかしながら「形」と「観念」の同一視によって彼は、結局のところ「観念は理拠的な存在《être de raison》として、精神の内に留まる」（J.-L. MARION (1), p. 189）という結論にまで到り着くことになる。もし彼の指摘するように両者の同一視が可能ならば、動物にも右の一文が妥当するということになってしまうであろう。彼の解釈には「形」の観念化《イデアリゼ》という面もみられるのである〔他方では、《figure》と《idée》とを認識過程の段階に応じて使い分けている節もある（*e. g. op. cit.* p. 127）〕。

(14)　「我々が単純なものと呼ぶのは、ただそれについての認識がきわめて明瞭かつ判明で、それ以上判明に認識されるより多くのものへと精神によって分割されえないもののことである」（AT. X, 418）。

(15)　J.-L. MARION (1), p. 136.

(16)　「我々の知性との関わりから単純と言われるもの」には、①「純粋に知性的な事物《もの》」、②「純粋に物質的な事物《もの》」、③「共通な事物《もの》」があるとされる。①は「身体的な像 imago corporea」あるいは「身体的な観念 idea corporea」と無縁である。②は「物質的な事物《もの》の像 imagines rerum materialium を直視する知性によって捉えられる。」③は無論その両方の仕方で捉えられる（AT. X, 419-420）。

(17)　「第一四規則」を扱う場合にこれの書かれた年代が問題になる。というのもJ.-P. WEBER（*op. cit.* p. 206 sq.）によれば、(A1) AT. X, 438, 12 から 439, 1《effingat.》までと、(A2) AT. X, 439, 11 から 439, 24《sit B, &c.》までは一六二三年に、(B)この両部分に挟まれている部分は一六二五－二七年に、(A2)に続くこの「規則」最後まで(C)は一六二八年四月－一〇月に設定されるからである。(A1)と(B)との落差の証を彼は主に「生まれつき盲目の人」の例に付されたハノーヴァーの手稿における欄外註記に求めている。この註記は要するに右の例が必ずしも適切というわけではないが、それ以上の例を「私はもたなかった non habui」ということを述べている。そしてデカルトはよりよい例として「磁石」をもちだした、と彼は言う。彼はこの完了形を年数的完了と看做し、日数ないしは月数的完了とは看做してはいないのである。勿論、その他にも一六二五－二七年と彼の設定した「第一二規則」の部分との連関（たとえば「既知の存在ないしは本性」（Regula XIV, AT. X, 439, 8）と「合成」（Regula XII, AT. X, 420, 11 etc.）の繋がり等々）が傍証として挙げられている。また(A1)と(A2)との年代的同層性については、(A1)「類似」と(A2)「比較」の連関、両部分において「想像力」が重要な位置を占めていること、「観念」についての観方が同じであること等の傍証によって示そうとする。これらの諸傍証を、われわれは鵜呑みにできないばかりかさほど説得的だとも考えない（たとえば、(A1)と(A2)における「観念」についての観方の相等性をたとえ認めたとしても、他の時期に書かれた部分における観方との差異が示されねばなるまい）。とは言うもののJ.-P. WEBERの年代設定を全面的に否定することもできないであろう。彼の年代設定に従えば、『規則論』における「観念」説は「哲学の観念」（Regula IV）→「共通な観念」（Regula XIV）→「形あるいは観念」（Regula XII）という順に展開して行くことになる。われわれの論究はこのような展開として捉えることと齟齬をきたすものではない。

(18) (c)型命題とは「実際には revera 区別されていない」ものを区別するというほど「厳密な意味をもっている名前、たとえば延長、形、数、表面、線、点、単位等」を用いてなされる言表（AT. X, 445）である。

(19) 事実、これ以降の諸「規則」において問題となるのは(c)型命題的レヴェル、つまり〈想像力〉が有効な役割を果さないレヴェルでの考察なのである。「第一五規則」では「形」を外部感覚に提示することの有効性が慥かに述べられている。しかしこの「形」はまさしく「人為的記号《サンボル》」としての《形》であり、それを想像力に描き込むことではなく外部感覚に提示することが問題にされているのである。「第一六規則」では「記号 nota」（AT. X, 455）の使用が説かれ、結局のところ「方程式」（「第二〇、二一規則」AT. X, 469）に持ち込むという「方法」に到る。このことは〈想像力〉の無力さを顕に示しているであろう。

(20) 「次元」とは「それに従って或る基体が計測可能であるとして考察されるところの様相及び観点 modus et ratio に他ならない」（AT. X, 447）。

(21) 所雄章『デカルトII』勁草書房、一九七一年、九頁以下参照。「方法」と認識説とのこの乖離は『方法序説』の所謂〈四則〉（AT. VI, 18-19）が「操作技法の行使のための技術的規則」（前掲書一九頁）であることからも光をあてうるであろう。

(22)　M. DASCALは「第一六規則」での「想像力」についての記述（AT. X, 454-455）に着目して、そこでは「想像力」が「思惟pensée」「精神」あるいは「理性」とさえ同義的になっていて、（身体の部分である想像力に働きかける）想像力は「演繹的推理」の中核に参与する特有な能力ではなくなっているとする。そこから彼は「演繹の妥当性を確立するために、想像力あるいは諸記号《シーシュ》に中心的な役割と一定の自立性を与えるという観方はデカルトの考えに全くそぐわない」と結論を下している（*La sémiologie de Leibniz*, Aubier Montaigne 1978, pp. 166-167）。このことも〈想像力〉の無力さ及び認識説と「方法」との擦れ違いという指摘を支持することになろう。

第三章　デカルト的「観念」の〈あり方〉

序　「観念」問題とは何か

デカルト哲学において、物体と精神の狭間に位置し、精神による対象についての認識を説明すべき方式、それが「観念 idea」である。この観念が物体領域のものとされるにせよ、精神の領分とされるにせよ、以上の点にかわりはない。つまり、『規則論』においても『省察』においても、二元論的立場の確立によって決定的な差異が生じるということを別にすれば、観念が心・身の狭間に位置し、人間的認識のための説明方式であることに違いはない。デカルト的観念をこのように広い見地から見晴かす場合には、さほどの異論は生じないであろう。しかし、これをより精確に規定してかかろうとするや多くの問題が湧出してくる。その一つに、『規則論』における「物体的形質 les espèces Corporelles、つまり、感覚（器官）上におされた対象[1]」としての観念から、『省察』「第二答弁・諸根拠」に見出される「思惟の形相 les formes de ses pensées」としての観念への展開がある。「身体の真なる部分である構像力 phantasia[2]」（R. XII, AT. X, 414）におされた刻印から「私の思惟様態」（M. III, AT. VII, 37）へとどのように転換していったのかということの探査、その点は拙著『デカルト形而上学の成立』「第二部　感覚から観念（イデア）へ」において報告されているので、ここでは論じない。心的な事柄としての観念のみに的を絞り、解明の矢を放つことにする。

それでも困難の数には事欠かない。デカルトは、一方では「意志 voluntas」を観念でないとし（M. III, VII-37)、他方では「意志作用 volitio」を観念のうちに数え入れる（Resp. III, AT. VII, 181)。また、「いわば事物《もの》のでなしには nisi tanquam rerum いかなる観念もありえない[3]」(M. III, AT. VII, 44）としながら、「光や音や匂いや味や熱さや冷たさ」の観念（M. III, AT. VII, 43)、更には「共通的基礎概念 notio communis」の観念（E. B., AT. V, 153/B. Texte 12）をも認める。それればかりではない。「思惟 cogitatio」と観念の関係、観念と「像 imago」との関係、所謂〈観念の三分類〉のデカルト的観念説における意義、これらの諸困難を以て観念は韜晦する。その錯綜を紐解かんとして分類が企てられる。たとえば、レジス（PIERRE-SYLVAIN RÉGIS）は、観念を「思惟の能力と思惟と思惟の形相である本来の意味での観念[4]」とに区分けする。しかし、どのように見事に分類しようとも、分類の仕事が終るのは、さまざまに分類された観念がそれでもなお同じく観念と呼べる理由を提示しえたときであろう。分類を呈出する者は、たとえば、「本来的に、厳密に」解された観念と「もっと広く解された」観念（*ibid.*）とが、どのようにして同じ観念の広狭の区別として言われうるのかという、その視点を与えねばならないであろう。否、われわれはむしろ、ヴァールの指摘する如く[5]、デカルトが観念という名辞を用いて示そうとした事態を矛盾なく纏め上げるのを諦めて、その二律背反的事情のうちにデカルト哲学の豊饒さを見出すべきなのであろうか。デカルト的観念は、どのように考えていっても矛盾に直面する、そういう概念なのであろうか。ヴァールは二律背反的事情を、デカルトが「一方では対象の観念は対象そのものである」とし、「他方では観念は対象から切り離されている[6]」としている点に見出している。しかし、それは確かなことであろうか。われわれはデカルト的観念の問題の根差すところをそこへと求めていくことにする。観念と対象の関係、それはわれわれが先に述べたデカルト的観念の位置と役割を規定しているからである。

観念と対象の関係は、デカルト哲学において「私」と外的対象との〈あり方〉の問題という枠付けのうちに把えられる。観念には「私の内にある in me esse」という、そして外的対象には「私の外に実在する extra me existere」という〈あり方〉が割り当てられているからである。(7)こうして〈あり方〉を主軸に据えつつ観念と対象の関係を探って行く場合に、「対象的にある esse objectivum」という概念が鍵を握るものとして眼前に現れてくる。そこでこの概念をいわば試薬としつつ、ドゥンス・スコトゥス（J. DUNS SCOTUS）の「イデア idea」説とデカルトの「観念 idea」説との決定的に相異なるところを浮き出させ、そこからしてデカルト的観念の対象との関係を明らかにして行こう。何故にドゥンス・スコトゥスの「イデア」説を対置させるのかと言えば、「対象的にある」という先の表現が彼に由来するとされているからである。(8)

第一節　スコトゥス的「イデア」

われわれは、デカルト的観念とスコトゥス的「イデア」をその〈あり方〉に着目しつつ比較しようとしている。この場合に、まずもってドゥンス・スコトゥスの教説、ないし、その著作がデカルトに対して与えた影響について評定しておかねばなるまい。デカルトは、対決するというかたちであれ、足場にするというかたちであれ、スコトゥス主義の影響を受けたのかどうか、ということである。この点についてのわれわれの調査を詳しく報告する余裕はない。(9)結論のみを記せば、デカルトがスコトゥス的な「対象的にある」という概念を検討しつつ自らの「対象的にある」という概念を組み上げていったという証拠は見出されていない、ということになる。その証拠がない以上は、

「デカルトが《esse objectivum》という表現をスコラ哲学から借りてきたという点では皆一致しており、デカルトがこの表現をその意味に考慮を払うことなしに採用したということのありえないのも、全く以て明白である」[10]としても、そこから「デカルトの《l'être objectif》説がその根をスコラ的大地におろしている」[10]と主張することはできない。むしろわれわれは、先入見を排除する意味でも、デカルトの「対象的にある」という概念を把握しようとするに際して、ドゥンス・スコトゥスの影響を前提とする議論を、その証拠がない以上、一切差し控えるべきであろう。それ故に、われわれは両者の「対象的にある」という概念を相互に独立の考え方として見て行くことにする。

まず、スコトゥス的「イデア」説のトマス的「イデア」説に対する位置という点から始めよう。トマス・アクィナス（THOMAS AQUINAS）もドゥンス・スコトゥスも、アウグスティヌス（AUGUSTINUS）による「イデア」の次の規定を出発点にしていると言われる。[11] つまり、「イデアは或る種の根源的形相 principales formæ、ないし、ものの朽ちざる不変のラティオ rationes rerum stabiles atque incommutabiles であり、それら自身は形成されず、このことによりそのあり方において永遠であり恒常的であり、神の知解に in divina intelligentia 含まれるというようにしてある。イデア自身は生じも滅しもしないが、生じ滅しうるすべて、生じ滅するすべてがこれらイデアに従って形成されると言われる[12]」、という規定である。ここで「イデア」は「神の知解に含まれる」とされているが、このように「イデア」が専ら神について言われるという点は、トマス・アクィナスにおいてもドゥンス・スコトゥスにおいても容易にたしかめられるところである。人間的知性の内に位置づけられるデカルト的観念とはこの点で全く異なる。

一方、トマス的「イデア」説とスコトゥス的「イデア」説との大筋的差異という点については、次のように纏め上げられよう。つまり、トマスにおいて見られる世界創造におけるモデルとしての「イデア」構成という問題傾斜から、[13] ドゥンス・スコトゥスにおける世界創造以前の創造へ向けての神的知性の対象としての「イデア」把握という問題傾斜への展開が見出される、ということである。ジルソンの言い方を借用すれば、ドゥンス・スコトゥスの「イデア」説においては、「本来の意味での認識の秩序の内で問題が考えられている」[14] ということになる。別面から言えば、ドゥンス・スコトゥスにおいては、神の知性と意志が切り離され、「イデア」の問題が専ら神の知性認識の問題として樹てられている、ということである。

次に、ドゥンス・スコトゥスによる「イデア」産出の説明に眼を転じてみれば、神の知性による「イデア」産出と、「イデア」の「ラティオ」把握は以下の四段階を経て完遂される。神は「第一に in primo instanti 純粋に絶対的なラティオの下に本質を知解する」。「第二に」神は「知的な存在 esse intelligibile」の内に「石 lapis」を産出し、石を知解する。ここに産出されるのが石の「イデア」である。しかし、ここでは、知解された石の内に神的作用への関係はあるが、神的作用の内には石への関係はまだない。つまり神的知性作用の行き着く先に石の「イデア」が産出され、このことは神の本質と知性以外の何ものによっても規制されない、ということである。そして「第三に」神的知性作用の内に石への関係が生じる。神的知性は自らを知解された石と「比較する comparare」ことによって、自らの内に「ラティオの関係 relatio rationis」を生み出す。「第四に」神的知性は「この関係の上へといわば照り返る quasi reflecti super istam relationem」ことによって、先に生じた「ラティオの関係」を認識する。[15] 以上の四段階によって神的知性による「イデア」認識は成立し、この後に意志が介入してくることになる。この「第二に」産出された「イデア」が「認識された対象 objectum cognitum」とされるのである。

最後に、かくて産出された「イデア」の〈あり方〉について述べておこう。「認識された対象」としての「イデア」、その〈あり方〉が「認識されてある esse cognitum」とされ、また「このような対象は神の知性の《単》的にある esse simpliciter によって、何かに従ってある、つまり、対象的にある esse secundum quid, scilicet esse objectivum を有する」と言われる。[16]「イデア」は神の知性の対象としてあるという〈あり方〉、したがって、神の知性の〈あること〉に依存してはじめて〈ある〉と言われうるような〈あり方〉をする、ということである。しかし、「《単》的にある」が「何かに従ってある」の「形相的にある formaliter esse」ではない[17]とされる。換言すれば「何かに従ってある」に「形相」を与えるのが「《単》的にある」というのではない。このことによって、「イデア」が神の知性によって産出されるという点での「イデア」の神的知性に対する全面的に依存的な〈あり方〉と、しかし「イデア」の「表象する repræsentare」[18]ものはあくまで「イデア」において言われうるという「イデア」の相対的に自立した〈あり方〉とが一種の緊張関係におかれることになる。

この「表象する」ということもスコトゥス的「イデア」の重要な規定の一つである。「イデアは純粋に本性的にそれが表象するものを表象し、そのもとで或る何かを表象するというラティオの下に表象する[19]」と言われる。ここでの要諦は「イデア」の「表象するもの」それがそのまま神の本質に属するのではなく、「イデア」が他の「イデア」から区別されねばならぬ以上、或る「イデア」の「かくかく性 talitas」、つまり、何の「イデア」であるのかということは、当の「イデア」そのものに属する[20]、という点にある。この「かくかく性」つまりは「イデア」の表象ということについて、ドゥンス・スコトゥスは「カエサルとその立像」の例を挙げる。カエサルが死んでもその立像は残り、カエサルを表象し続け、カエサルは表象され続ける。ここでは「表象されてある esse repræsentatum」という〈あり方〉の解明が眼目である。「表象されてある」はカエサルその人の「縮約的にある esse diminutum」でもないし、勿論、カエサル自身であったところの一部分であるという〈あり方〉でもない。カエサルとカエサルの立像との間には表象関係が認められる。この関係は交互に制約し合うという関係ではなく、実物のカエサルによって立像が制約されるという一方的関係である。しかしながら、「表象されてある」という〈あり方〉はカエサルに基づいてではなく、カエサルの立像に基づいて言われる。換言すれば、立像においてカエサルが表象されているのであるから、「表象されてある」は立像においてのみ言われる。これと同じことが神の知性と「イデア」の間にも認められる、とドゥンス・スコトゥスは言う。つまり、「イデア」の何かを表象するという〈あり方〉は、神の知性に依存しながらも「イデア」においてのみ言われるという相対的に自立した〈あり方〉とされる。[21] これが「イデア」の「かくかく性」の「表象されてある」という〈あり方〉である。

かくしてわれわれは、スコトゥス的「イデア」説の本質的な規定として次の二点、即ち、「何かに従ってある、つまり、対象的にある」という規定、及び、「表象されてある」ということを抽き出したことになる。次に、これらの規定を念頭におきつつ、デカルト的観念の〈あり方〉に検討を加えよう。

第二節　観念のあり方

ドゥンス・スコトゥスにおいて「対象的にある」という〈あり方〉が「イデア」の〈あり方〉の本質的規定の一つとして取り出されたが、これと同じことがデカルトの「観念idea」についても言えるのであろうか。このことからまず調べて行くことにする。

ゲーリンクス（A. GEULINCX）は、デカルト『哲学の原理』「第一部・第一四節」を注釈して次のように記している。デカルトは観念を知性の内に対象的にある限りのもの res quatenus objective est in intellectu と定義する」、と。このような考え方を親しみ易いものにするため、彼はカエサルを描いた絵という例を提示する。「それによってカエサルが表象される刷毛によって板に塗られた模様と、そこに表象されているカエサル自身とを区別するように、我々は、我々の認識作用 cognitio と観念とを区別する」[22]、と。「観念という語には両義性が隠されている」（M. Præfatio, AT. VII, 8）というデカルトの言い方からすれば、ゲーリンクスは「質料的に materialiter 知性の作用として」解された観念を「認識作用」とし、「対象的に objective 知性の作用によって表象されたものとして」解された観念を専ら「観念」として把えている。要するに、ゲーリンクスはここで「対象的にある」という〈あり方〉を観念の〈あり方〉とし、知性の作用という側面を観念から切り離しているのである。このことによってデカルト的観念の一側面が切り捨てられたということよりも、観念を「対象的にあるもの」とすることによって、観念と観念によって表象されるものとの区別が失われ、かくて、ゲーリンクスが『哲学の原理』「第一部・第一七、一八節」での観念の原因からの神の実在証明を解説する場合に、「対象的完全性 perfectio objectiva」という規定に触れる必要がなくなってしまっている、ということに注目すべきである[23]。ゲーリンクスは「対象的完全性」を観念と何らかの仕方でも異なる〈あり方〉をしないもの、としていることになる。他方、同じく『哲学の原理』の註解を著したクラウベルク（J. CLAUBERG）は、その「第一三節」について、観念は「思惟様態でありいわば事物《もの》の像である」、と註を付し「第一七節」の「対象的完全性」については「我々の観念の内にある対象」は「実象的に realiter でも形相的にでもなく、ただ対象的にある objective esse とのみ受け取られるべきである」[24]としている。「思惟様態」である観念の内にある対象の規定性が「対象的完全性」とされているのである。クラウベルクは観念と観念内的対象との〈あり方〉を区別して考えていると言える。

それではデカルトは、観念と「対象的完全性」つまりは「対象的実象性（レアリタス）realitas objectiva」に〈あり方〉上の差異を見出しているのであろうか。このことを、まずはデカルトのテキストに現れた用語上の問題という点から検討して行くことにするが、しかしここでは委しい調査報告書を提出することは避け、その結果のみを記すことにする。まず「対象的にある《esse objectivum〉 vel 〈est objective》—《l'être objectif〉 ou 〈est objectivement》」という表現は『方法序説』及び『哲学の原理』には見出されない。『省察、及び、反論と答弁』においては「対象的実象性」は観念の内に「対象的にある」とされており、観念が「対象的実象性」を「含む」、「もつ」などとされている。これらのことから「対象的にある」という〈あり方〉は、観念そのものではなく、観念の表象する「実象性」の存在論的身分を表示する概念として解することができるのである。[25]この調査から次に言えることは、デカルトが観念を「思惟の対象 objectum cogitationis」あるいは「知性の対象 objectum intellectus」あるいは「精神の対象 objectum mentis」あるいは「認識された対象 objectum cognitum」と表現している箇所を『省察、及び、反論と答弁』に見出すことができない、ということである。そして「知性の対象」という表現に着目すれば、それは調査対象の内では一箇所に見出され、「偽は知性の対象たりうるか」（Resp. V, VII-378）とされている。この「対象」は「彼〔BOURDEN〕によって疑わしさと確実性とが我々の思惟においてのようにではなく、対象においてのように考察されている」（Resp. VII, AT. VII, 474）、あるいは、同じ文脈で「我々の認識の、対象に対する関係 relatio cognitionis nostræ ad objecta としてではなく、対象の特性として」（*ibid.*）考察されている、と述べられている場合の「対象」と考えられ、「私の内」と「私の外」という対峙から言えば、「私の外」へと位置づけられる。かくて、神的、人間的を度外視すれば、デカルト的観念はドゥンス・スコトゥスとも、近世に入ってからのマルブランシュともライプニッツともロックとも異なって、知性ないし思惟の対象という規定を与えられていないのである。[26]

　以上によって、少なくとも用語上からすれば『省察』におけるデカルト的観念は「対象的にある」という〈あり方〉もしなければ、知性に与えられた対象そのものでもなく、観念によって表象された対象としてあるという〈あり方〉は「対象的実象性」に指定されていることが明らかになる。それでは、観念の「私の内にある in me esse」（*e. g.* M. III, AT. VII, 37 & 40）という〈あり方〉と「観念の内に対象的にある esse in idea objective（*e. g.* Resp. II, AT. VII, 134-135）」という「対象的実象性」の〈あり方〉の差異は何を意味するのか。このことを「第三省察」における「観念の対象的実象性」からの神の実在証明の論述の内に探ることにする。

第三節　解釈の歪み

「第三省察」の省察は「私」の内にある思惟様態から出立する（AT. VII, 34-35）。そして「欺きうるものは何であるかを指摘するため」（à CLERSELIER, 23-4-1649, V-354）に、思惟様態が「元来それのみに観念という名前が当てはまる、いわば事物《もの》の像[27]」と「意志」、「感情 affectus」、「判断 judicium」と呼ばれるものへと大別される。まず「観念」は「それだけでそれ自身において観られ、私が何か他のものに関係づけないならば」、本来的に言って虚偽ではありえない。次に「意志」や「感情」もそれ自身として、思惟様態としてのみ看做されるならば虚偽とは言えない。したがって「判断」だけが残る、とされる（AT. VII, 37）。「判断」と言っても、思惟様態を超え出て実在領域へと足を踏み入れるそのような「判断」がここで問題なのである。そこでさまざまな「判断」のうちでも「私の内にある観念」と「私の外に存する何らかの事物《もの》」（*ibid.*）を対応づけようとする「判断」が最も基本的な「判断」形態であることになる。「最もしばしば」見出される「類似している、つまりは符合している similes esse sive conformes」（*ibid.*）ことに基づいて両者を対応づけようとする通念的見解[28]が、かくて吟味にかけられる。その誤りを明かしながら、神の実在証明を自らの観念説の確立とあわせて成し遂げようとする。そこに所謂〈観念三分類〉説の意義が求められることになるが、そこへと眼を転ずる前に「いわば事物《もの》の像」とされていた観念について考察を加えておこう。というのも、通念説の出発点はそこにあり、通念的見解に通底する未だ練り上げられていない観念についての思いなしが見出されるからである。

「いわば事物《もの》の像」というこの表現は、慥かに、観念の「表象的性格 representational character[29]」を特徴づけることになるにせよ、そこには検討せねばならない問題がある。というのも、第一に、例として挙げられているのが「人間とかキマエラとか天空とか天使とか神とか」（AT. VII, 37）であって、後に挙げられてくる（*cf.* AT. VII, 43）ような感覚的な事柄ではないということを看過してはならぬからである。つまり、「事物《もの》 res」のと言われる場合に、勝義には、色とか匂いとかではなく、「人間とかキマエラとか天空とか天使とか神とか」を指すということである。それらは、「キマエラ」によって明示されているように未だ実在するか否か確証されていないにしろ、外的に実在する事物《もの》の候補として挙げられていることは明白であろう。そうした視座からみるならば、観念は、それがどのような観念であれ、「いわば事物《もの》の像」として長い道程を経てか直ちにかは別にして孰れ実在する事物《もの》にその拠所を求めるとされている、と捉えねばなるまい。しかし、その場合に、当の拠所となる事物《もの》がこの実在する私とは別の事物《もの》であるということは未だ示されていないのである以上、観念が「いわば事物《もの》の像」であるとされることによって、観念に「表象的性格」という規定が与えられていると考えることはできない。「いわば事物《もの》の像」ということは、事物《もの》への方向づけのもとに観念が「私」の内に見出されるということ、「私」のさまざまな思惟のうちではそのような役割が観念に割り振られているということを表明しているに他ならない。

第二に「第三省察」のこの段階で観念にきっぱりした「表象的性格」を認定してしまうことは、それ以後の論述を不要にしかねないからである。というのも、観念にこの段階で「表象的性格」をその本質的規定として確定してしまうならば、「どんな絵も範型なしにはありえない。ところで観念は精神における事物《もの》の或る種の絵である。故に観念は範型なしにはありえない(30)」という推論を直ちに許してしまうことになるからである。デカルトが観念の「表象的性格」を明示せんとして導入した「対象的にある」という概念はなくて済むということにもなる。この二つの点からして「いわば事物《もの》の像」ということは、観念説を組み上げて行くに際しての、差し当たっての規定、先の通念的見解を主張する者も容認せざるをえない共通の足場、と考えられるのである。

　この通念的見解の批判と観念説の精錬が〈観念三分類〉説を通してなされる。観念がその起源に着目されて「本有観念 idea innata」、「外来観念 idea adventitia」、「作為観念 idea a me ipso facta」に区分される（AT. VII, 37-38）。それらがどのような観念かは、最早周知のこととしてここには記さない。デカルトは或る書簡でこの区分の理由を次のように述べている。つまり、この区分をせねばならなかったのは、「神の観念が我々によって作られた、あるいは神について語られるのを聞くことによって獲得された、と言いうる人々の意見を予め斥けるためであり、次に、我々が神についてもつ観念以外にそれほど確実であると我々に知らしめる観念は何もないことを示すために、すべての観念は他のところからやってくると思惟するように我々を説得する確実性はきわめて乏しい、と主張した」（à Clerselier, 23-4-1649, AT. V, 354）、と。ここからして第一に、われわれの考察している箇所（AT. VII, p. 37, l.29-p.40, l.4）に与えられた一つの役割は、神の観念を「作為観念」だと主張する者達にとってさえ、以下に続く論証を受け入れざるをえないようにすることであると知られる。神の観念をどの分類項に入れようとも論証は傷つかないというように仕組まれていることになろう。「作為観念」である「キマエラ」の観念と言えども「キマエラ」の或る本質を表示している（*cf.* E.B., AT. V, 160/B. Texte 26）のであるから、神の観念を「キマエラ」の観念と同列のものと論じたとしても、やはり神の観念が神の何らかの本質を表示しているということは否定できず、かくて神の観念からの神の実在証明をこの点で根拠のないものとして葬り去ることもできないことになるからである。

第二に、「外来観念」の批判がその起源についての確実性に関わっていることも先の書簡から知られる。「外来観念」について、観念と外的な事物《もの》とが「類似している」(AT. VII, 38) と思いなされているその思いなしが検討され、その理由の説得的でないこと、つまりは、何の確実性も見出されないことが示される。この思いなしの理由の一つは「自然的傾動性 impetus naturalis」(AT. VII, 39) に求められるが、それは「きわめて手っとり早い magis obvium」(AT. VII, 38) 看倣し方に他ならず、むしろ理由づけを放棄するに等しい(31)。もう一つの理由として「私自身に依存しない」(AT. VII, 38) かのように思われるということが提示されるが、しかし「私に未だ十分に知られていない他の能力が私の内にある」(AT. VII, 39) かもしれない以上、これも理由にならない。そもそも、或る観念が「外来観念」であることを認めたとしても、だからといってその観念と外的な事物《もの》との類似性は帰結しない。というのも、たとえば、「最も直接に太陽そのものから発出したようにみえる観念が最も太陽に類似していない」(AT. VII, 39) という反例が見出されるからである。こうして、どの観念を「外来観念」と確定するかという見定めの理由も見出されず、もし、どの観念かが「外来観念」として確定されたとしても、だからといってそこからその観念と類似した外的な事物《もの》が実在すると帰結する確固たる根拠も見出されえないのである。

さて、このように予め異論を封じ込めることが、デカルト的観念の精錬にどのような役割を果しているのであろうか。当然のことながら、第一に、観念とその観念が形成されるに到った経緯の遮断が指摘されうる。このことによってこそ、「私」の内にある神の観念は、その形成の由来を度外視にしても確実な観念として、論証の確固たる足場になるのである。第二に、このことと類似性の否定によって、観念は外的な事物《もの》が実在するという含意を解き放たれ、「いわば事物《もの》の像」としてではなく事物《もの》を、「表象する」(AT. VII, 40) として捉えられることになる。〈観念三分類〉説は、観念形成の起源についての不確定性及び事物《もの》との類似の不確実性、つまりはそれら理由づけの脆弱さを露呈することによって、逆に論証の場として観念を練り上げるという役割を果している。このことによって、また、「観念という語を物質的な事物《もの》の像 images des choses matérielles に限る人々の曖昧さ」(à Clerselier, 12-1-1646, AT. IX(1), 209)、つまるところ、如何様にしても図形的理解を離し去ることのできない「像」(*cf.* M. II, AT. VII, 28) という説明方式の曖昧さが観念から払拭されることになる。〈観念三分類〉説の批判的検討を経ることによって、「私」の思惟様態の内に「私」ではないもののありうる姿が仄かに見えてくるのである。(32)

第四節 「元来」「いわば事物《もの》の像」

「第三省察」における観念の原因からの神の実在証明、それへの準備がなされ「神が必然的に実在する」という結論が得られるまでを、観念についての論述という点から見て三つの段階に分けることができる。(一) 観念を〈事物《もの》の像〉とする規定の提示、(二) いわゆる〈観念三分類説〉の提示と検討、(三)「対象的実象性」概念の導入、という三段階である。このうちの (一) について検討し、(二) と (三) へとつなげて行くことにしよう。

繰り返して引用することになるが「思惟のうちの或るものはいわば事物《もの》の像 tanquam rerum imagines であって、それのみに元来観念という名前は当てはまる」(AT. VII, 37) とされている。既に指摘したようにここをもって観念の「表象的性格 representational character」が見定められるという解釈がある (M. Wilson, *Descartes*, Routledge & Kegan Paul, 1978, p. 102)。この解釈は、「事物《もの》の像」という語句を表象的性格の表示として捉え、そこにデカルト的観念の基本的規定を見出す。このような解釈へとわれわれを誘い出す動機的理由の主なものは、観念という名前が「元来」「いわば事物《もの》の像」を表示する、と言われているこの「元来」という一語の重さに求められる。それだけではなく、上記引用箇所のAT版で七頁後に「いわば事物《もの》のでなければいかなる観念もありえない」と記されていることも、この解釈に棹をさす。つまり、観念とその対象としての事物《もの》との対応づけを「いわば事物《もの》の像」という点に押さえ込み、そこに表象的性格の確定を見る、ということになってしまう。しかし、既に明らかなように、観念「いわば事物《もの》の像」説はデカルトによってそれ以降変わることがない確定的な規定として提示されたのではない。

それではなぜデカルトは「元来それのみに」という強い表現を用いたのか。この問いに対して、ここでの「元来」とはデカルト哲学にとっての「本来」ではないということを示し、このことを通して事柄を明らかにすることにしよう。それではどのような「元来」なのか。これに答える前に、デカルト哲学において本来的ではない、広義の観念の例とされている「共通的基礎概念 notio communis」(AT. V, 153/B. Texte 12) の観念について検討してみよう。この観念が当該箇所で非本来的とされているわけではない。そこでは「広く解された観念」とされている。しかしそれでも本来的と非本来的との対比が、広義と狭義の対比と重なると仮定してみよう。もしこのように仮定してみて、「共通的基礎概念」の観念という「広く解された観念」から逆行して狭義の観念・本来的観念を探して行くとする。この場合にさまざまな道筋はあるかもしれない。しかし、どう考えても、せいぜい「事物《もの》の観念」にしか遡ることはできず、「事物《もの》の像」にまで行き着くことはできない。デカルト哲学において「観念」と「像 imago」とは質的に異なる事柄だからである。「像」は当然のことながら、想像力 imaginatio によって構成される。「観念」という場は感覚と想像力の働きを封印することを通して開かれてくる。「熱い」や「冷たい」を観念として捉えようとすると質料的虚偽をおかすことになる（AT. VII, 43-44）。これら観念にならないものを非本来的観念と仮定して、そこから本来的観念を求めていっても、同断である。けっして「像」という規定には辿り着くことがない。その上、もしデカルト哲学的に「いわば事物《もの》の像」が本来的観念であるのならば、観念の表している内容に着眼し「対象的実象性」という概念を導入する必要もなくなる。「対象的実象性」の導入によって切り開かれる道は、類似物からそれがそれに似ていると言われる当の本物に至る道ではない。類似物が類似物として確かであるならば、本物の実在を証明するには及ばない。要するに、どう考えるにせよ、ここで言われている「元来」はデカルト哲学にとっての「本来」とはならないのである。「いわば事物《もの》の像」という規定は差し当たりのものであり、最早変更なしの規定として提示されてはいない。

それではこの「元来」はどのような役割を果すべく、使用されているのか。われわれの答は単純である。つまり、既に当時《idée》という語はさまざまな用法で用いられていたが、そのような種々の用法の中心的な意味を抜き出すならば、それは「いわば事物《もの》の像」ということになる。そのいみで「観念」という「名前」は「元来」「いわば事物《もの》の像」に当てはまると言われる、と。たとえば、ブレイク（R. M. BLAKE）によると、一六二二年に出版された或る書物で《idée》という語は、「人間の思惟内容を指示するために」用いられたり、「現れた形 formes apparentes」、「感覚を介して認識された事物の像 les images des choses」、「幻像 phantasmes」などを示すために用いられたとされる（Note on the Use of the Term《Idée》prior to Descartes, *The Philosophical Review*, Vol. 48, 1939, pp. 532-535）。また、ユゲ（E. HUGUET）の『一六世紀フランス語辞典 *Dictionnaire de la langue francaise du XVIe siècle*』の《idée》の項を見れば、「範型 modèle」、「完全な形 type parfait」といった意味も挙げられているが、その中心的な意味は「像 image」に求められている。こうして垣間見られる「観念」という語の流通状況のうちで、デカルトによって先の発言がなされたのである。そしてラテン語の《idea》について言えば、これを「元来」「いわば事物《もの》の像」として捉える語義的余地は、デカルトにとってなかったと考える方が自然である（*cf.* AT. VII, 181）。その一方で、この「元来」をデカルト哲学にとっての「本来」とは解しえない理由も明らかである。したがって、当時、使われていたさまざまな意味のうちから「元来」の意味をとりだして来るという意味での「元来」と解すべきであると考える。デカルトは「いわば事物《もの》の像」として一般的に了解されていた「観念」理解を出発点として、この理解を批判しながら「観念」という概念を精錬して行くのである。この精錬過程を辿ってみれば、（二）〈観念の三分類〉説（AT. VII, 37-40）の展開される部分では、観念形成の起源についての不確定性、および事物との類似の不確実性が明らかにされる。こうしてその形成の起源を度外視したときの観念の確実性が確認され、観念がそこで論証がなされる場として精錬される。「像」という説明方式はどのようにしても図形的理解を払拭しえない。〈三分類〉説を経て、観念から「像」という説明方式の曖昧さがすっかり取り除かれるのである。そして（三）「いわば事物《もの》の像」として不明瞭にしか表現できなかった事態を、観念によって表象された対象についての表象内容としての「対象的実象性」という概念により、精確に表現できるようになる。

第五節　知の公共性

デカルト的「観念」の〈あり方〉を考える場合に、以上のようにして精錬されるに至った観念が「思惟の様態」として「私の内にあり」、その一方、既に示したように観念によって表象された対象が「対象的にある」という、この〈あり方〉上の差異に着目せねばならない。デカルト的「対象的にある」は知性における対象の〈あり方〉、もっと言えば、「私」ではない事物《もの》の「私」における〈あり方〉を示している。このことが示しているのは、デカルト的「観念」論における知の公共性がどこで問われるかということである。

観念は「思惟の様態」であるかぎり、私的な事柄に他ならない。しかし一方、何かについての観念が表しているその内容のあり方、つまり「対象的にある」という〈あり方〉は、「私」ではない事物《もの》の規定性の「私」における〈あり方〉を示す。したがって、「私」は「私」のうちに「私」ではないものをもっている。それが「私」ではないものである以上、すべての人にとって「私」ではないのである。というのも、ここで問題なのが個体差を形成しうる様態が問題なのではなく、「思惟の様態」である観念によって表象される、その表象の内容が問われている当のことだからである。たとえば、神の観念によって表象される「実象性」が「私」の「実象性」を超えたものであるならば、それはどの「私」にとってもそうでなければならない、というようにである。誰にとっても「私」ではない事物《もの》の規定性について、誰もそれを「私」の規定性とは言えない。このように〈誰も私のものとは言えないというようにある〉という〈あり方〉を公共的な〈あり方〉と呼んでよいならば、「対象的実象性」はまさしく「対象的にある」という公共的な〈あり方〉をするということができる。ここにデカルト哲学における知の公共性の存在論的基盤をわれわれは見出すことができる。むろん、この公共的な〈あり方〉が確定されるためには、「私」ではない神の実在と、「私」ではない物体の実在とが確証されなければならない。そうなることによってはじめて知の公共性のレヴェルとしての「対象的にある」という〈あり方〉が実在する事物《もの》に支えられたあり方とされうるからである。そして神と物体について一度このことが保証されてしまうならば、対象についての観念の表象内容を考察することによって知の公共性が保たれることになる。「私」ではない実在する事物《もの》の規定性の「私」における〈あり方〉が確保されるからである。これが確保されるならばそれ以降、もはや「対象的にある」という概念も、「対象的実象性」という概念も、対象認識の度毎に顧慮を払わなければならない概念ではなくなる。言い換えれば、この二つの概念は神の実在証明と物体の実在証明においてのみ力を発揮する概念なのである。

第六節　結　論

かくして〈何の観念か〉と問いを進める方向から〈何を表象するのか〉という問いへと問いの方向が転換され、観念の表象するものに着目されることによって「私の内にその観念のある事物《もの》のうち、何らかの事物《もの》が私の外に実在するかどうかを探究するための或る他の途が」(AT. VII, 40) 切り拓かれることになる。この途上では「対象的実象性」によって論証が運ばれることは言うまでもないであろう。(33)「対象的実象性」は、観念によって表象されるのであるから、慥かに「表象内容 le contenu représentatif」(34) であることに違いはないが、しかし精確には或る種の「表象内容」と言わねばならない。何故ならば「対象的にあるということは、対象が通常知性の内にあるその仕方で知性の内にある、ということより他のことを意味するのではない」(Resp. I, AT. VII, 102) 以上、「対象的にある」という〈あり方〉をする「(対象的) 実象性」は、対象についての表象内容でなければならないからである。続く神の実在証明においては観念の起源ではなく、この対象についての表象内容の原因が問われることになる。

観念によって表象された対象についての表象内容である「対象的実象性」は「いわば事物《もの》の像」として不明瞭にしか表現しえなかった事態の明確にして厳密な表現であると言えよう。かく捉えられた「対象的実象性」が観念の〈あり方〉と相対的に自立した〈あり方〉つまり「対象的にある」という〈あり方〉においてあるということからして次のように考えて行くことができた。つまり、もし「対象的にある」という〈あり方〉が「私」の思惟様態の

〈あり方〉に全面的に依存するとしたならば、思惟様態が「私」の思惟のそのつどそのつどのいわば身に纏う姿に他ならないのである以上、「対象的実象性」も偶々「私」のもつ思惟様態に他ならぬことになり、その公共性が失われることになる、と。「我々が概念しうる最も完全なもの」という表現の意味するところを了解する人はすべて、神についての何らかの観念をもっていることを否定しえない（CLERSELIER, *ibid.*）とされているのであってみれば、神の観念によって表現されるその内容の〈あり方〉は、「私」の思惟する働きに依存しつつも、知の公共性のレヴェルを指し示すのでなければならない。デカルトにおいては観念によって対象が表象されるのであって、知性に直接的に与えられた対象が観念なのではない。このことは、観念が知るという働きから相対的に独立した〈あり方〉をするのではなく、観念の表象内容にこそこの〈あり方〉が見出され、そこに公共的な語らいの局面が捉えられねばならぬということを示す。これが「対象的実象性」の「対象的にある」という存在論的身分の告示するところであった。

一方しかし、そのように「対象的実象性」が解されるならば、神の実在証明が未だ成し遂げられていないその時点で、既に「私」ではない事物《もの》の「私の内」なる〈あり方〉が導入されることになり、それは論点窃取の類ではないか、と論難されるかもしれないが、決してそうはならないのである。先に述べた如く、その実在が証明されるべきものの候補が絞られ、そうした候補の「私の内」にある〈あり方〉が問われることに何ら撞着はないからである。第一に、「隠然的に implicite」含まれている事柄が「顕然的に explicite」露になるという考え方はデカルトの思考様式に背馳するものではない（*e. g. à* MERSENNE, 16-6-1641, AT. III, 383 & E. B., AT. V, 153/B. Texte 13）。第二に、観念がわれわれの認識の説明方式として明確に規定されてくる過程をこの神の実在証明の過程の内に見通して行くわれわれの解釈からすれば、「私の内」なる「私」でないものの〈あり方〉が神の実在証明の完遂によって確定されてくるということは当然だからである。神の実在が証明されることによって、そこへと到った論証過程の正当性も補強されるばかりか、観念の表象内容の「対象的にある」という〈あり方〉もその相対的自立性が保証されることになる。

このことを明らかにするために、かの「一般的規則」(AT. VII, 35) から「私が明晰かつ判明に知解するものはすべて、私が知解するままのものとして神によって作られうる」(M. VI, AT. VII, 78) へと進み行く途上に介在する所謂「神の誠実 veracitas Dei」(*cf.* M. IV, AT. VII, 53) の主張に一瞥を加えておこう。「神の誠実」は神以外の対象についての表象内容の真理性を裏打ちする、[35] 言い換えれば「私」の思惟様態の限りで「明晰かつ判明」に捉えられるものの真理性から、神以外の対象について「私」のもつ思惟様態の真理性への展開を保証する、と解することができる。「第六省察」において「対象的実象性」という概念が今一度効力を発揮するとき (AT. VII, 79)、それはわれわれが物体についてもつと思いなしてきた観念の表象内容がまさしく実在する物体を対象とする表象内容であることが明示されるときである。神の実在も物体の実在も確証され、それらについての観念の表象内容が空虚へと霧散するのではなく、外的に実在する事物《もの》へと帰着することが、かくて確認されることになれば、最早「対象的実象性」という概念も、それの〈あり方〉を示す「対象的にある」という概念も、われわれが何かを認識するそのつど配慮せねばならぬ概念ではなくなり、物体について「私が明晰かつ判明に知解するものはすべて物体的な事物《もの》の内にある」(M. VI, AT. VII, 80) ということに解消されることになる。観念は「私」の思惟の様態でありながら、「対象的実象性」の「対象的にある」ということに顧慮を払うことなしに対象の観念たりうるということになる。したがって、このように規定されてしまった観念を、先に挙げたゲーリンクスの如く「対象的実象性」と区別しないこともあながち誤りとは言えないのである。しかしまたこのことによって、対象についての観念の表象内容の公共性と、思惟の働きとして「私」にすべて帰着することになる観念の私的側面とに動揺がもたらされ、デカルトの観念説に混乱を導き入れることになるであろう。

さて最早、ドゥンス・スコトゥスの「イデア」説とデカルトの「観念」説の差異は明らかだと言わねばならぬが、最後にこの点を纏めておくことにする。スコトゥス的「イデア」の〈あり方〉として「対象的にある」ということが抽出されたが、厳密に解される限り、デカルトにおいては観念が「対象的にある」のではなく、観念の表象する「対象的実象性」が「対象的にある」とされていた。さらに両者の対比から看取されることは、デカルトの「対象的にある」は決してスコトゥス的「何かに従ってある」ではないということである。言い換えれば、デカルトの「対象的実象性」は知性が産出しそのことによって知性を表象するという〈あり方〉をしないということである。そうではなく、それは「私」ではない対象についての表象内容であり、観念によって「表象されてある」という〈あり方〉をすると言えよう。この「表象されてある」という点でのみ観れば、デカルトの「対象的実象性」はスコトゥス的「イデア」説における「かくかく性」の位置に当たると言えることになろう。このように両者の「対象的にある」という概念の意味するところが全く異なるにもかかわらず、ドゥンス・スコトゥスにおける「表象されてある」という知性から相対的に自立した〈あり方〉に示唆されつつ、われわれはデカルトの「対象的にある」という〈あり方〉に知の公共性のレヴェルを見出したのであった。

（1）　ともに Louis de La Forge, *Traité de l'esprit de l'homme* (P. Clair, Louis *De La Forge, Œuvres Philosophiques*, P. U. F., p. 158)に見られる表現。

（2）　デカルトについての出典はすべてAT版の巻数・頁数を本文中に記す。

（3）引用文中の傍点は以下においてもすべて筆者による。

（4）《la faculté de penser, la pensée et l'idée proprement dite qui est la forme de la pensée》, dans É. GILSON, *Discours de la méthode, textes et commentaires*, Vrin, p. 319.

（5）M. J. WAHL, Notes sur Descartes, dans *Revue Philosophique*, 5-6. 7-8, 1937, p. 319.

（6）*Ibid.*

（7）*Cf.* P. A. CAHNÉ, *Un autre Descartes- Le philosophe et son langage*, Vrin, pp. 49-52 & M. J. WAHL, Exemple d'une règle inconnue : le verbe《être》chez Descartes, dans *Descartes*, Cahiers De Royaumont, Minuit, pp. 360-375.

（8）R. DALBIEZ, Les sources scolastiques de la théorie cartésienne de l'être objectif, dans *Revue d'Histoire de la philosophie*, 1929-III, p. 467 : *cf.* É. GILSON, *Études sur le rôle de la pensée médiévale dans la formation du système cartésien*, Vrin, p. 204, n. 3 & T. J. CRONIN, *Objective Being in Descartes and in Suarez*, Gregorian University Press, p. 167 sqq.

（9）調査の概要のみを以下に記しておく。第一に、ラ・フレッシュ（La Flèche）の学院でのスコトゥス主義的哲学教育の影響については「我々はその講義のすべてを知っているのか」（F. FERRIER, L'influence scotiste sur les philosophes du XVIIème siècle, dans *Recherches sur le XVII*ᵉ *siècle*, C.N.R.S., t.I, p. 36）という疑問形でしか言われえない。スアレス（F. SUAREZ）の著作におけるスコトゥス主義との接点としては、*Disputationes Metaphysica*, disp. 31 における《æterna veritas》のあり方としての《esse objectivum》が指摘されている（N.J.WELLS, Objective Being : Descartes and His Source, dans *The Modern Schoolman*, XLV, 1967, p. 55）。また、カイエタン（Cajetan）の著作を通じて影響を受けえたという可能性については、R. DALBIEZ, *op. cit.*, p. 467 参照。第二に、オラトワール会士でスコティストとされる WILLIAM CHALMERS (Camerarius)との交流の可能性であるが、その知的交流の痕跡は不明である（CHALMERS については、F. FERRIER, *William Chalmers*, P.U.F.参照）、第三に、デカルト自身がドゥンス・スコトゥスの著作を読んだかどうかということであるが、少なくとも読んだという証拠は見出されていない。

（10）R. DALBIEZ, *op. cit.*, p. 470.

（11）É. GILSON, *Jean Duns Scot*, Vrin, p. 279.

（12）AUGUSTINUS, *De Diversis Quaestionibus LXXXIII*, qu. 46, 2.

(13) THOMAS AQUINAS の「イデア」説については、*Sententiarum,* lib. I, dist. 36, qu. 2, art. 1 & 2 : *De Veritate,* qu. 3, art. 1-8 : *Quæstiones Quodlibetales,* IV, qu. 1, art. 1 及び R. J. Henle, *Saint Thomas and Platonism,* Nijhoff, pp.351-361 を主に参照した。

(14) É. GILSON, *op. cit.,* p. 291.

(15) J. DUNS SCOTUS, *Opus Oxoniense,* lib I, dist. 35, qu. unica, n. 10, par *Opera Omnia,* Vivès. [=*Ordinatio I,* dist. 35, qu. unica, t. 6, p. 258, dans *Opera Omnia,* præside P. CAROLO BALIĆ]

(16) J. DUNS SCOTUS, *op. cit.,* dist. 36, qu. unica, n. 10. n. 10 [=*Ordinatio I,* dist. 36, qu. unica, t. 6, p. 290, dans *Opera Omnia,* præside P. CAROLO BALIĆ]

(17) *Ibid.*

(18) 《repræsentare》を「表象する」と訳すが、それはあくまでも〈表《あらわ》し象《かたど》る〉という意味においてであって、「表象」によって「意識内容」そのものも、カント的な《Vorstellung》も、意味するものではない。

(19) J. DUNS SCOTUS, *op. cit.,* dist. 39, qu. unica, a. 2, n. 7. [=*Ordinatio I,* t. 6, p. 407, dans *Opera Omnia,* præside P. CAROLO BALIĆ]

(20) *Cf.* É. GILSON, *op. cit.,* p. 293.

(21) J. DUNS SCOTUS, *op. cit.,* dist. 36, qu. unica, n. 10. [=*Ordinatio I,* dist. 36, qu. unica, t. 6, p. 289, dans *Opera Omnia,* præside P. CAROLO BALIĆ]

(22) A. GEULINCX, *Annotata latiora in Principia Philosophiæ Renati Descartes,* dans *Opera Philosophica,* ed. J.P.N. LAND, t.III, p. 369.

(23) A. GEULINCX, *op. cit.,* pp. 373-374.

(24) J. CLAUBERG, *Notæ in Cartesii Principiorum Philosophiæ, dans Opera Omnia Philosophica,* t. I, p. 497.

(25) まず『省察』本文では《realitas,....quæ est objective》(M. VI, AT. VII, V79) 及びこれに類する表現は、M. III, AT. VII, 41 & 42 等に見られ、また「含む」は《continere》(M. III, AT. VII, 40)、「もつ」は《habere》(M. III, AT. VII, 40)。われわれの解釈に抵触しそうな言い方に、「対象的なあり方 modus essendi objectivus」が観念に「適している competit」

(M. III, AT. VII, 42) というのがある。しかし、観念が「対象的にある」ということは「対象的実象性」を観念が受け容れうることを示していると解されるし、直前にこの〈あり方〉が《...iste essendi modus, quo res est objective in intellectu per ideam》つまり「それによって事物《もの》が観念を介して知性の内にあるところのあり方」(M. III, AT. VII, 41) と述べられていることからも確かめられる。また「観念の対象的にあること esse objectivum ideæ」(M. III, AT. VII, 47) も同様に解される。つまり、観念が「対象的にある」という〈あり方〉をするということではなく、観念に属する〈あり方〉と解すべきである。というのも当該箇所では、観念の有する「対象的にある」という〈あり方〉をする「対象的実象性」の原因について述べられているからである。当然のことながら〈観念という対象的にあること〉と解することはできない。『省察』の「答弁」においてもわれわれの解釈は支持される。たとえば Resp. II, AT. VII, 134-135 及び Rationes, Def. III & V を参照。ここでも抵触しそうな箇所を見ておこう。「第一答弁」で、カテルスの言い方をそのまま取り入れて「観念は、知性の内に対象的にある限りの思惟されたものそのものである ideam esse ipsam cogitatam, quatenus est objective in intellectu」(AT. VII, 102) とされている。この言い方そのままを『省察』本文に見出すことはできない。しかも、この箇所のすぐ後で、デカルトの強調していることは「知性の外に存する事物《もの》」についてではなく「観念について」(*ibid.*) 自分は論じている、ということなのであるから、ここを以て観念の〈あり方〉に「対象的にある」を割り当てることはできない。「観念という視点から見た場合に、対象的にある、は対象が通常知性の内にあるように知性の内にあるということ以外を意味しない」(*ibid.*) というのが当該箇所の主旨である。したがって、先の言い方も「知性の内」と「知性の外」という区切りからすれば「対象的にある」という〈あり方〉は「知性の内」に位置づけて言われうる、ということを示していると解される。次の頁で述べられる「観念の内にある対象的技巧 artificium objectivum」ということからしてもそうなるであろう。ところで、上記の、われわれの解釈に抵触しそうにみえた箇所と酷似する表現がラテン訳『方法序説』欄外注記に見出される。それは次の件である。《.....nomen Idea generaliter sumi pro omni re cogitata quatenus habet tantum esse quoddam objectivum in intellectu》(AT. VI, 559)。先の「第一答弁」から抽出された言い方との差異の中心は傍線を付した《est》と《habet》の違いに見出される。ともに主語は《res cogitata》である。最早明らかな如く、われわれの解釈は観念が「対象的にある」ということを排除し、観念が「対象的にある」という〈あり方〉を受け容れる、つまりはそのような〈あり方〉をする「対象的実象性」を「もつ」ことを積極的に認めるものである以上、この表現はわれわれの解釈の反例とはなりえない。

(26)　*E. g.*, MALEBRANCHE：《Ainsi par ce mot *idée,* je n'entends ici autre chose, que ce qui est l'objet immédiat》(*Recherche de la vérité,* lib. III, p. II, ch. 1, § 1), LEIBNIZ：《Je l'avoue, pourvu que vous ajoutiez que c'est un object immédiat interne, et que cet objet est une expression de la nature ou des qualités des choses》(*Nouveaux essais sur l'entendement humain,* lib. II, ch. I) & LOOKE：《Idea is the object of thinking》(*An essay concerning human understanding,* Bk. II, ch. 1, § 1-Title).

(27)　ここで「元来それのみに」と言われる場合の「元来」がデカルト哲学にとっての「本来」ではないことは以下の第四節で示す。

(28)　この〈通念的見解〉とわれわれの表現する見解は、〈感覚に前以てなかった何ものも知性の内にはない〉というスコラのテーゼと通底する見解を念頭においたものと考えてよい。スコラ哲学の認識説においては、右のテーゼに立脚しつつ、事物《もの》の「形相」を捉えることによって、言い換えれば事物《もの》の「形相」とともにある（conformis）ことによって、事物《もの》の認識が成立することになる。以下のデカルトの論述はこの見解を打ち崩す、つまり、スコラ批判という一面をもつ。

(29)　M. D. WILSON, *Descartes,* Routledge & Kegan Paul, p. 102.

(30)　J. CLAUBERG, *Exercitationes Centum de Cognitione Dei & Nostri,* dans *Opera Omnia Philosophica,* t. II, p. 609.

(31)　拙稿「デカルト哲学における「感覚」の問題」（『哲学』日本哲学会編、No. 30, 1980, pp. 113-114）参照。

(32)　したがって、この〈観念三分類〉は、「このような区別は世界が発見されると同時にしか働きえないのだから」「提示され直ちに拒否される」（F. ALQUIÉ, *Descartes, Œuvres philosophiques,* Garnier, t. II, p. 434, n. 3：cf. F. ALQUIÉ, *La découverte métaphysique de l'homme chez Descartes,* P. U. F., p. 204）のでも、「神の観念の《réalité》を明証的にする」（É. Gilson, *Texte et commentaires,* Vrin, p. 316）ためでも、選び取った「形而上学的な途」を明らかにする（T. J. Cronin, *op. cit.,* p. 26）ためでも、「感覚の《réalisme》」への二度目の戦い（O. HAMELIN, *Système de Descartes,* Félix Alcan, pp. 185-186）だけでも、「或る観念がそれと類似した対象に由来すると我々に信じさせる理由」の否定（G. RODIS-LEWIS, *L'Œuvre de Descartes,* Vrin, p. 274）だけでも、「観念の起源についての差異は……私の思惟にそなわるものだけからは識別されない」（*op. cit.,* p. 277）につきることでも、明確な意義を与えなくてもすむ（H. GOUHIER, *La pensée métaphysique de Descartes,* Vrin, pp. 122-123）問題でも、ない、とわれわれは考えるのである。

（33）《realitas objectiva》という概念の本論では触れなかったいわば存在論的な側面については、本書「第一部第一章」を参照。

（34）H. GOUHIER, *op. cit.*, p. 123.

（35）*Cf.* M. V, AT. VII, 71 & H. GOUHIER, *op. cit.*, p. 319. この問題は所謂〈デカルトの循環〉に関わるが、これに関しては『デカルト研究II』において論じる。

第Ⅲ部　「観念」の歴史と『省察』以後

第一章　中世スコラ哲学における「イデア」説からデカルト哲学における「観念」説へ

序　イデアから観念へ

「イデアないし観念 idea」という捉え方が中世スコラ哲学からデカルト的「観念」説へと、どのような点で受け継がれていったのであり、どのような点で断絶しているのか、このことを中世スコラ哲学における「イデア」説の流れという観点から、明確にすることを本章の課題とする。この課題に答えるために、トマス・アクィナス（Thomas Aquinas）、ドゥンス・スコトゥス（Duns Scotus）、オッカム（Guillemus de Ockham）、スアレス（Francisco Suarez）の順に、その「イデア」説の要点を纏めつつ、これら四者を通して明らかになる「イデア」説の変容過程を追尾する。

或る研究者によれば、トマス・アクィナスの「イデア」についての議論は、著作内部での構成上、神の知（しること）についての議論に直続しているか、あるいは、その議論の一部に組み込まれているばかりでなく、内容的にも、「イデア」についての議論は神の規定に導かれている、とされる。(1) また、ジルソンによれば、トマス・アクィナスもドゥンス・スコトゥスもアウグスティヌスの『八十三問題集 *De diversis quaestionibus LXXXIII*』（qu.46, 2）に見出される「イデア」規定を議論の出発点にしているとされる。(2) そのアウグスティヌスの規定に従えば、「イデア」は「神の知解に含まれる in divina intelligentia continentur」とされる。これらのことは容易に確かめられることであり、彼らにおいて「イデア」の本拠が神の知性のうちに定められていたということは慥か以外ではありえない。彼らトマス・アクィナスやドゥンス・スコトゥスばかりではなく、中世スコラ哲学において多くの場合に「イデア」がそのように解されていたということもほぼ慥かと認定されていると言ってよいであろう。(3)「イデア」という語はスコラ哲学において「神的精神の知得の形相」(AT. VII, 181. 11-12)を意味していた、というデカルトの「第三答弁」における発言は、この中世における「イデア」理解の大きな潮流を反映しているのである。このことは既に周知のことであり、デカルトがこの「イデア」を「観念」として脱-再把握し、「思惟する事物《もの》」としての「私」の「様態」という位置に配することを通して、近世的「観念」論が成立するに到ったということも周知のことに他なるまい。(4)本論はこの「イデア」と「観念」とを単なる差異のもとにではなく、そのデカルト的変革の下地を織りなす糸としての中世スコラ哲学における「イデア」把握の変容過程を追うことによって脱-再把握への過程を明らかにせんとする。

第一節　両面の関係　トマス・アクィナス

トマス・アクィナスによる「イデア」という語の使用を『命題集 *Scriptum in IV Libros Sententiarum*』(5)から見てゆくならば、われわれはそこにおいて「創造 creatio」の説明という論脈の内に「イデア」という概念が導き入れられていることを見出す。イデアという説明方式の導入によって、事物《もの》が偶然的に産出されるという説も、神によらぬ何かによって必然的に産出されるという説も斥けられるばかりでなく、一なる神から多なる被造物が産出されるということを繞る諸困難も解決されるのである（lib. I, dist. 36, qu. 2, art. 1. *Cf.* art. 2)。ここでは「イデアとは、それの模倣 imitatio として或る何かが生じるところの、範型の形相 forma exemplaris」であると規定されている（*ibid.*）。次に、『真理について *Quaestiones Disputatae De Veritate*』では、「第一質料のイデア」（qu. 3, art. 5)、「なかったもの、ないもの、ないであろうもの」のイデア（qu. 3, art. 6)、「偶性のイデア」（qu. 3, art. 7)、「個物のイデア idea singularis」（qu. 3, art. 8）の立てられるべきであることが主張される。この部分はプラトン的「イデア」論への批判を基調に据えているのであるが、われわれにとって指摘すべきは、このことを介してイデアが「思弁的認識 speculativa cognitio」（qu. 3, art. 3）でもある、とされていることである。さらに、『神学大全 *Summa Theologia*』においてはプラトン的「イデア」論を肯定的に受け容れることを通して、イデアは「事物《もの》の認識の原理であり、事物《もの》の生成の原理である principia cognitionis rerum et generationis ipsarum」というこの方向性がいっそう明確になる。このようなイデアについての二つの側面の承認は「範型の形相」とみられるイデアが創造に係わり、「ラティオ ratio」としてのイデアが神の認識に係わることを判明なことにする（p. 1, qu. 15, art. 3, Resp.)。最後に『任意問題集 *Quaestiones Quodlibetales*』において「このイデアという名辞は、それの似姿 similitudo として外部に作品を造ることを企図している作用者 agens によって知解された或る種の形相を意味する」（IV, qu. 1, art. un., Resp.）とされる。以上、要点のみを取り出して見てきたことからしてさえ、イデアが「範型」として導入されつつも、その「認識の原理」としての面が、「生成の原理」という面といわば対等な位置において捉えられることになっていったということは慥かであると言えよう。

さらに注目しておかねばならぬことは、模倣・似姿、総じてイデアと被造物との類似関係にある。トマス・アクイナスは『命題集』のなかでは「神は模倣可能性の諸様態を自分の本質の内で認識する」（lib. I, dist. 36, qu. 2, art.

2）と、また『真理について』では「イデアと、或る何か aliquid が模倣する形相とは同じである」（qu. 3, art. 1, Resp.）と、さらには『神学大全』では「神は自分の本質に従ってすべての事物《もの》の似姿 similitudo omnium rerum」（p. 1, qu. 15, art. 1, ad 3）であると、述べている。無論この模倣関係は、「一方向的な unilatérale」関係であり、神と被造物との関係をわれわれにとって理解できるように提示するための説明方式であると言えよう。[6] しかしながら、神と被造物との関係を模倣関係として説明することには次のような問題がある。もし、イデアが範型としてのみ解されていて、産出するということにだけ着目されるならば、構想としてのイデアと作品としての被造物との間に模倣関係を立てる必要はその限りにおいてまったくない。一方、イデアの「認識の原理」としての面に目を向けるならば、似姿として被造物を造るということが、問われねばならぬこととして浮かび上がることになる。そもそも被造物が何らかの点で〈神の模倣《まねび》 Imitatio Dei〉であると主張するためには、どのようなかたちでかは別にして、模倣関係に触れねばならない。他方しかし、神のイデア認識があらゆる点で被造物に依存しないならば、このような被造物との関係そのものが、被造物に依存することなく神の知性において把握されねばならない。神はすべての被造物をイデアというかたちで知っている。[7] それ以外の仕方で知るということは、自分の知らないものを造っておいて、その後でそれを知ることになり、このことは神に不完全性を帰すことになるであろう。神が創造に際して自ら身を乗り出して被造物を見ると想定することはできない。したがって、イデアが事物《もの》の範型であるだけではなく、「認識の原理」として、イデアがどのようにして事物《もの》の範型であるのか、ということも神によって知られていなければならない。[8]「範型の形相」から〈両面の関係〉へのトマス・アクィナスのこの歩みを、世界創造におけるモデルとしてのイデア把握に孕まれている模倣関係が一つの梃となって、イデアの「認識の原理」としての面が浮かび上がってくる、というように括り上げることができる。

第二節　創造に向けての神の知　ドゥンス・スコトゥス

この「認識の原理」としての面がドゥンス・スコトゥスの「イデア」説において重要な問題になる。ドゥンス・スコトゥスにおいてイデアが「本来の意味での認識の秩序のうちで考えられている」(9)からである。このことは次のように言い換えうる。つまり、トマス・アクィナスにおいて見出された世界創造におけるモデルとしてのイデア構成という問題傾斜から、ドゥンス・スコトゥスにおいては、世界創造以前の創造へ向けての、神的知性の対象としてのイデア把握という問題傾斜への展開が見出される、こととである。このことは四つの段階を踏む神的知性によるイデア認識の成立過程についての彼の論述を通して明らかになることであるが、その四つの段階について再述せずに、トマス・アクィナスからドゥンス・スコトゥスへの流れを捉える上での要点のみをここでは検討することにする。(10)

ドゥンス・スコトゥスのイデア把握についてわれわれの着目すべきは、イデアが先の四つの段階のうちで「ラティオ」の関係以前に知られるということである。言い換えれば、「或る対象を知解するという関係」が知解される何かを前提にすることなしに成立しなければならない、ということである（*Ordinatio I*, dist. 35, qu. unica, t. 6, pp. 256-257)。「独り神のみが［このように］厳密に言って自分の本質だけですべてを知る」（［　］内は筆者の補足であり、以下においても同様）とされる。これに対して神以外のすべての知性は「或る真理を神の力 virtus でもって認識する」というように「対象によって動かされ」て「純正なる真理 veritas sincera」を認識する。この場合に「永遠的な光 lux æterna」あるいは「創造されざる光 lux increata」が求められる（*op. cit.* dist 3, p. 1, qu. 4 t. 3, p.

170)。また、この人間的知性においては「抽象的知解 intellectio abstractiva」あるいは「直覚的知解 intellectio intuitiva」という知り方が認められる（*Ordinatio II*, dist. 3, p. 2, qu. 2, t. 7, pp. 552-554)[11]。これら人間的な知り方は何らかのものがあることを前提とする知り方である。「抽象的知解」は「現実的実在と非実在を捨象するに従って」知解するという知り方であるが、その場合にも、知るということが成立する条件として何らかのものが、ある、ということを欠落させることはできない。「永遠的な光」において認識される場合にも、人間とは異なる何かへの依存性を免れることは無論認められないことである。人間的知性にとって、そもそも知るということが成立するためには、自分以外の何かに依存しなければならないのである。それに対して神の知性に関しては、当然のことながら、この依存性は否定されねばならない。イデア認識における神と被造物との関係は、神の知性のなかで「ラティオ」の関係として完結している。したがって、被造物を前提とするようなあらゆる類似関係から解き放たれていることになる。言い換えれば、神の知に関する限りでの模倣関係としての〈Imitatio Dei〉は神の知性のなかで既に終焉を迎えているということになる。このことを別の角度からみるならば、知るものと知られるものとがともに神の知性のうちに〈在処〉をもつということである。こうして類似関係が排除されることと、イデアが「認識された対象 objectum cognitum」と規定され、その知性における〈あり方〉が「認識されてある esse cognitum」と、さらには「対象的にある esse objectivum」とされること、この二つのことの対応が露になる（*Ordinatio I*, dist. 36, qu. unica, t. 6, p. 290）[12]。というのも、ラティオの関係を知性のうちなる関係として語るためには、この関係の両極をなす知るものと知られるものがともに知性のうちにあるとされねばならないからである。

このようなドゥンス・スコトゥスのイデアについての捉え方から、近世的知識論を規定することになった或る側面を展望することができる。その要点を次のように纏めることができる。すなわち、ドゥンス・スコトゥスによって〈知るものが自分以外の何かから知られる内容を取得するのではない〉という知り方についての説明方式が提示されているということである。これを人間的な知性の局面に移して言い換えてみるならば、われわれにとって外的な何かから、いわば知識の因子のごときものを認識能力が受け取るという〈知り方についての説明方式〉の全的排除ということになる。逆に、これを肯定的に述べれば、われわれがいわば自前の知り方の原理に基づいて、何ら外的なものを前提にすることなく知る、ということが可能ならば、そのような知り方ということになる。何ら他に依存することなく自らが自らのうちに知の原理を有しうるか否か、このことは近世的知識論の、もっと言えば近世哲学の答えねばならぬ最重要課題の一つであったことは言うまでもないことであろう。このように考えるならば、ドゥンス・スコトゥスのイデア認識の説は〈事物《もの》から知性へ〉という通路を遮断した地平で成り立つ知識論という局面を切り拓くという点で、近世的知識論への中世的寄与分として認められることになる。少なくとも、デカルトが「対象的にある」あるいは「対象的レアリタス」を鍵となる概念としつつ、その「観念」説を展開しえた背後には、このような中世スコラ哲学との或る種の問題史的な連続性が認められてしかるべきなのである。マルブランシュやライプニッツやロックなどが、この点での労苦多き論究の積み重ねを要することなしに、観念を知性ないし思惟の対象として規定しえたことの背景にも以上のごとき事情が認められると考えられるのである。(13)

第三節　神の知と人の知の解離　オッカム

それではオッカムにおいてイデアはどのように捉えられているのか。このことを*Ordinatio*(14)と呼ばれるテクストの主な関連箇所を参照しつつ検討してゆくことにする。このときに、まずわれわれは「神のうちにある知

scientia」が「論証の結果 *effectus* demonstrationis」である学問的知とはまったく異なるとされていることに気づく（lib. I, dist. 35, qu. 1, t. 4, p. 432）。ドゥンス・スコトゥスにおいては、神におけるイデア認識の成立が、いわば神の境地から解明されていた。それに対してオッカムによれば「神が自分以外の何も知解しない」ということも「自分以外のすべてを知解する」ということも「ラティオ」によっては証明されえない（*op. cit.* qu. 2, t. 4, p. 440）。つまり、神の側から論じ進めるイデア説が成り立たなくなっているのである。このことは神のもつ知とわれわれが神についてもつ知との解離をも示していると考えられる。[15] この事態にいわば逆光を投げかけてみるために、「存在神学 Ontotheologie」の核芯となる近世的「神」概念の出発点として、既に指摘され、いわば認定されていると言ってよい[16]デカルト的「神」把握を光源に仮設してみるならば、この解離ということが、人間的な認識を超えているという意味での、神の超越性の度合いのいっそうの極大化を惹起するという方向性を照らし出しているのを看て取ることができる。デカルト哲学において、神について語られる事柄は神の側からその正否が決せられるのではなく、人間的認識の限界領域の設定として学問的知全体の存立に係わる。周知の例を「第一答弁」から採り出して一、二を挙げて要点のみを述べるならば、デカルト的な「それ自身からある存在 ens a se」という概念とスコラ哲学的それとの差異に、あるいは、「無限 infinitum」と「無際限 indefinitum」の差異に示されるように、神の力能は、はるかに膨大なる広大無辺性として人知によってしては如何にしても抱きとめられえない incompréhensible という、果てを超えし地にあるのである。神の力能のあまりの強大化は信仰における神と、学問的知の存立基盤たる神との解離をわれわれに迫る。オッカムにおいて見られた先のごとき把捉は、このような「神」概念の内実的変容への道筋を仄示していると言えるのである。神について語る、その語り方を人間的ロゴスによって解き明かそうとすればするほど、その「神」把握は人間的ロゴスを超えてゆき、いよいよ超越的になり、それに伴って逆に、人間的ロゴ

スが神との絆から解き放たれることになる。そのような過程を中世スコラ的「イデア」説から近世的「神」概念への断絶的連続面としてわれわれは提起することができる。

イデアについての議論に戻るならば、オッカムはこれを神の側から解き明かそうとはしない。それではどこに緒が求められるのか。彼は「イデア」という名辞が「白さ」とか「人間」のように一つの何かを抽出する「絶対名辞nomen absolutivum」ではなく、「白い」のように間接的に他の何かをも心に喚起する「内含名辞nomen connotativum」であるとする（*op. cit.* lib. I, dist. 35, qu. 5, t. 4, pp. 485-486）。「白い」が直接的に〈白いもの〉を、間接的に「白さ」を指すのと同様に、「イデア」という名辞は直接的に〈被造物〉を、間接的に「神の認識ないし認識する神」を指す（*op. cit.* p. 494）。さらにイデアが多数であるのに対して神の精神そのもののうちに数多性を持ち込むことはできないのであるから、イデアは「基体的にsubiective」ではなく「対象的に神の精神のうちにある」ことになる（*op. cit.* p. 488）。オッカムはドゥンス・スコトゥスによるイデア認識における四段階説を否定するが、イデアが神の知性のうちに対象的にあるという点ではドゥンス・スコトゥスの説を踏襲する（*op. cit.* p. 493）。オッカムによってイデアは「認識された或る何かaliquid cognitum」（*op. cit.* p. 490）であり、「イデアは被造物そのものであるipsa creatura est idea」（*op. cit.* p. 488）とされる。したがって、イデアと被造物の間に類似・模倣関係はいっさい成立しないことになるのである（*cf. op. cit.* p. 492）。

先に指摘した〈神のもつ知〉から解き離された〈われわれが神についてもつ知〉という面を、オッカムによる神の「イデア」認識の説明という点からも窺い知ることができる。彼はドゥンス・スコトゥスのように神がイデアを認識するに至る過程を事細かに段階づけることを否定する。彼によれば「神は自分自身でも、実象的な何かでもなく、実象的でありうる何か［つまりは、イデア］を直覚するintuetur」（*op. cit.* p. 506）とされ、そのように直覚された「イデアは神によって産出可能な事物《もの》そのもの ipsæ ideæ sunt ipsamet res a Deo producibiles」(*op. cit.* p. 493) とされる。イデア認識の内部過程にまで這り込んでそれを説明するということが否定され、認識過程としてはそれ以上解明することのできない直覚として捉えられる。ドゥンス・スコトゥスの場合よりも、なおいっそう神のイデア認識が人間的ロゴスを超え出たものになっているのである。

ところでいま述べた「産出」ということが「範型」ということに連なる。彼は次のように述べる。つまり、「イデアは、注視している aspiciens 神の知性が、それに応じて被造物を産出する或る種の範型として立てられねばならない」(*op. cit.* p. 492) と。ここで「範型」というも、イデアは被造物そのものなのであるから、最早、被造物のモデルたりえない。「範型」ということによって示されることは、イデアが単に認識された何かではなく、産出に向けて認識された何かであることに他ならない。ここに「イデア」概念と「範型」概念の分裂を見出すことができるのである。[17] トマス・アクィナスによってまず「範型の形相」として摑まれたイデアが、オッカムにおいてイデアが〈範型〉として摑まれ、この〈範型〉は範型独自な意義内容を通しての範型としての役割を失う。中世的な「イデア」概念を人間的認識の場に適用するための第一の支障が創造という点にあることからするならば、この「イデア」概念と「範型」概念の分裂は中世的「イデア」説と近世的「観念」説の連関を捉える上での重要な点になる。もう一つ指摘されるべきことは、オッカムにおいて「イデアがイデアトゥムのイデア ideati idea」(*op. cit.* p. 485) とされ、イデアとイデアトゥムの間にまったく隙間を見出せないということである。先の分裂とこのことを勘案するに、〈あること〉とは別途に〈知ること〉について論究することの可能な地平が拓かれたことになる。神の知についての人間的な解明という場であるにせよ、近世的知識論の構図が用意されつつあると言えよう。

第四節　因果性　スアレス

ドゥンス・スコトゥスからオッカムへというわれわれの取り出した流れに対して、スアレスにおいてはむしろ存在論的な面が強く見出される。『形而上学討究 *Disputationes metaphysica*』（以下テクストとして［1597 Salamanca］；1866 Paris；1965 Olms を用いる）の関連する箇所を検討しよう。彼はまず「範型」から「イデア」へと入ってゆく。しかも、考察の中心は範型の「因果性 causalitas」の解明におかれる。スアレスは「範型という語とイデアという語を無差別に用いる」（*op. cit.* disp. 25, t. 1, p. 899）と述べる。彼は、この範型が神の知性のうちに「基体的ないし形相的に subjective seu formaliter」あるのか、「対象的に」あるのかという問いをまず第一に立てる（*op. cit.* sect. 1, 5, t. 1, p. 900）。ドゥンス・スコトゥスやオッカムと異なり、スアレスは後者を否定し、前者を肯定する。その理由として「認識されてある esse cognitum（*op. cit.* sect. 1, 15, t. 1, p. 903）というだけでは範型の範型たる所以を示しえないこと、「もし認識された対象がイデアであるならば、被造物そのものがイデアである」（*op. cit.* t. 1, pp. 903-904）ことになってしまう、ということが挙げられる。スアレスがオッカムと全く異なる立場に立脚していることは明らかである。この相違を、オッカムが神の知解を中心に据えつつイデアを捉えているのに対して、スアレスは被造物の原因を中心に据えつつ範型を捉えていると表現しうる。

スアレスによってこの範型は「結果として生ずべきものの実践的な形相的概念そのもの(18)」と規定される。範型は神の知性のうちに対象的にあるのではなく「形相的ないし内属的に inhaesive あり」（*op. cit.* t. 1, p. 907）、更に「範型の因果性は作用性に属する」（*op. cit.* sect. 1, 2 & 12, t. 1, p. 911 & p. 914）とされる。範型は被造物に対して作用因、もっと正確には「範型因 causa exemplaris」(*op. cit.* sect. 2, 17, t. 1, p. 916) の位置にある。このように、範型が「形相的概念」とされ、そこにイデア的側面が見出されるにせよ、スアレスにおいては、創造の因果性が中心問題とされ(19)、存在論的立脚点からイデアが範型として捉えられている。イデアと被造物との類似・模倣関係について加えれば、範型とその結果である被造物との関係は作用関係として捉えられるのであるから、ここに模倣ないし類似の這り込む余地はない(20)。というのも、先にトマス・アクィナスについて指摘したごとく、知るものと知られるものという関係なしには模倣も類似も成り立たないからである。しかし、スアレスにおいて範型は「形相的概念」として摑まれているのではないのか、と言われるかもしれない。ところがこの「形相的概念」においては、以下にわれわれが示すように、知るものと知られるものとの関係が排除されているのである。それゆえ、模倣・類似ということは「形相的概念」に吸収されたこととしてのみ、その限りでしか、酌量されえないのである。こうしたスアレスによる「範型」把握のうちに、丁度オッカムの場合と対称的な地点からの「イデア」概念と「範型」概念の分裂を看て取ることができる。「イデア」といい「範型」というも、ともに世界創造のいわば設計に係わることであるが、オッカムにおいてはこれが認識関係に基づいて解明され、スアレスにおいては産出・存在関係という方位のもとに解明される。そしていずれからも、「イデア」概念が神における認識関係に根をもち、「範型」概念が神と被造物との存在関係に深く係わるという結論が得られるのである。

さて次に、中世スコラ哲学における諸概念のうちでもデカルト的「観念」説と最もしばしば結びつけられるスアレスの「形相的概念」と「対象的概念」について検討しておかねばならない。この両概念を精確に捉えることには以下に述べることに起因する或る種の困難が付き纏うが、次のごとく解することができる。中世スコラ哲学における認識説の基本的テーゼとして〈感覚のうちに前以てなかった何ものも知性のうちにはない〉ということが挙げられることからも理解されるように、人間的認識の全体的流れは〈事物《もの》から知性へ〉という方向づけのもとに捉えられている。しかしだからといって認識するということが全き受動性として成立するとされているわけではない。この、認識する場合の知性にとってより本質的で能動的な働きの面がスアレスによって「形相的概念」として示される。能動的な働きといっても単なる作用ではない。与えられた何かを捉える概念装置をも含んでいる。「形相的概念」は知るという働きを終局にまでもたらすという点では知性の働きそのものであるが、知る働きのかたち、つまり、精神に孕まれてある概念 conceptus として「言葉 verbum」でもある。一方「対象的概念」は与えられた何かとして「形相的概念がその周りを廻る対象と質料」であり、そのように「形相的概念」に係わることによって「概念」と呼べることになる。また、それとともに「対象的概念」は「形相的概念によって認識される、ないしは、表象される」何かである。「形相的概念」が「精神に内属する性質 qualitas in menti inhærens」であり、「常に真」であるのに対して、「対象的概念」は「知性のうちに対象的にのみあり」「必ずしも真」とは言えないとされる(disp. 2, sect. 1, t. 1, pp. 64–65)。

　このことについて、フォンセカの説明を参照しながら補足を加え、事柄をより明瞭にしよう。フォンセカによれば、「形相的概念」は「事物《もの》を表出するために知性によって産出された、知解される事物《もの》の現実的類似」と規定される。この「形相的概念」が「それに従って事物《もの》が知解される形相ないし本性のもとに当の事物《もの》を表象する」のに対して「対象的概念は、形相的概念によって概念把握される形相ないし本性に従って、知解される何かである」とされる。[21] これを簡潔に言い直すならば、事物《もの》を真に表象する「形相的概念」が行使されることによって知解される、いわば二次的な何かが[22]「対象的概念」であると言える。スアレスの提示している例に次のごときものがある。「われわれが精神において人間を概念把握するために作り出す現実作用態 actus は形相的概念と呼ばれる。一方しかし、その現実作用態によって認識された人間は対象的概念と呼ばれる」(*op. cit.* disp. 2, sect. 1, t. 1, p. 65) と。もしわれわれが「人間」という概念を用いて、実際の〈人間〉について考えるとするならば、その概念が「形相的概念」に相当し、思われた《人間》が「対象的概念」に当たる。その概念である「人間」は「現実的類似」として常に真なのである。それに対して思われた《人間》は〈事物《もの》の側から〉の所与が「人間」という概念によって表象された事物《もの》ということになる。「対象的概念」は「形相的概念」によって表象されるが故に「概念」と呼ばれうるのでありつつも、所与としての性格を失うことがない。それゆえにまた「対象的概念」は学の対象にもなるとされるのである。[23] このように「形相的概念」、「対象的概念」という説明方式は一義的に理解することを困難にする点を含んであると言わざるをえないのである。この困難さを一言でいえば、〈事物《もの》から知性へ〉という方向づけのなかで、例えば「創造されざる光」のような神の「照明 illuminatio」に類することを抜きにして、知性に内容をもった能動性と、事物《もの》からの自立性を与えることの困難さであると解意されるのである。

第五節　断絶と連続

最後に、デカルト的「観念」説と以上において明らかにされた事柄との関連を考察することによってわれわれの結論としよう。デカルト的「観念」説との連関という視点から見晴らすとき、作用の面と概念としての面をともに具えたスアレスの「形相的概念」を「観念」に、「対象的概念」を「対象的レアリタス」に対応させて関連づけるのは誤りであるとしても、比較の二項として考究することは正当である。[24] とはいうものの両者の決定的差異を明確にしておくことなしには連関という視点も有効に働くことがあるまい。つまり、デカルト哲学において認識するということが〈知性から事物《もの》へ〉という方向のもとに、したがって当然のことながら「現実的類似」ということの否定のもとに、はじめて十全な説明方式を獲得するということである。一例のみを挙げれば、先にも示した〈感覚に前以てなかった何ものも知性のうちにはない〉というスコラ哲学における認識説の基本テーゼを顚覆せしめるという労苦がデカルト『省察 *Meditationes de prima philosophia*』の一つの基調をなしているからである。人間知性による認識ということを考察する場合の、この方向性の逆転こそスコラ哲学的認識説とデカルト的「観念」論の断絶を示しているのである。しかし、その一方、スアレスの「対象的概念」という把握によって、知性の働きには従属するが、知性に悉く汲み尽くされるのではない〈あり方〉、つまり「対象的にあること」が知性のうちに位置づけられ、しかも人間的認識の説明方式として適用されていることからするならば、そこにデカルト的「観念」説との連続面を見出すことができる。しかしながら、このことはドゥンス・スコトゥスにまで戻って捉え直され、はじめて明らかになることでなければならない。

このようにスアレスの二つの概念が、人間的認識の場に適用されているという点で、デカルト的「観念」説と関連づけられて検討されることに、或る有効性を認めることができるにせよ、スアレスに看て取られた存在論的思考様式に従った〈事物《もの》から知性へ〉という大きな圏域のなかでの錯綜を考量するとき、むしろ〈知性から事物《もの》へ〉という方向づけを必然とする神についての「イデア」説からの流れを追うことの方に、デカルト的「観念」説の解明という点でのいっそうの有効性を認めることができるのである。ドゥンス・スコトゥスやオッカムが神について論じた「イデア」説も、人間である彼らがその能うかぎりにおいて神の知ることの如何なることかを、純化の術を尽くして突き詰め、得られた思索なのである。「概念」理論よりも「イデア」説の流れを辿ることの有効性について更に付け加えるならば、トマス・アクィナスもドゥンス・スコトゥスもオッカムもスアレスも、プラトンに言及しているという点を指摘しておかねばならない。スアレスが述べているように、「イデア」は「神的イデアについて主要に論じられ、イデアという名辞は神的イデアの通り名として用いられている」(disp. 25, t.1, p.899) としても、プラトンへと戻って行くことのできる構えはいつも保持され、「イデア」という語を人間的事象に適用しても、この語の語としての誤用にはならないということは、彼らすべてに認められていたと考えられるのである。その点からすれば、デカルトが「イデア」という語を人間の知の成り立ちを明かすために用いても、拒否されないだけの伝統はあったと言ってよいであろう。[25] しかしながら、この「イデア」という語も〈知性から事物《もの》へ〉という探求の場も、われわれ人間の知ることの解明には適用されなかったのである。このことを可能にするためには、〈私〉が世界を対象化しうるという地平が打ち拓かれねばならなかったのである。

(1) R. J. HENLE, *Saint Thomas and Platonism*, ch. V, p. 358 (Nijhoff, 1956)「直続」としては *Sententiarum*, *De Veritate*, *Summa Theologiae*,「一部」としては *Summa Contra Gentiles* の場合が挙げられている。

(2) É. GILSON, *Jean Duns Scot*, ch. IV, sect.1 (J. Vrin. 1952). また、中川純男「イデアと観念　アウグスティヌスのイデア論」(『理想』第六三六号、一九八七年、四九頁–六〇頁) の冒頭にこの箇所が引用され、アウグスティヌス以前の思索から光を照射され、アウグスティヌスのイデア論が究明されている。

(3) 「ほぼ慥か」とわれわれが留保を示したのは、もちろんすべてのテクストについて確認できるような問題ではないということもあるが、照明説的認識説の立場から人間的認識の根拠として《idea》という語が用いられる場合もあるからである。たとえば、ROGER BACON, *Quaest. XI Metaph.*, p. 1. 11, 122-27 (JOSEPH OWENS, C.SS.R., *Faith, Ideas, Illumination, and Experience, in The Cambridge History of Later Medieval Philosophy*, 1982 Cambridge University Press, p. 449) に見出される《ydea vel species...》の場合。しかし、この場合にもイデアの本拠が神のうちに求められねばならないという点に変わりはない。また付け加えて注意しておかねばならぬことに翻訳上の問題がある。たとえば、上記論文集においても、時としてラテン語では《idea》ではない語が英語で《idea》と訳されることがある（*e. g.* MARTIN M. TWEEDALE, *Abelard and the Culmination of the Old Logic, op. cit.* pp. 152-153）。この紛らわしさに留意しておくことも必要である。

（4）デカルト的「観念」説の中世スコラ哲学に対する独自性に関するデカルト哲学側からの解明については、本書「第二部第三章」を参照。

（5）この*Sententiarum*についてはÉ. GILSON, *Index Scolastico-Cartésien*, 1912 Paris ; Burt Franklin, pp. 136-137によっている、その他のトマス・アクィナスのテクストについては、Marietti の版によっている。

（6）É. GILSON, *Le Thomisme*, p. 150 (J. Vrin, sixiéme édit. 1972).「神の技は完璧なのであるから、モデルと異なるものを造るというおそれはない」(*ibid.*)。*Cf.*「アクィナスは、神における《idea》について語ることが anthropomorphically（人に仮託して）語ること」に他ならないということを知っていた（F. C. COPLESTON, *Aquinas*, 1955-1977 Pelican Books, p. 102）。

（7）山田晶『トマス・アクィナスの《レス》研究』（創文社、一九八六年）参照。「神の認識対象となるべきものは神よりほかにありえない」（四三九頁）。「神は、神自身以外のものをすべて、しかも完全に認識する」（四四三頁）。

（8）山田晶、前掲書。「神の知はレスの原因である」（四五〇頁）。

（9）É. GILSON, Jean Duns Scot, p. 291 (1952 J. Vrin).

（10）この四つの段階を踏む神的知性によるイデア認識の成立過程については本書一〇七－一〇八頁を参照。

（11）そこではその他の人間的な認識能力として《sensus》、《phantasia》が挙げられている。

（12）《esse secundum quid, scilicet esse objectivum》イデアは神の知性に依存的なあり方をするが、イデアが「表象する repræsentare」ものは神の本質ではない。というのも、或るイデアと別のイデアは何らかの仕方で異なるイデアでなければならないからである。*Cf. Ordinatio I*, dist. 36, qu. unica, t. 6, p. 288 sq.

（13）*E. g.* MALEBRANCHE, *De la recherche de la vérité*, lib. III, p. II, ch. 1, sect. 1 ; LEIBNIZ, *Nouveaux essais sur l' entendement humain*, lib. II, ch. 1 ; LOCKE, *An Essay concerning Human Understanding*, Bk.II, ch. 1, sect. 1 (Title).

（14）以下オッカムについての引用はGUILLEMI DE OCKHAM, *Scriptum in Librum Primum Sententiarum* [*seu*] *Ordinatio* (*Opera Philosophica et theologica, Opera theologica*, t4 St. Bonaventure University, 1979) による。

（15）「神の知」における《scientia Dei》と《scientia de Deo》という「意味の二重性」については、山田晶、前掲書四三二頁―四三四頁参照。ここからトマス・アクィナスとオッカムとの差異するところをも学ぶことができる。

(16) *Cf.* DIETER HENRICH, *Der ontologische Gottesbeweis*, J. C. B. Mohr, 1967 そして JEAN-LUC MARION, *Sur la théologie blanche de Descartes*, P. U. F. 1981. デカルト哲学における「神」概念を精確に捉えるという問題定位に立つならば、渦巻く水流のただなかに入り行かねばならないが、見晴らし台（もちろん、これもまた人の手になるものであり、いつかは崩れる、あるいは崩さねばならぬものであるとしても、そこ）からの眺望と看做すかぎり、周知のこととして今はこのことを受け容れてよいと考える。

(17)「それらイデアは本来の意味では実践的 practicæ でも思弁的 speculativæ でもない。しかしながら、私が、制作者の精神のうちに造られた、と言う、その語り方 modus loquendi に従って、［それらイデアは］実践的である。というのも、つまりは、それらイデアによって為されるべきことごとについての知見 notitia が実践的なのであり、そのようにして神的精神のうちなるイデアも、それらイデアによって為されるべきことごとについての知見が実践的であるがゆえに、実践的と言われうるのである」(*Ordinatio*, lib. I, dist. 35, qu. 6, t. 4, P. 513)。「イデアが実践的であるのは、本来的ではない語り方ゆえにである quia non proprie loquendo sed improprie」(*op. cit.*, p. 522)。つまり、イデアにおいて神の視ることと為すこととが結び付くのは、本来的ではない語り方としてのことなのである。

(18)《conceptus ipse formalis praticus rei efficiendæ》(disp. 25, sect.1, 27, t. 1, p. 907). しかし「範型」が「裸の力能 nuda potentia」としての知性そのものとされているのではない。「表象する」という性質をもった「形相的概念」なのである(*ibid.*)。

(19) イデアは、また「実体を作り出すラティオ rationes...substantiarum factivas」(disp. 25, sect.1, t. 1, p. 902) ともされている。

(20) 神は「ものから認識を受け取るのではなく」(disp. 25, sect. 1, 20, t. 1, p. 905)、「自分自身を通してすべてを知り表象する」(*op. cit.* sect. 2, 17, t. 1, p. 916)。したがって、神にとって本文の以下に示す「対象的概念」は不要であることになる。

(21)《conceptus formalis nihil est aliud quam actualis similitudo rei, quæ intelligitur, ab intellectu ad eam exprimendam producta》(PETRUS FONSECA, *Commentariorum in Metaphysicorum Aristotelis Stagiritae Libros*, lib. IV. cap. 2, qu. 2, sect. 1, 1615 Köln ; 1964 Olms, t. 1, p. 710). また、《conceptus formalis》が《actus》であるのに対して、《species intelligibilis》

は《habitus》であるとされる。《conceptus objectivus》は精神が言表する名辞によって表象されるものである(*op. cit.* p. 711)。

(22) Franciscus Toletusは「形相概念」を「第一志向 intentio prima」、「対象的概念」を「第二志向 intentio secunda」とも呼ぶ(*Commentaria, una cum quaestionibus, in universam Aristotelis logicam*, in *Opera omnia philosophica*, 1572 Roma；1615/16 Köln：1985 Olms, t. I-III, p. 33)。

(23) 「ゆえに、この討究において、われわれは存在の対象的概念 conceptus objectivus entis を解明しようとする」(disp. 2, sect. 1, t. 1, p. 65)。

(24) 本書「第一部第一章第三節」参照。

(25) デカルト的「観念」説解明の手立てとしての有効性について別の言い方をすれば、アリストテレス―トマス・アクィナス系統の《intellectus agens》・《intellectus materialis (seu patiens)》の流れを追うよりも、プラトン系統の《idea》の流れを辿ることの方に多くの稔りを見込むことができる、ということである。

第二章　「観念」と「意識」

――『省察』から諸「答弁」への「観念」説の展開――

序　「意識」概念のふるさと

デカルト哲学を解釈するに際して実体・様態図式あるいは知識論的構図のどちらかが基底におかれることが多い。スコラ哲学と通底する実体・様態図式を基本座標に据えるならば、「意識 conscientia」の問題を扱うためには木に竹を接ぐかの如くに別の座標軸を設定しなければならなくなる。他方、カント哲学と通底させつつ知識論的構図だけで足場を組むならば、「実体 substantia」の処理に窮することになり、抹殺とまではゆかぬまでもその豊饒な意義を見失うことになる。更に、「意識」の問題も「実体」の問題をも稔り豊かなものとして解明しようとする際には、右の二つの立場の相克に苦しむことになる。このことは勿論、デカルト哲学を解釈する上での問題に留まるわけではない。〈私〉が世界に対峙していながら、しかも世界の内にこそ〈私〉の在処が見出されるということ、このことをどのように統括するのか。先の問題はここまで根を張っているのである。つまり、実体・様態図式と知識論的構図との関わりの問題はデカルト哲学の解釈という領域を超えて、デカルト哲学そのものに淵源する問題、更に敢えて言い添えれば、哲学の根本問題の一つと言えるのである[1]。この問題を解く鍵の一つがデカルト的「観念」説の展開、就中、「意識」概念の生じてきた地点の確定に秘められているとわれわれは考えるのである。

われわれは、デカルト的「意識」概念を従来の如く「思惟 cogitatio」に着目するのではなく、「観念 idea」についてのデカルトの見方の展開という視点から照明を当てることにする。[2] このことにはそれなりの理由がある。まず第一に、デカルト的「観念」説の展開過程のただなかでこそ「意識」概念のデカルト的故郷、延いては近代的「意識」概念の故郷が明らかになりうるからである。第二に、仕上げられているとは未だ言い難いデカルト的「意識」概念を解明しようとする場合に、できうる限り「意識」についてのわれわれの思い込みを排除しなければならないからである。そのためには「思惟」との連関という視点からではなく「意識」概念を明らかにして行く方が賢明なのである。そして第三に、その方がテクスト上での「意識」という語の使用に添った解明になるからである。後述する如く「意識」を巡る問題がそれとして表面化してくるのは諸「答弁」においてであり、何故そこでこのことが際立ってくるのかということは、「第二省察」における「思惟」あるいは「コギト」についての究明からは察知されないからである。要点を繰り返せば、何故「第二答弁・諸根拠」において「意識」の問題がそれとして顕在化してくるのかということは、専ら「思惟」に着目しつつ「意識」概念を論及する場合には看過されざるをえないからである。以上の理由からして、デカルト哲学において「意識」の問題がどのようにして生じてきたのかということは、その「観念」説の展開のなかで問われるべきなのである。

そこで先の課題を成し遂げて行くために、われわれは、『省察』本文からそれに付け加えられた諸「答弁」への「観念」説上の展開を追尾する。更に焦点を絞って言い直せば、『省察』本文的「観念」説の機軸をなす「事物《もの》の観念」という規定と、諸「答弁」的「観念」説を特徴づけている「思惟されるすべて」という規定との差異するところを探り、そこからして、デカルト的「観念」説の展開が「意識」の問題を切り拓かざるをえなかった経緯を明るみに出す。このことによってまた、実体・様態図式から知識論的構図への移行の問題、および両者の関連の問題に何らかの手懸かりが与えられるであろう。

第一節　『省察』本文から諸「答弁」へ

『省察』本文的「観念」説、あるいは諸「答弁」的「観念」説とわれわれは言ったが、しかし、両者の間にそのような異なりが見出されるのであろうか。先ず以てそのことが問われねばならない。このことは両者における「観念」説の比較によって答えられる他にない。そこで「第三省察」と「第三答弁」とにおける観念についての見方の比較にその緒を求めることにしよう。

そのような観点から両者を見て行く場合に、「第三省察」では観念についての論究から「意志 voluntas」が排除されていながら(AT. VII, 37)[3]、他方、「第三答弁」では「意志作用 volitio」が観念に数え入れられている（AT. VII, 181)、ということにわれわれは気づく。しかし、この二つのことは次の二点を考慮するならば、けっして矛盾的であるとは言えない。第一に、「第三省察」の当該部分において、たとえば「私は欲する volo」ということは「事物《もの》の像 rerum imago」プラス〈x〉として捉えられている。しかしだからといって、この〈x〉である「欲する」という思惟の働きについて、それの観念と言ってはならないと、そこで論決されているわけではない。この箇所で重要なことは「事物《もの》の像」とこのようなプラス〈x〉とを見分けることだと言える。言い換えれば、思惟作用ではなく「事物《もの》の像」を手懸かりに観念について模索して行くということが、ここでの骨子だということである。それ故、ここを以て「意志」が観念から排除されているという結論を得ることはできない。第二に、「第三省察」のこの部分は、観念を精錬し、仕上げて行く道筋の導入部に当たるということがある。それに対して「第三答弁」

では、当然のことながら、既に打ち樹てられた「観念」説の上に立って発言がなされている。したがって、この二つの発言を同じ水準において捉え、両者の間に矛盾を見るということは誤りだということになるのである。

それでは「第三省察」における観念についての把握と、「第三答弁」におけるそれとの間に齟齬をきたす点は見出されないのか。デカルト自身は両者の間に喰い違いを見てはいなかったと推測される。というのも、彼は「第三答弁」の当該箇所の直前で、「私は至る所で、しかも取り分けてもこの箇所で、観念という名前を精神によって直接的に知得されるすべてと解する nomen ideæ sumere pro omni eo quod immediate a mente percipitur ということを示している」（AT. VII, 181）、と述べているからである。(4) そうであるならば「直接的に精神によって知得されるすべて」という規定は『省察』本文における観念にも、当然のことながら、適合することになる。しかし、ここには問題が潜んでいる。というのも、「いわば事物《もの》のでなしには如何なる観念もありえない」（AT. VII, 44）という「第三省察」での規定と、「第三答弁」における「知得されるすべて」という規定とのもたらす差異を見逃すことはできないからである。

この差異の探査へと進む前に「事物《もの》の観念」という規定が『省察』本文における「観念」説の機軸をなすという点について要点だけを述べておくことにする。第一に、この規定は、観念から「像 imago」的含意が払拭され、〈何の観念か〉と問いを進める方向から、観念が何を表し象るのか、つまり〈何を表象するのか〉という問いへと問いの方向が転換され、更に、「対象的実象性（レアリタス）realitas objectiva」という概念も導入され、神の実在を証明するためのいわば道具立ての出揃ったところで与えられているということがある。そのような経緯からして「事物《もの》の観念」という規定を過渡的な規定と看做すことはできないのである。第二に、それどころか、この規定は『省察』本文的「観念」説を捉えて行く場合に欠かすことのできない規定であると考えられる。何故ならば「事《も》物《もの》の観念」として観念を導入することによって、神の実在と物体の実在を証明し、そのことによって外的対象の観念による認識が妥当であるということを明らかにするというのが、『省察』本文の大きな狙いの一つだからである。このことは「事物《もの》の観念」について考えて行く場合に、対象について観念の表象する内容を示す「対象的実象性」という概念が重要な位置を占めているということに結び付く。

そこで「対象的実象性」という概念を試金石としながら「事物《もの》の観念」という規定と「知得されるすべて」という規定とのもたらす差異を見て行くことにする。観念を「知得されるすべて」ないしは「思惟されるすべて」と規定する見地は「第三答弁」にのみ見出されるのではない[5]。われわれはこれを諸「答弁」的「観念」説における特徴的規定と考える。このように特徴づけられる諸「答弁」的「観念」説から見た場合に、「対象的実象性」という概念がどのような役割を果すことになるのか、ということを検討してみるのである。諸「答弁」的見地からするならば、「思惟されるすべて」は観念なのであるから、思惟内容を対象とする思惟、つまりは、観念を思惟するところの思惟も観念と呼ばれうることになる。そこで、私が神について思惟していると思惟する、という場合について考えてみることにする。この場合に、私は神の観念について思惟しているのであるが、これを〈思惟についての観念〉と呼ぶことにする。さてそのとき、神の観念の表す「対象的実象性」と神の観念についての思惟である観念の表す「対象的実象性」との間に差異があるのか、否か。

先ず差異がないとしてみよう。差異がないならば、神の観念と、神の観念についての思惟である観念は、同じ「対象的実象性」を有するのであるから、「事物《もの》の観念」として見られる限り、両者を分けることに実質的な意義は何もないことになる。またそれに伴って、思惟と思惟についての思惟にレヴェル上の差異を認める必要もこの限りではないことになる。なるほどデカルトは「第七答弁」で次のように述べている。つまり「それによって或ることを知る第一の思惟は、それによって以前に我々がそのことを知ったと知る第二の思惟と異なりはしない」（AT. VII, 559）、とである。しかし、このことによって思惟と思惟についての思惟にレヴェル上の差異を認めてはならない、ということが言われているのではない。もし、この箇所でそのような差異が否定されていると解するならば、「第六答弁」において「私が私において内密に意識する mihi intime conscius esse」（AT. VII, 443）とデカルトが述べる場合の、そのように意識することによって捉えられた「私の精神の観念」（*ibid.*）の有する「対象的実象性」はどのような表象内容として摑まれるのであろうか。もし、この観念が何かを表象するならば、それは〈私〉を表象しなければならず、そうであるならば、そこでは「対象的実象性」と「現実的ないしは形相的実象性 realitas actualis sive formalis」（AT. VIII, 41）とが重なってしまい、識別することができなくなるはずである。〈意識する私〉と〈意識された私〉とを「対象的実象性」上の差異によって区別することはできないからである。要するに、この場合に「対象的実象性」概念はその固有の役割を果しえないのである。また、「私の精神の観念」が、そもそも「対象的実象性」の度合いにおいて零度の観念だとしても、「対象的実象性」という概念がその固有の役割を果しえないところの観念を認めるという点では同断である。このようにみてくるならば、「対象的実象性」がその固有の働きをなす領域を認める限り、「事物《もの》の観念」と〈思惟についての観念〉に区別を認めざるをえない、ということになる。

また、神の観念と、神の観念についての思惟である観念とに「対象的実象性」上での差異があるとしても、後者の観念において、前者の観念の表す「対象的実象性」と異なる「対象的実象性」は零度になるか、あるいは、「現実的ないしは形相的実象性」と重なってしまうかのいずれかになるのであるから、先の場合と同じことになる。要するに、「対象的実象性」という概念が有効に機能する観念とそうではない観念とを区別せねばならない、ということである。言い換えれば、観念を「事物《もの》の観念」としてのみ捉える場合には、零度の「対象的実象性」をもつ観念は観念の内に数え入れられないということである。したがって、冒頭で問題にした「意志」を観念に数え入れるか否かということも、そこでの論旨、水準上の差異を超えて、この問題に係っていたと言えるのである。このことは「意志」が観念の内に含まれる場合には、観念が「思惟されるすべて」と摑まれていなければならぬことを示している。さて、次に問題になるのは、このような「第三省察」における「事物《もの》の観念」から「第三答弁」における「知得されるすべて」への移行は単に規定の拡張に留まるのか、ということである。この拡張によって新たな事態が生じてくるということはないのか。しかしいずれにせよ、以上のことから、少なくともこの二つの規定を同じ意義のものとして捉えることはできないということが確認できたと考える。

第二節 「第二答弁・諸根拠」

『省察』本文的「観念」説と諸「答弁」的「観念」説との差異へさらなる探りを入れるために、われわれは両者の結節点と目される「第二答弁・諸根拠」における観念の定義に検討を加えることにする。そこにおいて観念は「思惟の形相 cogitationis forma」と定義されている (AT. VII, 160)。われわれはこれを「第三答弁」における「知得の形相 perceptionis forma」(AT. VII, 181) という表現を手懸かりにして読み解くことができる。そこには「観念《イデア》」という語を用いた理由として、それがスコラの「哲学者達によって神的精神の知得の形相を意味するのに用いられてきた」ということが挙げられている。つまり、「観念《イデア》」という語を用いれば、身体の部分である「構像力 phantasia」に描き込まれた「物質的な事物《もの》の像 imagines rerum materialium」という含意を全く拭い去ることができる、というのである。こうして先に見たように観念は「精神によって直接的に知得されるすべてとして」（*ibid.*）規定されることになる。ここでの「知得」を先の「思惟」と区別して解すべき理由は見出されないのであるから、専ら神に関係づけられる中世スコラ的「イデア idea」も、人間精神についてのみ語られるデカルト的「観念 idea」も、「知得（ないし思惟）の形相」によって示される共通な面をもっていることがわかる。この共通な面についてその内容的理解を得るために、トマス・アクィナスについて要点のみを繰り返して述べれば次のようになる。彼の或る著作には「このイデアという名前は、それを似姿 similitudo として外に作品を作ることを企図している製作者によって知解された或る種の形相を意味する」と記されている。[7]「イデア」をこのように「或る種の形相」と捉えることは既にアウグスティヌスにおいても見出されるところであり、[8]トマス・アクィナスに特有な把握というわけではない。われわれが知ろうとしているこの「或る種の形相」の意味内容は、右の引用文からも看て取れるのであるが、トマス・アクィナス自身の言葉を用いて言えば「範型としての形相 forma exemplaris」[9]ということに示されている。換言すれば、「或る種の形相」たる「イデア」は、創られるもののモデルとして創られるものを表し象っていると言えるのである。「イデア」のこの表象という面は、ドゥンス・スコトゥスの「イデア」規定において重要な位置を占める「表象されてある esse repræsentatum」[10]ということからも看取される。デカルトがこのような中世スコラにおける「イデア」概念を「神的精神の知得の形相」と纏め上げるに際して、この「知得の形相」という表現のうちに、表象するという意味を少なくとも含ませていたであろうことは疑いえないのである。ところで、先に見た「諸根拠」における「思惟の形相」という表現に、ここでの「知得の形相」とは異なる意味を読み込まねばならぬ謂れもなかった。このように考えてくれば、観念の定義とされている「思惟の形相」とは〈何かを表し象っているところの思惟された限りでの表象〉を意味していることが判明するに到る。[11]

ところで、デカルトはこの「定義」において「思惟の形相」ということの次に、「それ〔つまり「思惟の形相」〕を直接的に知得することによって、私は当の思惟を意識する conscius sum」と記している。[12] ここには「思惟の形相」によって、われわれは当の思惟を「意識する」という構図が認められる。かくて観念を介して当の思惟が意識されるということになり、それ故に、観念なしには何を思惟しているのかわれわれにはわからないとされるのである。この「観念」規定のうちには、思惟の何であるかを表示する〈概念〉としての側面、もっと言えば〈範疇〉の如き働きをなすものとしての側面が見出されると言えよう。次に、「思惟の形相」についてのわれわれの読み取りと、右の箇所の読解とを重ねてみれば、観念とは〈何かについての表象であり、しかも何の表象かをも表示しているところの表象である〉と言えることになる。この〈何かについての表象〉と〈何の表象かを示す表象〉との差異は、先に論じた「事物《もの》の観念」と〈思惟についての観念〉との差異に精確に合致する。そしてこのような差異の生じてきた地点に「意識」ということも問題圏域に姿を見せるに到ったのである。

この「定義」に関して試みておかねばならぬことが更にもう一つある。それは〈表象〉とわれわれの述べた部分に〈思惟〉を置き換えてみることである。つまり、観念とは〈何かについての思惟であり、しかもどのような思惟かという思惟内容をともに表示する思惟である〉としてみるのである。このような置き換えによって第一にわかることは、当然のことながら、「思惟の形相」における思惟が思惟作用ではなく思惟内容と解されるべきだということである。言い換えれば、「思惟の形相」は、思惟作用の「形相」つまり思惟作用の何たるかを示す「形相」ではなく、思惟作用によって摑まれた「思惟の形相」つまり思惟内容の何たるかを示す「形相」と解されるべきだということである。次にわかることは、この置き換えの後では、「形相」という語によって示されていた事物《もの》を表し象るという面が表現上から消えてしまうということである。これが消えてしまうならば、表現の上では観念を「知得されるすべて」あるいは「思惟されるすべて」とする規定と異なるところが見出されなくなる。これを約言してみれば、「事物《もの》の観念」という規定が〈思惟についての観念〉という境地に吸収されてしまうということである。このことによって実はまた、事物《もの》についての思惟内容だけではなく、対象化された思惟作用をも思惟内容として観念に数え入れる手立ても得られるのである。このワン・ステップを以てデカルトは、「第五答弁」の言を用いれば、観念を「思惟されるすべてにまでおし及ぼす」(AT. VII, 366) ということになると言えよう。それとともに、観念の〈概念〉としての側面が浮き上がってくることになるのである。このようにして「おし及ぼ」されてしまった後の視点から振り返って見るならば、「思惟の形相」という表現は「ものの観念」という規定と〈思惟についての観念〉という規定とを包括的に提示していることが諒解される。これを要するに、「諸根拠」における観念の定義は、「事物《もの》の観念」という規定から「思惟されるすべて」という規定への移り行きの結節点をなしつつ両者へと伸び拡がっているということになる。

第三節　「事物《もの》の観念」と「思惟の形相」

かくしてデカルト的「観念」説における中心的規定は、「事物《もの》の観念」から「思惟の形相」を宿駅として「思惟されるすべて」へと行き着いたのであるが、この展開は一体如何なる事態を示し、「意識」の問題とどのように連なり行くのか。このことを次に探査してみることにする。そのためにわれわれは、諸「答弁」には見出されず、『省察』本文にのみ現れる「私自身の観念 idea mei ipsius」という表現に注意を集めることにする。何となれば、この自己再帰的に解される表現の扱いに「意識」を巡る諸問題の露礁の一端が発見されると、あるいは想われかねないからである。そこで『省察』本文におけるその用例を追跡してみると、先ず「私自身を私に表示する観念[idea] quæ me ipsum mihi exhibet」が、神の観念、物体の観念、天使の観念、他の人間の観念などと同列に置かれているのにぶつかる（AT. VII, 42-43）。次に「私自身の観念」は石の観念と実体を表すという点では一致する観念であるとされている（AT. VII, 44）。第三に、「思惟するものである限りにおいての私自身の明晰かつ判明な観念を私はもつ」とされる場合の「私自身の観念」とは、「延長的実体」の観念と対置される「思惟的実体」の観念である（AT. VII, 78）。要するに『省察』本文における「私自身の観念」は、その用例からするに「事物《もの》の観念」の一つと看做されざるをえないのである。そのようにして「私自身の観念」が思惟的実体の観念と全面的に重ね合わされて、前者の観念が「対象的実象性」を有すると見留められるならば、その観念は先述した如く、実体の観念としては「対象的実象性」をもち、かつ、〈私〉の観念としてはこれをもたぬということになり、まことに奇妙なことになりそうに想われる。このように仮想された場合に生ずる疑念はそれに留まってはいない。もし、右の如き同一視が〈私〉と他の実体的存在者との全面的同化にまで到るとすれば、まさしくデカルトによって開示された、実体としての〈私〉をも含めて世界全体を対象化しうるという〈私〉の存在者としての独自性は宙に浮いてしまうことになりそうに想われるのである。

このことは当然のことながら、「コギト」解釈に関することであるが、差し当たっては迂路を辿っているわれわれとしては、当面この点に没入する必要はない。ただ次のことだけはここで指摘しておかねばならない。たとえば、「私には見えると思われ、聞こえると思われ、暖かいと思われる videre videor, audire, calescere」（AT. VII, 29）という表現を読み解くには、〈私〉をも対象化しうる視点を確保しておかねばならないということである。更に重ねれば、『省察』本文中でも「もしそのような力が私の内にあるとしたならば、疑いもなく私はそれを意識しているはずであるconscius essem」（AT. VII, 49）という表現に出会われることからも察せられるように、所謂〈自己意識〉の問題は生じている。しかし、『省察』本文においてはこの問題系は観念を巡る問題系と未だ出会ってはいないし、「意識」の問題として顕在化してきてもいないのである。そのことはまた、『省察』本文中においては「私自身の観念」を〈思惟についての観念〉として、あるいは一層鮮明に言い直せば、〈私〉という根本範疇として明示する手立てが未だ得られていないということでもある。これこそ先なる仮想の不成立の証となる主要点なのである。つまり、『省察』本文における「私自身の観念」は世界における実体としての〈私〉の位置測定に寄与する観念であり、右に述べた〈私〉の存在者としての独自性の表現にはなっていないのである。そこでの「私自身の観念」という捉え方は「意識」の問題を惹起してはいない。そこにおける「私自身の観念」は「事物《もの》の観念」として「対象的実象性」を表しており、この概念が有効に機能しない〈思惟についての観念〉として表明されてはいないのである。

それでは何故、『省察』本文において「意識」と観念は一つに連なる問題系として把握されていないとわれわれは言い切ることができるのか。この問いには「事物《もの》の観念」という把握が実体・様態図式に枠づけられているということから答えられる。「事物《もの》の観念」の「事物《もの》」という契機を際立たせる「対象的実象性」概念が実体から様態へという「事物《もの》」の度合い上の段階との対応のもとに捉えられていることは最早言うまでもあるまい（AT. VII, 40）。それだけではなく『省察』本文において観念は「思惟の様態」という位置を与えられている（AT. VII, 37, 40, 41）。ところが、観念が「思惟の様態」として捉えられる限り、先に述べた〈思惟についての観念〉は〈思惟の様態についての様態〉ということにならざるをえない。しかし、〈様態の様態〉という捉え方が実体・様態図式の枠内に納まり難いことは明らかである。実体・様態図式の枠内に留まる「観念」説においては、〈私〉が思惟しているその思惟を観念として摑むことはできず、「私自身の観念」も「人間的精神の観念」(AT. VII, 53) と同列に「思惟の様態」として扱わざるをえないのである。要するに「意識」の問題も、〈思惟についての観念〉も、実体・様態図式を基底とする「観念」説の枠内では語られえないのである。

ところで他方、諸「答弁」には観念を「思惟の様態」と規定している箇所は見出されず、先に見極めた如く「思惟されるすべて」が観念の基本特徴とされている。この見地からするならば、たとえば「私が欲するとき……同時に私は私が欲していることを……知得する」(AT. VII, 181) と述べられる場合の、この知得されるところの〈欲している私〉は、〈私が欲していること〉をも対象化して捉えていることになる。このことを実体・様態図式にのみ則って捉えきることはできない。もし、この際にも「私自身の観念」と言えるならば、それは「事物《もの》の観念」ではありえず、「事物《もの》の観念」について思惟している〈私〉の観念、言い換えれば〈何らかの観念について思惟している私の観念〉ということになる。ところがこの場合に、デカルトは最早「私自身の観念」とは言わないのである。その理由としてわれわれは、観念の観念を繰り返すことは無限遡及の途に踏み込むことになり、その途には何の成果も期待できない、ということを挙げうる。[13] 観念の観念の如く問い進んでも観念を対象化して観念として捉える働きは、常に途外に望まれるだけなのである。つまり、「意識」の諸問題は観念の問題系によってはそもそも処理不可能なのである。しかしそれでは、われわれは観念の問題と「意識」の問題との出会いを一体どのような地点に確認したのか。それは明らかに〈思惟についての観念〉という地点であり、デカルト的「観念」説の展開過程という視角からみれば、「思惟の形相」という規定においてであった。そこにわれわれは「事物《もの》の観念」と〈思惟についての観念〉との出会うところを、更に言えば、〈対象認識〉がその実在的基盤を保証された上で「事物《もの》の」という規定が不要になる様を目撃したのであった。[14] また観念の範疇的働きをなす側面もそこで顕になったのである。

「思惟の形相」つまり思惟内容の何であるかを示す形相、これによって成立する認識を〈形相認識〉[15]と呼ぶならば、〈対象認識〉の実在基盤の確立によって事態は〈形相認識〉のレヴェルに到ったと言えよう。この〈形相認識〉と「意識」との連関について言えば、〈形相認識〉が成立するためには思惟内容を対象化できなくてはならないということがある。思惟内容について何かが語られうるのでなければならないのである。要するに、〈形相認識〉がそれとして成立していることを明示するためには、「意識」によって思惟内容を対象化しているという事実が事実として認定されねばならないのである。こうして示されることになる思惟内容は最早「事物《もの》の観念」という規定の枠内には納まりえず、知の知として、しかし「事物《もの》の観念」をも包摂する規定としては「思惟されるすべて」と把捉されねばならない。思惟内容を対象化するというこの地点にこそデカルト的「意識」概念成立の発端が見出されるのである。「意識」を巡る諸問題が観念についての問題系からは処理不可能なのもこの故なのである。このような「意識」こそわれわれが先に〈当の思惟を意識する〉という構図を摘出した際の「意識」なのである。

第四節　意識の発生場

以上によって、デカルト的「観念」説の展開過程における「意識」概念の発生地点は、『省察』本文中に胚胎されていた知識論的構図が顕在化するまさしくその地点であることが諒解されたであろう。この経緯を今一度纏め上げながら、結論として得られるところをなしうる限り明らかにしてみよう。「事物《もの》の観念」とは、われわれが〈対象認識〉と呼ぶ〈私の外に実在する extra me existere〉事物《もの》についての認識を解明するための説明方式である。観念が〈何を表象するのか〉という点を核心にしつつ「事物《もの》の観念」として捉えられることによって、神の実在、更には物体の実在を証明し行くための「或る他の途が」(AT. VII, 40) 切り拓かれた。そして神の実在が証明されることによって〈対象認識〉の実在的基盤も盤石になる。一度この実在基盤が確保され「事物《もの》の観念」たる観念と〈私の外に実在する〉事物《もの》との間に回路が開かれるや、われわれは観念に着目しながら事物《もの》についてその真理を語りうることになる。このように「事物《もの》の観念」を機軸にして対象である事物《もの》についてその真理を語るという語り方は、『省察』本文にあっては実地に示されているとしか言いえない。というのも、この語り方について更に語るためには〈思惟についての観念〉というレヴェルに身を置く他にはないからである。つまり、このことは実体・様態図式においては語られえぬことであり、これを語り出すためには知識論的構図にのって観念が「思惟されるすべて」と攫まれねばならないからである。〈対象認識〉において存立するいわば一階の思惟内容についてその仕組を提示するためには、これを更に対象化して捉えるところの知の知が成立しなければならないのである。このような知の知を立脚地とする〈形相認識〉への展開は、観念が「思惟の形相」と規定されたその地点で姿を露にした。更に〈形相認識〉の発動が「事物《もの》の観念」をも対象化して捉えているという事実に支えられていることが明らかになった。この事実が「意識」として攫まれたのである。以上の『省察』本文から諸「答弁」への展開は、前者において実地に示されたことについて、後者においては諸「反論」を機会に、語ることが求められるに到ったというようにも看做されうるのである。さてこのように「事物《もの》の観念」から「思惟されるすべて」へと「観念」説が展開して行くことによって、そのように攫み直されたときの観念はどのような面を浮き出させ、明確化した「意識」概念とはどのような内容をもっているのか。

〈形相認識〉における観念は〈思惟についての観念〉として思惟作用をも含めて、いわば二階の思惟内容を表示する。この面をいっそう判然と表すならば、「概念 conceptus」ないしは「基礎概念 notio」と言い直すことができる。[16] こうして顕になってきた観念のこの面を、われわれは思惟内容を識別しつつ表示する範疇的把握と解することができるのである。[17] もう一方の「意識」についてはどうかと言えば、諸「答弁」において「思惟ないし、知得ないし、意識」(AT. VII, 176) と述べられていることからも垣間見られるように、思惟の「意識」としての面は未だそれとして確定的な表現を得ているとは言えない。そればかりでなく「コンスキエンティア conscientia」という語が「良心」の意味に用いられている箇所も諸「答弁」のうちに見出される (*e. g.* AT. VII, 525, 527)。しかし諸「答弁」におけるその他多くの用例[18]がわれわれに教えているのは、後の『真理の探究』における「意識ないしは、内的〔自〕証知 internum testimonium」(AT. X, 524)、われわれの通常の了解からすれば、つまるところ〈自己意識〉[19] こそがデカルト的「意識」概念の根差すところだということである。このような「認識」概念がデカルト的「観念」説の展開過程のただなかから、しかし、その「観念」説の枠には塡らぬものとして生じてきたのである。ここにまた近代的「意識」概念の故郷も見出されるのである。[20]

　このようにみてくるならば、実体・様態図式と知識論的構図の区別と連関も既にして明らかであろう。両者は「意識」、それも自らの思惟を対象化しているという意味での〈自己意識〉の成立によって区別され、両者は前者において語られた語り方について更に語るという点で連関づけられているのである。別の角度から言うならば、外的対象についての観念による認識の妥当性を示すためには、「事物《もの》の観念」として観念が導入されねばならない。しかし、「事物《もの》の観念」としてのみ観念を捉えるのでは〈私〉という存在者の独自性を「観念」説との連繫のもとに明らかにすることはできない。われわれは日々（相対的な意味においてであれ、特別な場合に絶対的な意味においてであれ）それだけで実在する事物《もの》を前に立てながら、その事物《もの》についてかくかくであると語り、そのように行為する。日常的なこの営為は、知の成立を語る場合に総じて譲ることのできない点の一つであることをデカルト哲学は教示している。実体・様態図式を何らかの足場にすることなしには、そしてそこで〈対象認識〉の実在的基盤が得られるのでなければ、知の成立について語りえないということである。他方、実体・態様図式の枠内に留まる限り、われわれの日々の言表および行為を対象化してその機制を解明するという場の成り立ちについて語ることができない。これを可能ならしめるためには「意識」を事実として摑み、知の知の成立場を明示しなければならないのである。〈私〉とは世界の内に実在し、世界をも〈私〉をも対象化する主体だということは、このような事態を示しているのである。このことがまたデカルト哲学の核心をなしているとわれわれは考えるのである。

（1）ここで「実体・様態図式」とわれわれが呼ぶのは、《ens per se》たる「実体」と《ens per aliud》である「様態 modus」を基本項に設置する存在論のことである。たとえば、R. A. WATSONは、デカルト主義の定位するところを実体・様態図式の上に成立する「存在論的パターン」と捉え、デカルト主義の失敗の源をそこにみようとする（*The Downfall of Cartesianism 1674-1712*, Nijhoff 1966, p. 5 & p. 118 etc.）。彼によれば、この「存在論的パターン」と「観念の途 the way of ideas」とは出会うことがないのである。他方、知識論的構図が下敷にされる際には、デカルト的《ego》の重要な一面が「超越論的自我」として解されることになるが、この場合にはデカルトによる《ego》の実体性の主張に衝突することになる。以上の基本的な問題設定については、所雄章著『デカルト　II』（勁草書房、一九七一年、第一版）によって切り拓かれた解釈の地平に多くを負っている。なお、われわれが「存在論」と「認識論」の対立というかたちで議論を提示しなかった理由について言い添えておけば、「存在論」では限定力が失われるからであり、また「主観」と「客観」の対立を前提にするような表現を避けるためでもある。

（2）*E. g.* F. ALQUIÉ, *La découverte métaphysique de l'homme chez Descartes* (P. U. F. 1966, pp. 188-189); G. RODIS-LEWIS, *L'Œuvre de Descartes* (Vrin 1971, p. 240 sq.)

（3）デカルトのテクストからの引用はすべてAT版に準拠し、巻数と頁数を合わせて記す。

（4）「第三反論」の筆者ホッブズ（HOBBES）は「第三省察」三七頁について問いを提出している。したがって、「答弁」における「この箇所で hoc ipso in loco」ということによって「第三省察」が念頭におかれていることは慥かであると考える。

(5) *Cf.* AT. VII, 366: à MERSENNE 28-1-1641, AT. III, 295; 16-6-1641, AT. III, 383; juillet 1641, AT. III, 392。

(6) この箇所をF. ALQUIÉは、デカルトにとって「対象についての意識と自己についての意識」に「本質的差異」がないことの表明と解している（*Descartes, Œuvres philosophiques*, éd. de F. ALQUIÉ, Garnier 1967, t. II, p. 1071, n. 1）。彼によれば、デカルトの「意識はすべてを観念に還元する力であり」、また、「意識は自由であり」、更には「精神は意識である」とされる（Expérience ontologique et déduction systématique dans la constitution de la métaphysique de Descartes, dans *Descartes*, Cahiers de Royaumont, Philosophie No. II, Les Éditions de Minuit 1957, p. 16）。このように解されるならば、デカルト的「意識」は捉えどころのない闇に化してしまうであろう。

(7) THOMAS AQUINAS, *Quaestiones Quodlibetales*, IV, qu. 1, art. uni., Resp.

(8) AUGUSTINUS *De Diversis Quaestionibus LXXXIII*, qu. 46, 2.

(9) THOMAS AQUINAS, *Scriptum in IV Libros Sententiarum*, lib. I, dist. 36, qu. 2, art. 1 (par É. GILSON, *Index Scolastico-Cartésien*). *Cf. Sum. Theol.*, p. I, qu. 15, art. 1 & 3.

(10) DUNS SCOTUS, *Opus Oxoniense*, lib. I, dist. 36, qu. unica, n. 10.

(11) このことはまた、「観念そのものは或る種の形相であって、如何なる質料によっても構成されていないのだから、観念は、何かを表象するという限りで考察される場合にはいつも、質料的にではなく形相的に解される」（AT. VII, 232）という記述からも裏付けを得る。こうしてわれわれは、ここでの「形相」に「表象的性格 caractère représentatif」を読み取るÉ. GILSONの解釈を正しいものと見定めたことになる（*Discours de la méthode, Texte et commentaire*, Vrin 1925, p. 319）。

(12) 〔 〕内は筆者による補足である。以下においても同様。

(13) 「あなたが知るということをあなたは知るということを、あなたはどうして知るのか」（AT. VII, 173）というホッブズの反論への答弁（AT. VII, 175 sp.）、また、AT. VII, 422 参照。*Cf.* SPINOZA, *Tractatus de intellectus emendatione (Opera*, hrag. von C. GEBHARDT, t. II) pp. 14-15 & J. M. BEYSSADE, *La philosophie première de Descartes* (Flammarion 1979) p. 248.

(14) 「私が自分の内にもつ観念を介してでなければ、私の外にあるものについてどんな認識ももちえない」（au P. [GIBIEUF] 19-1-1642, AT. III, 474）。観念による〈対象認識〉の妥当性が「事物《もの》の観念」に基づいて保証されるならば、後は観念に注目すればよいことになる。

(15) 〈形相認識〉という表現は、黒田亘著『経験と言語』「第六章 形相認識と経験」(東京大学出版会 一九七五年)に負っている。われわれによるこの語の使用は前掲書におけるそれと基本的に同方向であると考えるが、その点に固執するものではない。

(16) 《idea sive conceptus》(AT. VII, 166, 194, 441);《idea sive notio》(AT. VII, 422, 440)

(17) 無論、「観念」が〈私の内にある〉という心的な面を示す把握であり、他方「概念」ないし「基礎概念」が公共的知の地平を示す表現であるという差異を無視することはできない。

(18) 《conscius esse》を含めて AT. VII, 107, 160 (2), 176 (2), 232, 246 (4), 247 (2), 352, 427, 439, 441, 443, 568.〔559は「良心」とも「意識」とも解しうるであろう。〕

(19) この点でわれわれは、所雄章著前掲書一二二頁以下に示されているデカルト的「意識」についての把握を追認したことになる。本論の独自性は「意識」問題を「観念」説の展開過程のただなかから抽き出したという点に由来する。このことによって、デカルト的「観念」の〈あり方〉をより鮮明に提示しうるようになるであろうし、「デカルト的体系の二重性的構造」(前掲書、たとえば一二〇頁)として摑まれた事態を再解釈する途を開くことができると考える。

(20) 「自証知 témoignage」ないしは「内的感得 sentiment intérieur」という「意識 conscience」の捉え方は LOUIS DE LA FORGE (*e. g. Traité de l'esprit de l'homme, dans Œuvres philosophiques* P. U. F. 1974, pp. 133-134) によっても、N. MALEBRANCHE (*e. g. De la recherche de la vérité*, III. I-I, § 1, t. I, p. 382, III-II-VII, § 1, t. I, p. 448; III-II-VII, § IV passim; VI-II-V, t. II, p. 366; *etc. Œuvres complètes*, Vrin-C. N. R. S. 1961-1977) によっても、P. -S. RÉGIS (*e. g. Cours entier de philosophie*, lib. I, p. I, ch. 1, p. 68; Dictionaire des termes propres à la philosophie; etc. Amsterdam 1691) によっても、採用されることになる。更に言えば、辞書的意味にもなる (*cf.* G. (RODIS-) LEWIS, *Le problème de l'inconscient et le cartésianisme*, P. U. F. 1950, p. 112, n. 2)。また、本論では論及しないが「意識」と「反省 reflexio」の関連については、G. RODIS-LEWIS, *L'Œuvre de Descartes*, p. 240sq. 及び *Le problème de l'inconscient...*, *e. g.* p. 116 の解釈を正しいと考える。*Cf.* A. ARNAULD, *Des vraies et des fausses idées*, ch. VI (*Œuvres*, t. 38, p. 204)

第三章　「本有観念」と「観念」の本有性

序　「本有観念」への視点

「本有観念 idea innata」についてのデカルトの思索は三点から照射されねばならない。観念と本有観念と観念の本有性とである。デカルト的「観念」説は『省察』から「諸答弁」へと展開し、新たな境地に到る。それに対して観念の本有性についての見方は『省察』以降異なる段階に立ち到ることはない。他方、本有観念は薄皮を剝ぐように知識の底へと向かって行くばかりである。デカルト的「本有観念」を解明しようとする際に、これら三点の連繫から錯綜が生み出される。なしうるかぎりこの錯綜を解きほぐしつつ、知識の成立に関して本有的なものを求めるということがどのような営みであるのかということ、および、デカルトが本有観念ということで主張しようとした核心は奈辺にあるのかということを明らかにして行こう。われわれの論述は『省察』から、「諸答弁」および一六四一年に書かれたと目される一群の書簡、さらには「掲貼文書への覚え書 *Notæ in Programma*」へと進む。その場合にとりわけても警戒しなければならないのは、デカルト以降の「本有観念」を繞るさまざまな論争から生み落とされた、いわば不純な要因の混入である。われわれは論述の進行のなかで能うかぎりこの要因を排除して行く(1)。

第一節　『省察』における「本有観念」

論究の出発点は「第三省察」における所謂〈観念三分類〉説（AT. VII, 37-40）に定められる。ここでの表立った主題は次の点にある。すなわち、「外来観念 idea adventitia」という説明方式によっては外界との回路を切り拓くことはできない、ということを明示する点である。それ故に、本有観念については「私の本性それ自体から得られる、と私には思われる videor」（AT. VII, 38）としか語られていない。「事物《もの》 res とは何であるか、真理とは何であるか、思惟とは何であるか」が本有観念の例として挙げられている。しかし、他の例であってはならないというここに固有の謂れは、明白さ以外にはない。〈観念三分類〉説の主眼点は、すべての観念を本有観念、外来観念、「作為観念 idea a me ipso facta」に分類することにはない。そうではなく、観念形成の起源についての不確定性および事物《もの》と観念との類似の不確実性を露呈せしめ、そのことによって「事物《もの》の像」としての観念把握を廃棄し、観念を神の実在証明の論証場として錬り上げるという点に、〈観念三分類〉説の果すべき役割はある。(2) このことによってまた、事実として〈私〉の内に神の観念が見出されるならば、観念形成の起源への探索行とは別に、その観念に基づいて神の実在証明が可能である、ということが示される。「第三省察」における第一の神の実在証明は、観念の表象する「対象的実象性 realitas objectiva」（AT. VII, 40）の度合い上の大きさによって導かれる。そこではたまたま〈私〉だけが神の観念をもっているのであっても何らの支障もない。神の観念の表象するところに従って証明が遂行されるのである。

しかし、神の観念を〈私〉がもともともっているのだとしたならば、そしてこのことによってどの〈私〉ももともともっているということが含意されるならば、証明はさらに強力な支えを得ることになる。二つの神証明が終えられて「残っているのはただ、如何なる仕法ratioをもって私は神からその観念を受けたのかを吟味すること」(AT. VII, 51) である。神の観念は、少なくとも、眼の前に何ものかがあり、それを見ることによって取得されるような観念ではない。或る絵を観るたびに神へと想いを馳せる人があったとしても、神の観念は視覚像ではないのであるから、その人が見ることによってのみ神の観念をもったことにはならない。「感覚的な事物《もの》が感覚の外部器官に立ち現れる」(*ibid.*) のは、或る時に或る場所で、たとえば〈山楝蛇を見る〉ということとしてである。これに対して、〈私〉が神を思惟しようとする際には神の観念はいつでも既にそこにある。そればかりではない。〈私〉は神の観念から「何も引き去ることができず、何もそれに付け加えることも全くできない」(*ibid.*)。〈私〉がその観念に何らかの欠陥を付け加えるならば、それが神の観念ではなくなるということを〈私〉は知っている。〈私〉はそうしようとすればいつでも神を思惟することができる。しかし、その観念は〈私〉の思惟のままにすることのできる観念ではない。「以上を要するにこの観念は、私自身の観念が私に本有的であるのと同様に、私に本有的であるということになる」(*ibid.*)。

　指摘しておかねばならぬことが三つある。第一は、「私自身の観念」の本有性が議論の余地なく認められているということである。神の観念がそうであったように「私自身の観念」も、〈私〉が〈私〉について思惟しようとする際にはいつでも既にそこにある。〈私〉は〈私〉をどのようなものとしても構想できる。しかし、どのように構想されようとも、構想された〈私〉が〈私〉であることを〈私〉は知っている。そのような「事物《もの》の観念」(AT. VII, 44) としての「私自身の観念」はどのようにしても作為されえない。神の観念と「私自身の観念」とが本有的という点で同じであるならば、逆に今述べたことと同じことが神についても言えねばならない。神がどのような事《も》物《の》と構想されようと神は神である。しかし、〈私〉を〈あなた〉として構想できないのに応じて、神を有限者として構想することはできない。したがって、神が無限であるからその観念が本有的であるのでも、神が〈私〉の作者であるからその観念が本有的であるのでもない。神の無限性とその観念の本有性とは別のことである。本有的ということはあくまでも「私の内にある」観念の問題であり、観念がそうであるようにわれわれの知識の機制に係わることなのである。

これに伴って第二に指摘せねばならないことは、神が「その観念を私に植え込んだ mihi indidisse」(AT. VII, 51) ということは、観念の本有性を示す規定にはならないという点である。神の観念が本有的であることを「植え込まれた」と表現してもよい。しかし、植え込まれたから本有的であるとは言われていないのである。(3) 本有観念で遺伝子の如き身体的な事柄が連想されてはならないのは当然である。それだけではない。神がわれわれの内にその観念を植え込んだかどうかについてわれわれは信じることしかできない。それ故にまた、神の観念が本有的であることから神の実在を論証することもできない。およそどのような事物《もの》の観念についてもこのことは妥当する。観念の本有性の意義はどのような実在連関のうちにも求められてはならないのである。(4) 第三に指摘されるべきは、ここでも「感覚的な事物《もの》の観念」(AT. VII, 51) が外来観念であるとは論定されていないということである。神の観念の本有的性格を際立たせるために引き合いに出されているに他ならない。「第三省察」において〈観念三分類〉説は或る事柄を浮き出させ、精確に捉えるための道具立ての役割を果しているのである。

このことは〈観念三分類〉説的図式の透かし見られる「第五省察」についても言える。着目すべきは「延長」、「運動」、「数」などの「物質的な事物《もの》の本質」に係わる観念が問われている部分 (AT. VII, 63-65) である。これらの観念の特徴は次の三点に纏められる。第一に、「私によって或る意味で随意に思惟されはするものの、しかし私によって作り出されるのではない」こと、第二に、「私の精神に依拠しない不変にして永遠なる或る規定された本性ないし本質ないし形相のある」こと、第三に、「感覚器官を通して per organa sensuum 外的な事物《もの》から」到来したのではないこと（AT. VII, 64）である。「想起するかのように」（*ibid.*）思われるのも、先の諸観念がこのような特徴を具えているからなのである。[5] 第二の特徴を出発点にして観念の本有性に探りを入れることにしよう。

何らかの図形を表象する観念は先の如き本質を具えており、その本質は〈私〉の思惟のままにならない。その意味で、この観念は「私によって作られた」のではない。平面上に描かれる三角形について考えるとき、〈私〉はその内角の和を一八〇度ではないと考えるわけにはいかない。このことは、問われたときに〈私〉が誤ってそれを一六〇度と答えたり、三角形そのものについて何だかわからないと答えたする、そのようなことの起こりうる場合を排除しはしない。〈私〉はいつかは三角形の内角の和は一八〇度であるという知に到達し、そこで安定する。学校であるいは他人から教えられたからなのであろうか。〈私〉にとってそのように教えられたから三角形の内角の和は一八〇度になるのだとは思えない。というのも、幾何学を学んだことのない人にとって三角形の内角の和が一八〇度ではないということが、どのような意義をもつのかわからないからである。〈私〉がそのことを教えられずに見出すという場合を想定することも勿論できるであろう。この種のどのような想定をするにせよ、一定の言語使用を前提にしなければならない。そうでなければ想定は空疎になる。しかし、教育内容や言語習得過程のどこをどう探しても〈三角形の内角の和は一八〇度である〉という記述ないし言表が見出されないという場合は想定可能である。そうではない。現実に、数学の教科書には必ずそのことが記されている、と反論されるかもしれない。そうならばそうしよう。反論者は、われわれの個々の知識が或る時に或る場所でどのようにして獲得されたのか、ということを問題にしている。デカルトの述べている本有観念はこのような道筋の上にはないが、この道筋がむしろ本有的な何かに行き止ってしまう道であることは示されるべきであろう。学校で算数の時間に子供が〈三角形の内角の和は二直角であること〉を習得する場合、この習得が成就されるためには、その子供は〈三角形〉について何かを知っていなければならない。反論者はこの先を見通してわれわれを制止し、この同じ道の上に別の行程を切り拓くことができるであろうか。デカルトはここで子供がそのような知識を習得する過程を問題にしているわけではない。今、現にわれわれはさまざまな知識をもっている。その知識のなかには、そちらの方へと自分を振り向けるたびに、いつも既にそこにあるとしか言いえないような知がある。そのような知は、いつの今であれ、今のわれわれにとって本有的なのである。幼児にとって三角形の観念はこのような条件を満たさないのではないか。この「反論」には後に「答弁」が与えられるであろう。しかし、〈私〉が省察を重ねている歩みのなかでは、この「反論」は反論にならない。われわれがそうであるように〈私〉は幼児ではないからである。

次に第三の特徴から第一の特徴に向かって検討を加えて行こう。三角形の概念が外来的であると主張するための理由は、三角形を見たことがあるという点にしか求められえない。しかしそのことは理由にならない。何故ならば、「私のうちにかつて感覚を通して滑り込んできたという何らの疑念もありえないような、三角形以外の無数の図形を、私は考え出すことができる」(AT. VII, 64) からである。もし〈私〉の既に見たことのある図形をすべて数え上げることができるならば、それらとは異なる図形を考え出すこともできる。反対に、事実としてわれわれがそうであるように、そのすべてを数え上げることができないとしても、事実として見たことのありそうもない図形を考え出すことができる。そもそも、〈私〉の見たことのある図形がたかだか有限個であるのに対して、〈私〉の考え出しうる図形は可能的には無数である。われわれは、当のそのままの図形を実際に見たことがあるかないかということとは別に、何らかの図形を考え出すことができる。したがって、総じて図形の観念は「外的な事物《もの》」から感覚器官を通してやってきたのではない。ここには飛躍があると反論されるかもしれない。というのも、ガサンディが示唆しているように（AT. VII, 279-282）、たとえ無数の図形が考え出されうるとしても、考え出された図形のすべてを外来的な〈単純観念〉からの複合として解する途は残されているからである。一組の〈単純観念〉が与えられるならば、それを組み合わせて無数の図形を作り出すことができる。そしてこれらの〈単純観念〉が外来的であるならば、組み合わせてできる〈複合観念〉も外来的要素をもつことになる。(6) とするならば、見られたことのある図形が有限個でしかなく、考え出されうる図形が無数であることを認めても、なおすべての図形の観念が本有的であるとは言えないことになる。

この反論が反論として成立するためには、〈単純観念〉・〈複合観念〉という捉え方が前提にされていなければならない。本有観念が『規則論』における「単純本性 natura simplex」(*e. g.* AT. X, 418) の如く解されうるとしたならばその場合にのみ、慥かにこの反論は成り立つ。しかし『省察』を読み直しても〈単純観念 idea simplex〉という表現には突き当たらない。勿論それだけではない。このことは作為観念との関連からも明らかに示される。つまり、〈私〉の「作り出す fingo」作為観念と「考え出す excogito」本有観念との差異を考察することからである。デカルトによって示されていることは、「考え出された」無数の図形においても「三角形の場合に劣らずさまざまな特性を、私は論証することができる」(AT. VII, 65) ということである。作為観念の方はと言えば、当然のことながら幾つかの観念を組み合わせることによって作られる。しかし、そのようにしてわれわれが多種多様な怪獣を捏造しても、それの観念だけから当の怪獣の諸特性を、われわれは論点窃取をおかすことなく論証することはできない。「キマエラ」の観念がいくつかの動物の部分の観念に対する関係と、千角形の観念が三角形の観念に対する関係とは同じではない。後者の関係は〈複合観念〉と〈単純観念〉との関係ではない。(7) 二つの三角形を組み合わせて、一つの四角形を描くことができるとしても、四角形の観念は二つの三角形の観念から複合された観念ではない。無数に考え出されるさまざまな図形は、何らかの〈単純観念〉を要素としてもつ〈複合観念〉ではない。それだからこそ、「感覚を通して」だけでは無数の図形の観念は得られないということが、総じて図形の観念が外来観念ではないことの理由になりうるのである。しかし、それを認めるとしても、すべての図形の観念が〈単純観念〉であると、なお言いうるのではないか。もしそのように解する者があるならば、それが一体どのような〈複合観念〉に対する〈単純観念〉なのか、という問いに答えねばならない。数学的な事物《もの》の観念と自然学的な事物《もの》の観念との関係も〈単純観念〉と〈複合観念〉の関係ではないのである。かくしてわれわれは、デカルトによって本有観念はこの対比の下では考えられていない、という結論に達する(8)。

解明を続けて行くための手懸りが『省察』において最後に得られるのは、「第六省察」での「想像（作用）imaginatio」、「純粋な知性作用 intellectio pura」（AT. VII, 73）および「感覚 sensus」（AT. VII, 74）の差異が述べられている部分である。手懸りの第一は、想像作用との差異として「精神が知解する際には、自分を自分自身へと或る意味で振り向ける」（AT. VII, 73）とされている点にある。このことを伝手に、精神が自分自身へと折れ返る（つまり反省する）ことによって知解された観念を本有観念として解釈する道が見えてくる(9)。しかしこの道は未だ仄示されているに過ぎない。第二の手懸りは、「感覚的な事物《もの》の観念」が何らの知性作用をも想定されえない「或る能動的な機能」によって「しばしば意に反してさえ」産出される（AT. VII, 79）、という点にある。これに基づいて、デカルトによってそれらの観念は外来観念と看做されている、と解することができそうに想える。しかし、既に「感覚する能力」は「その形相的概念のうちに何がしかの知性作用を包有している」（AT. VII, 78）、とされていたことを忘れてはならない。さらに遡れば、このことは、「感覚的な事物《もの》」の観念がそれと類似した何らかのものから到来すると考えることの否定（AT. VII, 75）と表裏をなしていたのである。この種の観念の成立は、身体・物体的刺激・反応だけではなく、知性作用をも含めることによってはじめて説明されうる。もし、身体・物体的条件に着目してそれらの観念を外来的と呼ぶならば、そのときには、何かを観念として受け止める思惟の仕組を捨象したことになる。このことを看過してはならない。

ここで『省察』における〈観念三分類〉説と本有観念の役割を顧みるならば次のようになる。〈観念三分類〉説は、「第三省察」においても、また、それが表立ってはいずれわれわれが触れもしなかった「第六省察」（AT. VII, 74-76）においても、過去の立場を乗り越え、新たな説明方式を鍛え上げる手立てとして用いられている。換言すれば、それは否定的な捉え方としてのみ積極的な役割を果しえたのである。次に本有観念について言えば、「第三省察」においては先立つ神の実在証明をさらに強化するという役割を果し、「第五省察」においては「物質的な事物《もの》の本質」に係わる観念の非作為性を明示する役割を果していた。この孰れの場合にも或る観念が本有観念であることは見出されたのであり、議論の出発点ではない。その意味で本有観念は最初に内容を与える〈原理 principium〉の位置を占めてはいない。後者の場合には「本有観念」という表現さえ与えられてはいなかったのである。『省察』において本有観念は、観念がそうであるように、それを用いて何かが語られる説明方式であるが、それについて語られる主題ではない。しかし、種々の「反論」を機縁にデカルトはそれについて語ることを迫られる。

第二節　諸「答弁」と書簡

それでは本有観念についてどのように語られることになるのか。この点を究明して行くために、われわれは「諸答弁」および一六四一年に書かれたと目される一群の書簡を取り上げる。これらに見出される本有観念を繞る応酬は、二つの大きな論脈に纏め上げられうる。一つは、観念について言われる「隠然的に implicite」・「顕然的に explicite」(à MERSENNE, 16-6-1641, AT. III, 383) ということに連なる論脈である。もう一つは、本有的とされる観念と言葉との関連についての論脈である。「隠然的」・「顕然的」という点について問題になる一つに次のことがある。三角形の観念からその内角の和が二直角であることを引き出す、あるいは、神の観念からそれが実在することを引き出す場合に、論点窃取の誤謬がおかされている、という反論である。これに対してデカルトは以下の如く答える。作為観念のなかに隠然的に含まれていることから結論を導き出しても論点窃取にはならない (AT. III, 383)、とである。ここで隠然的ということで言われていることは、何かが観念に含まれているということであって、精神ないし知性に観念が隠然的に含まれているということ、言うなら〈隠然的観念〉ということではない。したがって、ここでの「隠然的」・「顕然的」に纏わる問題は、先にもう一つの論脈とした言葉との関連の方へと、あるいは、神の観念と〈神は実在する〉という命題は異なる、という主張の方へと連絡しているのである。

第一の論脈の登攀口としてまず注目しておかねばならぬことは、作為観念と本有観念との関係についてである。図形などの本有観念について、そこから何かを論証できるということが作為観念との差異とされていることをわれわれは指摘した。ところで、当面している書簡において「天文学者がその推論を通して太陽についてもつ観念」(AT. III, 383) は作為観念のうちに数え入れられている。一体、本有観念について言われる「論証されうること」とここでの「推論を通して」ということは、どのような事態を示しているのか。この点で肝要なことは、天文学と幾何学との差異が丁度太陽についての作為観念と三角形についての本有観念との差異に重なり、それがまた先に指摘した「作り出す」と「考え出す」との差異に重なり、さらにその上、「第一省察」における「自然学、天文学、医学」と「算術、幾何学」(AT. VII, 20) との差異に重なる、一言でいえば、知識の確実性上の差異に重なるということである。[10] そこから翻ってみるに、「第三省察」における「天文学上の諸根拠から取得された」(AT. VII, 39) 太陽の観念は、文脈上、本有的とも作為的とも看做されうるが、この書簡に引きつけて解するならば、作為的ということになる。本有観念に基づいて作為観念が論証可能になる。その意味で「算術、幾何学」は自然的諸学の基礎なのである。しかし、この事態を裏側から見れば、本有観念は論証されえないということにもなる。

これは一体如何なることなのか。それを解き明かす緒は「第六答弁」に求められる。そこには次のように述べられている。「思惟とは何か」あるいは「実在とは何か」のような知は、「反省された、あるいは、論証によって獲得された学知 scientia reflexa, vel per demonstrationem acquisita」を要することのない、常にこの知識に先立つ「内的認識 cognitio interna」であり、「すべての人間に本有的である」(AT. VII, 422)、とされているのである。『省察』的「観念」説が「事物《もの》の観念」を機軸とするのに対して、「諸答弁」的「観念」説は「事物《もの》の観念」をも統括する「思惟されるすべて」(*e. g.* AT. VII, 181) という規定によって特徴づけられる。そのことから、ここで本有的とされている内的認識と『省察』における本有観念との間に、この内的認識をも本有観念と括ることができるという点での差異はないと言える。しかし他方では、「事物《もの》の観念」から〈思惟についての観念〉への展開に伴う差異が生じて来てもいる。[11] 本有観念について語るというそのことから、「思惟されるすべて」に係わる仕組、一言でいえば思惟の仕組が浮かび上がる。「第三答弁」でデカルトは次のように述べる。自分が本有的ということで言わんとしているのは、「その観念が常に我々に現れている」ということではなく、「我々自身の内に我々が観念を喚起する能力 facultas illam [*sc.* ideam] eliciendi をもつ」(AT. VII, 189) ということである、と。このことはさらに以下のことに連なる。つまり、幼児の精神は「神の観念、自分の観念、およびそれ自身で知られる per se nota と言われるべきすべての真理の観念」を、それらに注意を向けていない大人がもっているのに劣らず、自分の内にもっている(à X [HYPERASPISTES], 8-1641, AT. III, 424)、ということである。ここに「隠然的観念 implicita idea」(AT. III, 430)と言いうる場合が生じる。この隠然的観念とは、また、「観念を顕然的に知得する適性 aptitudo」(*ibid.*)であるとされる。[12] 論証から逃れ出ていたのは、この「適性」と先の内的認識なのである。

『省察』における観念の本有性は、そこから論証でき、かつ、思惟のままにならないこととして纏められえた。「諸答弁」的境地においても、観念の本有性ということでわれわれが了解しなければならないことは同じである。しかし他方では、本有観念を把捉する地点は『省察』におけるよりもさらに深層に到っていると言わねばならない。というのも、先に見た如く本有観念が論証や反省以前の内的認識と重なることによって、それの論証できないという性格が判然とするとともに、本有観念は観念を喚起する能力というように機能的な意味合いを帯びることになったからである。論証において先立つ、たとえば「神の観念」のような〈項〉から、論証がその上で成り立つ〈場〉である思惟する能力へと、本有観念を把捉する層はより深まっているのである。しかし、ここに新たな問題も生じて来る。その問題とは、観念を喚起する能力が隠然的観念とされようとも、それと内的認識との間には思惟する働きと思惟内容との差異が隔たりとして残るということである。これが第一の論脈を辿って得られたことである。

それでは第二の論脈からはどのような眺望が得られるであろうか。観念は「単一の名辞 un simple terme」によって表明されるのかどうか、という問いに対してデカルトは次のように答える。「言葉 parole は人間の発明によるのであるから、同じ一つのことを説明するためにいつでも一つないしは幾つかの名辞を用いることができる」(à MERSENNE, 22-7-1641, AT. III, 417)、と。或る観念に対しては幾つかの名辞を用いた異なる説明を与えることはできるが、それと同じ様に何かに対して異なる幾つかの観念があるというのではない(*cf.* AT. III, 395)。三角形の観念に対する「正方形に内接する三角形の観念」(AT. III, 418 & *cf.* AT. VII, 118) の関係は、一つのことの異なる説明の間に存する関係でも、或ることに対するそれの説明の関係でもなく、本有観念相互の関係である。このことが言葉との関連の下に「何らの肯定も否定も包含しない観念は、すべて本有的である」(AT. III, 417) として示される。感覚器官はわれわれが観念を抱く「機会 occasion」を与えるが、観念のような何ものも齎しはしない。したがって、当の観念は機会が与えられる「以前から我々の内にあったのでなければならない」(AT. III, 418)。話されたり、書かれたりする言葉を用いて肯定したり否定したりすること、つまりは判断することは「意志 voluntas」(*e. g.* AT. VII, 56) の働きに基づく。われわれは意志を発動することによって世界に撃って出る。撃って出るときの〈かたち〉が知性によって補捉される。この撃って出たときの〈かたち〉が、撃って出るのではないという局面において反省的に摑まれるかぎり、つまり観念が観念としてのみ摑まれるかぎり、観念は肯定も否定も含んではいない。言い換えれば、知性の場で考察されるかぎり、しかもそのような場の設定が明確であるかぎり、すべての観念を本有的と言ってよいのである。[13]『省察』とは異なり、ここではそのような場の設定のための礎が能力的な方向にむけて求められているのである。

観念と言葉の関連をさらに追求して行こう。神の観念や心の観念などによって何が理解されているのかわからないとする反論者に対して、デカルトは次のように答えている。つまり、これらの「名前 nom」によって当人が何かを把握しているならば、その人は、「観念ということによって知解しなければならないことも知っているのである」(a MERSENNE, 7-1641, AT. III, 392)、と。名辞を有意味に用いている場合には、換言すれば、名辞を用いて何事かを伝ええている場合には、われわれはその名辞によって知解された事物《もの》の観念をもっている。このことが確かでないならば、「我々は言葉によって何事も表明することはできない」(AT. III, 393) ことになる。われわれが〈心〉について語り、その言述が人々の間で流通するかぎり、われわれは心の観念をもっていると言えなければならない。或る事物《もの》の観念をもたずに当のそのものについて語りうるとするならば、およそ言葉を用いて何かを有意味に表明するということが成り立たない。このことを逆から見るときに、語り出すことが成立しないならば、世界に撃って出ることがないならば、(本有)観念は摑まらないということが見えてくる。しかし勿論、或る観念と或る名辞が一対一に対応しているのではない。したがって、神の観念は〈神は実在する〉という命題によって表示されねばならぬが故に、デカルトによる神の実在証明は論点窃取の誤謬をおかしている、という批難も的はずれなのである(AT. III, 395-396)。

以上第二の論脈を辿って得られる結論は次の通りである。(本有)観念と言葉の間には指示する、あるいは、意味するという関係も、両者の〈本性上から ex natura〉する対応づけも認められない。われわれが言葉を用いて事《も》物《の》について語る場合に、既に辨えられているということが前提となっている何か、それが言葉との連関から見られた(本有)観念である。[14] ここで次のことをさらに付け加えておかねばならない。真理ということで、判断によって成立する真理、あるいは、話され書かれた言葉を用いて命題という仕方で表明される真理が念頭におかれるならば、本有観念はそのような真理ではない。したがってまた、その意味で本有観念を必然的真理と規定しようとするならば、誤りであると言わざるをえない。もし、本有観念について真理を語りうるとすれば、その場合の〈真理〉は〈思惟のままにならず、それを論証の場にしてしまっているからこそ真・偽が成り立つこと〉に他ならないのである。本有観念の〈真理〉はそれの本有性なのである。このように言葉との関連を求め進んでも、到り着くところは、本有性についての把握が変わらないのに対して、本有観念についての把握は、分節化される方向とは逆の能力的なことがらに向かって深化を進めているということである。

第三節　「掲貼文書への覚え書」

最後に、この深化の先に何が待ち受けているのかということを、「掲貼文書への覚え書」の関連箇所に沿って探ることにしよう。その第一二、一三、一四項の論述は、本有観念についてのデカルトの考えが比較的豊かに示されているばかりでなく、この問題を繞る彼の晩年の思索が窺われるという点でも重要である。ここでの論敵レギウスREGIUSは、その「人間精神の、すなわち理性的霊魂の解明」第一二項に、精神は本有観念を必要とせず、「思惟する能力 facultas cogitandi」だけでその活動を為し遂げるのに十分である、と掲げる（AT. VIII-2, 345）。これに対してデカルトは、自分の言う本有観念とは精神の思惟する能力に他ならない、とする（AT. VIII-2, 357）。「思惟の形相 cogitationis forma である観念ないし基礎概念 notio」は外的な対象からも意志の決定からも由来せず、思惟する能力からのみ生じることに気づいていたので、自分はそれらの観念を外来的あるいは作為的から区別して本有的と呼んだ、と彼は述べている[15]（AT. VIII-2, 358）。本有観念は、反省することによってはじめて判然と知得されうるにせよ、反省以前的に常にあらゆる場合にそこにあるものとして思惟する能力である。それがここで「思惟の形相」とされていることは、遡って「第二答弁・諸根拠」において観念の定義とされている「思惟の形相」（AT. VII, 160）との関連から問われなければならない。われわれは「諸根拠」における「思惟の形相」を、思惟内容の何であるかを示す形相であると解釈した[16]。しかし、ここでの「思惟の形相」をそのようにのみ解することはできない。というのも、この規定が観念から本有観念へと、「諸答弁」よりも深化された地点で用いられていること、および、そこにおいては内的認識と観念を喚起する能力との分離・並列化という事態が見出されたこと、この二点を看過することはできないからである。この二点を考量するならば、ここでの「思惟の形相」が先に分離・並列化されていた事態を統括的に表現していることが了解される。つまりそれは、思惟内容の何であるかとともに思惟作用の何であるかをも示す形相である、と解されるのである。

次の第一三項では観念と感覚の係わりが論じられる。その第一二項からの帰結としてレギウスは、すべての「共通的基礎概念」の起源に「事物《もの》についての観察あるいは伝統（伝承・教育）rerum observatio vel traditio」を指定する（AT. VIII-2, 345）。デカルトはこれを誤りとする。ここでわれわれが着目しなければならないのは次のことである。すなわち、「我々の観念のうちには、精神つまりは思惟する能力にとって本有的ではない何もなかった、ということになる。ただし、経験に係わるところの、諸観念を取り巻く状況だけを別にすれば solis iis circumstantiis exceptis, quæ ad experientiam spectant」（AT. VIII-2, 358）、と言われる「状況」である。この状況とは、われわれの思惟に現前しているあれこれの観念が「我々の外に存する」事物《もの》に「関連づけられる」（*ibid.*）という、判断の場面における状況である。一方には、当の事物《もの》が感覚器官を通してその観念を精神に送り込むのではないということがある。他方には、「別の時ではなくむしろこの時に」（AT. VIII-2, 359）われわれがそれの観念をもつということがある。この場合に、当のものは「機会 occasio」（*ibid.*）を与えるという役割を果す。[17] ここでは述べられていないが、精神に機会を与える何らかの事物《もの》がわれわれの外に存する場合に、かくて精神のもつ観念を外来観念とわれわれは言ってよいことになる。しかしその場合にさえ、「精神にとって本有的な機能を通して」当の観念は取得される。その点からするならば、「運動や形の観念」ばかりでなく「痛さや色や音の観念」（*ibid.*）も本有的と言われねばならない。さらに機会が「経験」として摑まれていたことに、われわれは注目すべきである。先にも見た如く、幼児の精神も神の観念をもつ。勿論、本有的である思惟する能力としてもつ。つまりは、神について語るようになりうるという能力をもっているのである。実際に語るようになるかどうか、そこに経験が係わってくる。胎児の精神が神の「現実的観念idea actualis」をもつということはありそうにもない（AT. V, 149/B. Texte 5 & AT. VIII-2, 366）、というデカルトの言はそのことを示している。第一四項において、「音声《ことば》あるいは図像voces vel picturæを越えて、それらの意味であるかの如くtanquam earum significata我々が思惟することはすべて、観念を通して我々に表象される」（AT. VIII-2, 360-361）と言われる。しかし、そのことは経験が知識習得に不要であるということとは、全く別のことである。思惟する能力が或る経験を機会として発動され、そのようにしてわれわれが神の観念をもつに到るとしても、神の観念が本有的であるということはけっして揺らぎはしないのである。かくしてデカルト的「本有観念」は、思惟する能力とともにわれわれに本有的な、つまり、「力能potentiaとして我々に常に内実在するinexistens観念」（AT. VIII-2, 361）に行き着く。テクストとしての不安定さを酌量してブュルマンとの応答を押え込みながら以上を纏めれば次のようになる。(18) 知識の成立を「力能」ないし可能態という点だけから見れば、経験は捨象されているのであるから、〈すべての観念は本有的である〉と明言して誤解の余地はない。しかし、事実としてわれわれが経験しつつ知識を獲得しているという点から見れば、このことを無条件に断定することはできないのである。

顧みれば、「事物《もの》の観念」という把握を「観念」説の機軸とする『省察』において、「思惟とは何か」に類する観念が本有的であるということは積極的な役割を果さなかった。それに対して、神の観念が本有的であることは神の実在証明をさらに強化し、物質的本質に係わる事物《もの》の観念が本有的であることは、自然的諸学の論証可能性に基盤を与えていた。観念が「思惟されるすべて」として統括される「諸答弁」的境地において、本有観念は思惟の仕組としての「内的認識」あるいは「観念を喚起する能力」であった。この思惟内容と思惟作用との分離・並列的表現が「覚え書」において一つの強い表現を得る。すなわち「力能」である。しかし、ここまで沈潜してしまった本有観念は、観念を知得する無記なる〈力〉、言い換えれば、どのような観念を知得するのかという点では無規定的な〈力〉であると言わざるをえない。それは、経験主義に立脚しようとも認められて一向に差し支えのない〈力〉に他ならない。(19) それどころではなく、何らかの哲学的立場へという方向づけを喪失した〈力〉であると言えよう。その意味で、知識の成立に関して本有的な何かを求める飽くなき追跡は、虚しい営みであると言わざるをえない。以上のことに基づいてさらに次のことを確認しておかねばならない。つまり、デカルト哲学において本有観念は探究の出発点となりうるような〈原理〉ではけっしてなかったということである。本有観念は知の営みの端緒においては顕然的には与えられていない。われわれが自らの知の営みを振り返る（つまり、反省する）ことによってはじめて、それは顕然化するのである。われわれはそこで留まらねばならない。その先には無記なる〈力〉だけが待ち受けているからである。他方、以上の階梯において一貫して変わることのなかった観念の本有性からは別のことが浮かび上がる。観念の本有性とは、思惟のままにならず、それを足場に論証が可能になるということであった。経験ないし機会は〈或る時或る場所で〉という限定を常に伴っている。それに対して、どのような層において摑まれた本有観念であろうと、その本有性の〈思惟のままにならない〉ということによって示されていたのは、〈あらゆる場合に常に〉ということであった。デカルトは、知識成立の本拠が前者ではなく後者であることを、一貫して主張していたのである。

（1）この不純な要因を誰がどのように持ち込んだのかということは、瑣末になるので一切省くことにする。

（2）本書「第二部第三章」参照。

(3) デカルトによって述べられているのは、次のことである。神が〈私〉にその観念を植え込んだということは「驚くべきこと」ではないし、或る意味で〈私〉が神の「像と似姿にかたどって作られている」ということも「きわめて信じられうる valde credibile est」ことである。(AT. VII, 51)

(4) 本有観念と「自然の光 lumen naturale (*e. g.* AT. VII, 60) との差異について付け加えておく。A MERSENNE, 16-10-1639 において、「本能 instinct」が二種に分けられている。一つは、人間が知性的であるかぎりにおける本能であり、それが「自然の光ないし精神の直視 lumière naturelle ou *intuitus mentis*」とされる。もう一つは、動物であるかぎりの本能であり、「或る自然の衝動 une certaine impulsion de la nature」とされる (AT. II, 599)。また、これに先立って「心はそのすべての認識を反省 réflexion を通して獲得する」(AT. II, 598) と言われる。未だここには本有観念という把握は見出されないが、本論で明らかにされるであろうように、本有観念はこの反省、それも「自分自身に加える反省」(*ibid.*) に係わり、自然の光とは異なる。

(5) ROBERT MC RAE は、この「既に前に私の知っていたことを想起する reminisci かのように」というデカルトの表現に着目して、幾何学的なものの観念が本有的であるという主張をプラトン的「想起説 anamnesis の変形版」として解釈する (Innate Idas, in *Cartesian Studies*, ed. by R. J. BUTLER, Oxford 1972, p. 33 & pp. 42-48)。しかし、先の表現が位置しているのは導入部であり、主旨は本論に纏めた三点にある。このことからしても彼のこの点についての解釈は誤りであると言える。たとえ Epistola ad VŒTIUM において『メノン』の例が用いられていようとも (AT. VIII-2, 166-167)、事態に変わりはない (*cf.* G. LEWIS, *Le probème de l'inconscient et le cartésianisme*, P. U. F. 1950. pp. 79-80)。また、「純粋に知性的なことがらについては、本来の意味でのどんな想起 recordatio もない」(à X [HYPERASPISTES], 8-1641, AT. III, 425) ということも傍証になりうる。

(6) ここでわれわれが「外来的要素をもつ」と書いたのは、この場合にもなお、複合する仕方が外来的であるか否かを別途に問い直さねばならないという事情が控えているからである (*cf.* AT. VII, 362)。

(7) このことは「キマエラ」の観念も或る本質を表示している (AT. V, 160/B. Texte 26) ということと対立しない。この〈本質を表示するということ〉は、むしろ、われわれが観念を作為する場合には諸観念を組み合わせるのであるが、しかし、作為された観念の表示する本質は諸観念の表示する本質の総和ではない、ということを明らかにしているのである。

（8）デカルトはここで、考察される図形が「一般的に観られた」図形である必要はなく、「個別的な」図形でよい（AT. VII, 63）、としている。ここから、本有観念が問われる場面では一般と個別との差異の不要であることがわかる。ということはまた、デカルトが、幾つかの個別的観念を比較ないし抽象して一般観念を取得するという考察線上を進んではいないことを示す。その意味での要素的観念という捉え方も、ここでの考察の埒外に置かれている。

（9）前註（4）においてわれわれの指摘しておいた考えが、このようなかたちで『省察』に受け渡されている。

（10）ここから「第一省察」において本有観念も疑われていると看做すならば、それは致命的な誤りである。「第一省察」においては「観念」という説明方式は未だ確立されていないのである。更に、ここでのわれわれの論究が「諸答弁」的境地、つまり、省察を重ねつつ一歩一歩踏み固めてきた〈私〉の道程を振り返るという地点に定位していることを忘れてはならない。

（11）本書「第三部第二章」参照。

（12）デカルトは、知られることになる何かが知性の内にそのまま隠然的にある、とはけっして主張してはいない。従って、「知性の内にある to be in the understanding」とは「知られていること to be understood」に他ならない（LOCKE, *An Essay concerning Human Understanding*, 1, 2, 5 ed. by P. H. NIDDITCH, Oxford, 1975, p. 50）ということに、デカルトが違背していないのは明らかである。

（13）『省察』においてもこの点での差異はない（*cf.* AT. VII, 37 & 56）。

（14）ARTHUR DANTOは、デカルト的「観念」は言葉の意味ではなく、「意味の担い手 semantical vehicle」として「記述的意味 descriptive meaning」をもつと主張する（Semantical Vehicles, Understanding, and Innate Ideas, in *Language and Philosophy*, ed. by S. HOOK, New York U. P. 1969, pp. 122-137）。彼は、書かれた語、発せられた語、観念の三つの間で「記述的意味」に関する規則は同じであるとする。この点についてわれわれは同意できる。しかし彼の所説からは、何故第三の「意味の担い手」として観念を導入せねばならないのかということの理由を、読み取ることができない。それは、観念が他の二つとは存在論的身分を異にするという点が考慮に入れられていないからであると考えられる。われわれは表現され損なって残る思いについても〈ある〉と言わざるをえない。この事態に立ち向かうのでないかぎり、観念という説明方式に特有な核心は捉えられないであろう。

（15）この思惟する能力に他ならない本有観念が「態勢 dispositio ないし能力」とされ、次の如き譬喩を用いて説明される。

「高邁が或る種の家族に本有的であるとか、痛風あるいは結石のような病気が別の或る種の家族に本有的であるとか、我々が言う」のと「同じ意味で」観念は本有的と言われる（AT. VIII-2, 358）と。この「同じ意味で」ということによって「高邁」と「痛風」と観念が同じ次元に並べられているのではない。そうではなく、この三つの次元、つまり人間と身体（物体）と精神（心）のそれぞれの次元において、「態勢」ということで示されるのは、〈いつも既にそこにある〉という同じ事態である、ということがこの譬えによって表されているのである。

（16）註（11）に掲げた部分を参照。

（17）勿論、マルブランシュの言う「機会原因 cause occasionelle」とは異なる。彼によれば物体の運動は神によって引き起こされる。一つの球が別の球に衝突して別の球を動かすとき、衝突した球の運動は別の球の運動の「実象的」で真実の原因ではなく、自然的原因としての「機会原因」であるとされる（MALEBRANCHE, *De la recherche de la vérité*, dans *Œuvres complètes*, VI-II-III etc.）。デカルトがここで述べている「機会」とは「経験」のことであり、それを敢えて原因という語を用いて示すならば、「最近接第一原因 causa proxima & primaria」に対する「遠隔偶然原因 causa remota & accidentaria」（AT. VIII-2, 360）に相当するであろう。孰れにせよ、デカルトにおいて「機会」は神との係わりの下には捉えられていない。

（18）ブュルマンは第一三項についての論述を捕えて、デカルトは「すべての観念が本有的であると言っている」が、その点についてどうかと問う。それに対してデカルトは、「すべての観念が自分に本有的であるとは言っていない」と答える。そしてデカルトは外来観念の典型として「レイデンやアルクマールなどの町」の観念を挙げる（AT. V, 165/B. Texte 37）。本論において見てきたことから、それらの観念が観察を機会にして得られた観念の好例であることが了解される。ブュルマンは「三位一体」の観念についても問うている。これに対してデカルトは、その観念の「要素と素材」は本有的であると言いえても、その観念自体が本有的であるとは言い切りえてはいない（*ibid.*）。このことは、本有観念と作為観念の差異を示す〈それに基づいて論証できる〉という点に連繫している。

（19）*Cf.* J. L. MACKIE, *Problems from Locke*, Oxford 1976, p. 207. またこのことは、チョムスキーおよびカッツを繞る諸論争のなかで明らかになったことの一つでもある。この点についてはS. HOOK (ed. by), *Language and Philosophy*: S. P. STICH (ed. by), *Innate Ideas*, University of California Press 1975 所収の諸論文、およびその他の関連する雑誌論文参照。

第Ⅳ部　「反論と答弁」における「観念」について

序　論争と解釈と文献

デカルト的「観念」説はどのように生成し、どのように展開して行ったのか。中世スコラ哲学における「イデア」についての捉え方とどのように断絶し、どのようにつながっているのか。そしてまた、デカルト「観念」説の核心をなす「本有観念」の哲学的意義は何か。これらについてわれわれは論じ終えた。デカルトの「観念」という用語は彼特有な使い方のために当時から既に批判対象の一つになっていた。デカルト哲学解釈という点からみても「観念」をめぐる問題について多くの解釈が積み重ねられてきた。われわれはそれらを土壌とし、それらを栄養として独自の解釈を組み上げ、提示した。その解釈の土壌を多くの人々と共有のものにすることは、デカルト哲学のさらなる再解釈への足場を提供することになる。それとともに、われわれの解釈への理解を深め、批判の機会を増加させ、もって共有の知的財産を固めることにもなる。そこで以下に『省察』「反論と答弁」における「観念」をめぐる論争の経過（「第一章」）と、「観念」についての解釈上のさまざまな問題点（「第二章」および「第三章」）、最後にデカルト的「観念」についての文献表を提示することにした。これらを通して、また、われわれの解釈の意義もいっそう明らかになるであろう。

第一章　『省察』「反論と答弁」における観念をめぐる応酬の経過

「第一反論・答弁」 AT. VII, 091. 01–121. 20

「第一反論」091. 01–101. 04

カテルスは観念に原因が必要であることを否定する。

1 「観念とは何か」(92. 09–93. 21)

2 「無」という「語の両義性」(93. 22–94. 23)

「第一答弁」101. 05–121. 20

1 「観念とは何であるのか」という問いに対して (101. 17–103. 04)。

デカルトは、観念が思惟された事物《もの》であるということを認める (この「観念」についての規定は『省察』本文には見出されない)。そして「知性のうちに対象的にある」という「あることの様態」が無ではないこと、原因を要すると主張する。

2 「無」という「語の両義性」について (103. 05–106. 13)

観念が「概念されるために原因を要する indiget causa ut concipiatur」(103. 16–18)。

「第二反論・答弁」 AT. VII, 121. 21-159. 22

「第二反論」121. 21-128. 19　「第二項」123. 07-124. 28（観念について）

1　完全性の度合いを積み重ねて行くことによって、神の概念を形成することができる（123. 07-19）。

2　因果の原理についての批判（123. 24-30）。

3　しかし、形成された神の概念は理拠的存在であり、精神よりも高貴だということはない（123. 30-124. 02）。

4　自分の精神だけから神の観念を取り出すことはできない（124. 02-23）。

「第二答弁」128. 19-159. 22　「第二項」133. 17-140. 11（観念について）

1　神の観念を形成する自分のうちにある基礎とは本有的であるということである（133. 17-26）。

2　「完全性の度合い」についての批判は「物質的な事物《もの》の考察から取られた」ものである（134. 15-16）。

3　「理拠的存在」が「理性に由来する存在」を意味するならば、観念を「理拠的存在」といってもよい（134. 20-135. 02）。問題はそこにではなく、「観念の対象的完全性言うなら実象性」にある（134. 27-28）。

4　神から神の観念は流出した（136. 11-140-11）。

「第二答弁・諸根拠」 160. 01-170. 18（この部分については「観念」と、それにとりわけても関係する「定義」だけを掲げる。）

「定義二」

「観念という名前で私は、何であれ思惟の形相 cogitationis forma、それの直接的知得を通して当の同じ思惟を私が意識する conscius sum 思惟の形相、を知解する。したがって、私は、まさしくこのことから、（当の）言葉によって意味表示されることの観念が私のうちにある、ということが確実でないならば、自分の言うことを知解しながら、私がそれらの言葉で表出することは何もできないことになる。このようにして、私は構像力 phantasia のうちに描かれた像をもっぱら観念と呼ぶのではなく、それどころか、それら構像力に描かれた像を、それらが身体的な構像力のうちにある限り、すなわち、脳の或る部分に描かれている限り、それらの像を、どんな意味でも観念とは呼ばず、ただ単に、それらの像が、脳のその部分へと振り向けられた精神そのものに形相を与える限りで、私はそれらの像を観念と呼ぶ」(160. 14–161. 03)。

「定義三」

「観念の対象的実象性 realitas objectiva ということで、私は、観念によって表象された、観念のうちにある限りの、事物《もの》の存在性 entitas を知解する。同じ仕方で、対象的完全性とか、対象的技巧などと言われうる。というも実に、我々が諸観念の対象においてのように知解するものは何であれ、当の諸観念のうちに対象的にあるからである sunt in ipsis ideis objective」(161. 04–09)

「定義四」

（観念のうちに対象的にあると言われるその）「同じことごとが、我々がそれらを知得するように、そのとおりに対象のうちにある場合に、それらは観念の対象のうちに形相的に formaliter ある、と言われる。そして、なるほどそのとおりではないが、それらの代わりをすることができるほど大きい場合に、それらは観念の対象のうちに、優勝的に eminenter ある、と言われる。」

「第三反論・答弁」AT. VII, 171. 01–196. 14

「第三反論」

「第三答弁」

179. 11–180. 29　Ob. V　AdM3

（反論）観念は視覚的像であり、われわれは神の観念をもたない。

181. 01–181. 18　Res. V

（答弁）観念という名称で解されているのは、精神によって直接的に知得されるすべてである。意志作用と恐れとは観念のうちに数え入れられる。この名称を用いたというのも、哲学者たちによって神的精神の知得の形相を意味表示するために既に使い古されていたからである。

183. 03–183. 19　Ob. VII

（反論）神の観念、「心の観念 idea animæ」は与えられていない。

183. 20–183. 25　Res. VII

（答弁）神の観念は与えられている。「構像力に描かれた心の像 ejus imago in phantasia depicta」は与えられていないが、観念は与えられている。

184. 01–184. 14　Ob. VIII

（反論）太陽の観念は一つの時には一つしか見られない。

184. 5–184. 17　Res. VIII

（答弁）「観念」についての理解が間違えている。

184. 18-185. 17　Ob. IX

(反論) 実体の観念はない。実象性により大もより小もない。

185. 18-185. 28　Res. X

(答弁) 観念は知得されるもの、理性によって証明されるもの。実象性とはいっそう事物《もの》であること。

186. 01-188. 04　Ob. X

(反論) 神の観念は外的対象に由来する。神の知性作用をどのような観念によってあなたは知解するのか。本有観念はない。

188. 05-189. 04　Res. X

(答弁) 神の観念のうちに外的対象から由来したものは何もない。「知解すること」を「知得する」ことによって。観念は知得の形相である。本有的とは観念を喚起する能力をもっているということ。

193. 01-194. 10　Ob. XIV　AdM5

(反論) 三角形の永遠の本質などない。

194. 11-194. 15　Res. XIV

(答弁) 既に答えた。

「第四反論・答弁」 AT. VII, 196. 15-256. 08

「第四反論」196. 15-218. 13

1　「人間的精神の自然本性について」(197. 23-205. 28)

「私」は「思惟する事物《もの》」に尽きるということが論証されていない。

2 「他の部分、神について、に対する答弁」(206. 01-214. 22)。

2－1 質料的虚偽について (206. 06-207. 24)

2－2 自己原因について (207. 25-214. 22)

2－3 意識しない何も精神のうちにはない (214. 15-22)。

3 「神学者たちが躊躇するかもしれないことに対して」(214. 23-218. 13)。

「第四答弁」218. 14-256. 08

1 「第一部、人間精神の自然本性について、に対する答弁」(219. 04-231. 07)。

2 「他の部分、神について、に対する答弁」(231. 08-247. 02)。

2－1 質料的虚偽について (232. 08-235. 14)。

2－2 自己原因について (235. 15-246. 09)。

2－3 意識しない何も精神のうちにはない (246. 10-247. 02)。

3 「神学者たちが躊躇するかもしれないことに対して」(247. 03-256. 08)。

「第五反論・答弁」 AT. VII, 259. 09-391. 05

「第五反論」256. 09-346. 20

「第三省察」に関して (277. 09-307. 17)

a. 1. 277. 11–279. 17

a. 2. 279. 18–282. 06（すべての観念は外来観念である）

a. 3. 282. 07–284. 24

1　外的な事物《もの》の実在についてはデカルトは疑っているが、これについて疑うことはできない（282. 07–29）。

2　盲人は色の観念をもたないということは、外来観念であることの証拠である（283. 01–11）。

3　太陽の観念について（283. 11–284. 24）。

a. 4. 284. 24–288. 07

1　対象的実象性について（284. 25–285. 27）。

2　実体と偶性について（285. 28–286. 11）。

3　神の観念について（286. 12–288. 07）。

a. 5. 288. 08–291. 02（いわゆる「因果の原理」について）

1　作用因についてではなく質料因について言われるべきである（288. 15–289. 12）。

2　「対象的実象性について」（289. 13–27）、「私の観念が自分のうちにもつ全実象性の第一義的原因は私自身である」（289. 26–27）。

3　観念の形相的実象性と対象的実象性について、前者は「私の形相的実象性、私の全実体の実象性に比べれば、ほとんど無に等しい」（290. 25–27）、後者はそれ以上に無に等しい。

a. 6. 291. 03–294. 01

1 「あなたがさまざまな観念の実象性の原因ではなく、諸観念によって表象された事物《もの》そのものが原因である」(291. 08-10)。

2 「あなたはあなたの観念を何ももたないか、あるいは、たかだか不分明で不完全な観念しかもたない」(292. 01-02)。「あなたはあなたの観念をもたないし、もつこともできない」(292. 05-06)。

3 「知性は自己自身を知解しない」(292. 09)。「なるほど直接的ではないが、反省的認識によって、あなたはあなたを知得する」(292. 25-26)。

4 神の観念のもち方(292. 29-293. 10)。「もしそれらが感覚に落ち込んでくることがなかったならば、あなたがどんな観念ももつことがなかったであろうということは私にとってほとんど確実である」(293. 02-03)。

5 「非物体的な実体」である「あなた」がなぜ物体的な事物《もの》の観念をもつことができるのか(293. 11-294. 11)。

a. 7. 294. 02-297. 25(神の第一の実在証明の結論部分について)

a. 8. 297. 25-300. 10

a. 9. 300. 11-304. 28(「第三省察」第二の神証明について)

1 時間について(300. 11-22)。

2 「私」の実在の原因について(301. 23-304. 28)。無限進行ということだけで不条理になるわけではない(302. 24-25)。

a. 10. 304. 29-307. 17(神の観念が本有的であることへの批判)

「第四省察」について (307. 18–318. 12)。(無の観念について)

「第五省察」について (318. 13–328. 20)。(共通的自然本性の概念、ないし観念、ないし形相)

「第六省察」について (328. 21–346. 20)。(延長の観念は延長を含む)

「第五答弁」347. 01–391. 05

「第三省察」について (361. 04–374. 06)。

a. 1. 361. 07–362. 04 (明証性の規則について)

a. 2. 362. 05–27 (あらゆる観念は外来観念であるという批判に対して)

a. 3. 363. 01–364. 02

1 外的な事物《もの》の実在について。ガサンディは論点窃取をおかしている (363. 01–06)。

2 盲人は色の観念をもたないということについて。もともとその観念を欠いていると想定することも可能である (363. 07–18)。

3 太陽の観念について。「私が判然と採用したことに反して、観念という名称を構像力に描かれた像にのみあなたは局限している」(363. 24–364. 02)。

a. 4. 364. 09–366. 26

1 対象的実象性について。(答えなし)

2 実体と偶性について。「実体は想像力によってではなく、知性によってのみ知得される」(364. 04–05)。

3 神の観念について。「最初の人間たち」はどうしたのか。自分からか、神の啓示からか (364. 20–

24)。

a. 5. 366. 01-09

1　原因について。「形相の完全性は、質料因のうちではなく、作用因のうちにあらかじめ実在する、と知解される」(366. 07-08)。

2　対象的実象性について。

3　観念の形相的実象性と対象的実象性について。（この2と3とは一括して斥けられている。）

a. 6. 366. 10-367. 19

1　観念の実象性の原因について。ガサンディは「先入見 praejudicatæ opiniones」にだけ訴えて議論をしている（366. 10-17）。

2　「観念」についてのガサンディの理解が誤っている。

3　「精神だけが鏡を、目を、そして自己自身を認知する」(366. 22-367. 09)。

4　神の観念のもち方について。（デカルトは直接的には応えていない。）

5　なぜ物体的な事物《もの》の観念をもつことができるのか（293. 11-294. 01)。(367. 10-18)［ガサンディが問題を曲げている、とデカルトは考えている。］

a. 7. 367. 19-368. 20（神の第一の実在証明の結論部分について）

a. 8. 368. 21-369. 13

a. 9. 369. 14-371. 07

1　問われている原因は、「生じることに従った」原因ではなく、「あることに従った」原因である（369.

21-25)。

2　(370. 13-371. 07)

a. 10. 371. 08-374. 06（神の観念が本有的であることへの批判にたいして。）

神の刻印は、アペレスの「模倣し難い技巧」のようなもの（372. 06)。

「第四省察」について（374. 07-379. 10)。

「無の観念」について（374. 07-379. 10)。

「神と自己の観念 Dei & sui ideas」(375. 21)。

「第五省察」について（379. 11-384. 16)。

「観念は個々のものから取ってこられたものではない」(380. 19-20)。

「第六省察」について（384. 17-391. 05)。

「あなた」は「物体的な観念だけをこしらえ上げ、それに神あるいは精神という名称を誤って帰している」(385. 19-20)。

「第六反論・答弁」 AT. VII, 412. 13-447. 08

「第六反論」412. 13-422. 03

a. 5. 415. 09-416. 23（神の欺瞞について）

Appendix. 419. 17-420. 02

「1　いかにして私は、私の心の明晰な観念をもっていることを確実に知るのか」(419. 23-24)。

「2　いかにして私は、その観念が他の何であれ事物《もの》とはおよそ別個であることを確実に知るのか」(419. 25–26)。

「3　いかにして私は、心の観念が物体性をおよそもっていないことを確実に知るのか」(420. 01–02)。

「第六答弁」422. 04–447. 08

a. 1. 422. 06–22（内的認識によって知れば、充分である）

a. 2. 422. 23–425. 19（「あなた」が思惟しているときに欺かれていて、実は運動しているという可能性について。）

「身体の運動とは全面的に別の思惟作用についての観念言うなら基礎概念 ideam sive notionem cogitationis をもっているのだから、一方が他方から別個であるかのように知解することは必然である」(422. 25–423. 01)。

「それらの別個の観念をわれわれがもつものどもが一つの同じ事物《もの》として解されうるには、二つの仕方がある、すなわち、あるいは自然本性の一性と同一性によるか unitate & identitate naturæ、あるいはただ単に合成の一性によるか unitate compositionis である、ということが指摘されねばならない」(423. 07–10)。

a. 5. 428. 10–431. 25（欺瞞の形相は非存在である）

a. 6. 431. 26–433. 10（裁量の自由について）

どんな善いもの、真なるもの、信じられるべきもの、為されるべきもの、取り除かれるべきものなどが、神の意志前に、「あらかじめそれらの観念が神の知性のうちにあった」、とは仮想されえない（432. 01–03）。「善きものの観念」が神を強いて「他のものよりむしろ一つのものを選ぶ」、ということではない（432. 08–09）。

a. 10. 439. 16–444. 08（初版「あとがき」。『省察』を読んでも、デカルトの新しい考えを受け入れることのできない人々のために、先入見の除去の仕方を教える、『省察　反論と答弁』初版のいわば「あとがき」に相当する部分）

「第七反論・答弁」 AT. VII, 451. 01–561. 18

「第七反論」472. 06: 472. 13: 476. 18（デカルトはこれらへの「覚え書 Notæ」において、《idea》という表現を用いてはいない。）

「第七答弁」《idea》という語のデカルトによる使用はない。

「ディネ師宛書簡」 AT. VII, 563. 01–603. 23

《idea》という表現は見出されない。

第二章　「観念」をめぐる解釈と応酬の纏め

第一節　解釈上の諸問題と確認事項

1　「第三省察」の〈観念三分類〉は捨てられる梯子である。諸「答弁」、『哲学の原理』、『方法序説』、『真理の探究』には〈観念三分類〉は見出されない。「ブュルマンとの対話」では「本有観念」をどのように理解すべきかということが中心になっている。

2　「第三省察」における観念「いわば事物《もの》の像」であるという規定は、乗り越えられる規定である。そこでの《proprie》は、デカルト哲学における「本来」ではない。『省察』本文における観念の規定は「事物《もの》の観念」であり、観念は思惟の様態である。

3　観念は「私のうちにあり」、観念の表象する対象的実象性を、観念はもち、対象的実象性は「対象的にある esse objectivum」。「観念の対象的存在 esse objectivum は、元来の語り方をすれば無であるところの、独り可能的な存在によってではなく、ただ現実的言うなら形相的存在によってのみ産出されうる、と私は知得する」（AT. VII, 47. 20-23）。「対象的実象性」をもつ観念は、「事物《もの》の観念」である。「対象的にある esse objective」ということが意味表示しているのは、「諸対象が知性のうちにあるとされているその様態で知性のうちにあること esse in intellectu eo modo quo objecta in illo esse solent」以外ではない（AT. VII, 102. 13-15)。「対象的にある est objective」ということと「対象的存在 esse objectivum」とは同じことを示している。そしてこれらと「対象的実象性 realitas objectiva」は「存在 esse」が「実象性 realitas」と異なるように異なる。《esse objectivum》と《realitas objectiva》の区別は解釈者たちによって未だ明示されていないと考えられる。

4

（1）区別されていない例として次のものを挙げることができる。「デカルトにとって、観念の対象的実象性 la rêalité とは、私のもつ事物《もの》の観念における当の事物《もの》、精神のうちに精神的に現前する事物《もの》、思惟された事物《もの》ないしは対象的な存在 la chose pensêe ou l'être objectif である」（ALOYSE R. NDIAYE 1991, *La philosophie d' Antoine Arnauld*, J. Vrin, 1991, p. 25)。ラテン語の《esse》は《realitas》と置き換えられない。デカルトは、《realitas》を《entitas》で規定することはある。ラテン語の《esse》は、「存在するもの」を示すことはない。フランス語の l'être は、《Fait d'être》（存在すること）とともに、《Ce qui est》（存在するものをも指す（*e. g.*《L'être suprême》)。「第二答弁・諸根拠」「定義三」における《Per realitatem objectivam ideæ intelligo entitatem rei repraesentatæ per ideam》（AT. VII, 161, 04-05）がクレルスリエの仏訳では、《Per la realité objectiue d'vne idêes, i'entens, l'entité ou l'estre de la chose representée par idêe》（AT. IX, p. 124）になる。しかし、この仏訳も、すぐ次には、《en tant que cette entité est dans l'idêe》というように《l'estre》で言い換えることはしない。仏訳者は読者の理解のために《ou l'estre》を付け加えたのではないのか。YOLTON は《objective existance》という表現を用いる。これはまた別の途を開くことになるのではないのか。

（2） デカルトのこの二つの概念の区別についての混合はアルノーから始まっているであろう。ジルソンは、《realitas objectiva》の起源として、オッカムの《esse objectivum》とスアレスの《conceptus objectivus》とを挙げながら、両者を区別しない（GILSON, 1925, p. 321）。ダルビエにおいても（DALBIEZ, 1929）、クローニン（Cronin, 1966）においても、この態度は引き継がれる。N. J. WELLS, 1967 も C. NORMORE, 1986 も、「対象的存在」の起源を探るが、「対象的実象性」との区別を論じない。所（一九八一）は同じには扱っていないが、二つの概念の役割の違いについては言及していない。観念の表象内容のあり方としての「対象的存在」については、彼らによって適切に論じられている。しかし、それが「対象的実象性」と重ねられることによって、片方では、《extra me existere》、《in me esse》、《esse objectivum》という存在連関が見失われ、そこでは「私」ということが消失する《esse ovjectivum》という存在様態の位置がわからなくなる。他方では、「対象的実象性」が「事物《もの》の」という限定のついた表象内容であるということが見失われ、「第三省察」第一の神の実在証明と「第六省察」の物体の実在証明が「実体」の意義と連携しているということがわからなくなる。

5 〈表象理論〉について、デカルト的「表象 repraesentatio」は当然のことながら「類似なき表象（ALOYSE R. NDIAYE 1991, p. 25）である。この点で、ヨルトンの「逆記号関係」は解釈上の一つの提案である（J. W. YOLTON, 1975, 1984）。ヨルトンもそうであるが、英米系の解釈において、「観念」は〈認知理論〉としての認識説と解されている。しかし、『省察』本文の「観念」理論を人間的認識に関する〈認知の理論 cognitive theory〉と受け取る解釈は誤りである。『省察』本文の観念説は認識理論ないし認知理論、すなわち、われわれの物体についての認知が如何にして可能であるかを解く理論ではない。形而上学の立論を確立する方法の核心である。

6　観念の問題系と意識の問題系は『省察』本文では出会うことがない。「第二答弁・諸根拠」においてこの二つの問題系の出会いを、始めて確認することができる（本書「第三部第二章」参照）。しかし、「第二答弁・諸根拠」での「観念」は証明に役立つものである限りでは、「事物《もの》の観念」でなければならないが、そこで観念は「思惟の形相」と定義される。

第二節　「反論と答弁」における応酬の纏め

1　観念の定義。受け入れ難さと「概念 conceptus」の多用。

「概念 conceptus」という表現は、「第一答弁」では一か所（conceptus sive idea（AT VII, 116. 23））でしか用いられないにもかかわらず、そこで「概念」と「観念」との橋渡しがなされて以来、以後の「答弁」では使用例が多くなる。「第一反論」でも「第二反論」でも観念は知性以外の原因を求めることのできない「理拠的存在 ens rationis」とされる（AT. VII, 94. 01 & 123. 30–124. 02)。このこととデカルトによる「概念」という語の使用が増えることとは無縁ではあるまい。「第二答弁」では「無際限な数という概念が、観念と呼ばれても」と言われている。「概念」が「観念」と呼ばれても呼ばれなくとも事態に変わりはない、ということである。「第三反論」者、「第五反論」者に対しては、「構像力に描かれた像」（AT. VII, 183. 23-25 & 366. 19-21）ではないということが強調される。観念は、あるかないかに係わらない知性の産物と脳内の物体的像とを誤解の両極にする。知性の産物でも、物体的像でもないデカルト的「観念」は当時において受け入れがたい、理解しがたい考え方であったと思われる。理解し難さを緩和し、知性の産物でも、物体的像でもないことを表す限りでは、「概念」という用語は便利であった。

「観念」は、「思惟の形相」(R2Rat)、「知得されるすべて」(R3)、「知得の形相であるすべて」(R3)、「思惟されるすべて」(R5)などと規定される。

2 観念の存在論的支え。「対象的な存在」批判。原因を必要としないという批判は、「第一反論」、「第二反論」に主に見られる。

3 神の観念が本有観念であることへの批判。主に「第二反論」、「第三反論」、「第五反論」に見られる。

4 「質料的虚偽」。

「質料的虚偽」については「反論と答弁」のなかでは、「第四反論」・「第四答弁」でだけ論じられる(「反論」の出発点は「第三省察」(AT. VII, 43. 26-44. 08)。その他には、「ブュルマンとの対話」(AT. V, 152 & 157/B. Texte 9 & Texte 19)で触れられている)。

(1)「第四反論」におけるアルノーの反論(AT. VII, 206. 16-207. 24)の骨子は以下の通りである。

(a)〈冷たさ frigus〉が欠如ならば、〈冷たさ〉の観念は与えられない(206. 16-18)。

「観念は私に措定的な事物《もの》res positiva のようにそれを表象する」。「ここでは、〈冷たさ〉という観念が措定的な事物《もの》を表象しているという判断と、〈冷たさ〉という観念とが混同されている」。

(b) その理由(206. 19-24)。

〈冷たさ〉の観念は、「知性のうちに対象的にある限りの〈冷たさ〉そのもの」である。しかし、〈冷たさ〉が欠如であるならば、〈冷たさ〉は観念をとおして知性のうちに対象的にあるということはありえない。

「観念の対象的にあるということは、措定的な存在 cujus esse objectivum sit ens positivum」なのだから。

アルノーは、デカルト的「観念」を、知性のうちに対象的にあるものとして、さらに、すべての観念は（欠如的なものではなく）措定的な事物《もの》を表象する、と捉えている。それゆえに、もし〈冷たさ〉が単なる欠如であるならば、〈冷たさ〉の措定的な観念は決してありえないということになる。したがって、質料的に偽であるどんな観念もない。その観念を〈冷たさ〉の観念であると判断するその判断が偽なのである。アルノーは「事物《もの》の観念」という規定に則して観念を捉え、しかし、観念と対象的実象性の〈あり方〉上の差異を見ていない。

（2）「第四答弁」（AT. VII, 232. 08‐235. 14）。

デカルトの答弁は六項目に纏められる。

（a）アルノーは「形相的に formaliter 解された観念についてのみ論じている」（232. 08‐233. 02）。

（b）判断と観念の混同ではない。判断には形相的な虚偽しかない（233. 03‐05）。

（c）〈冷たさ〉の観念は観念であるが、〈冷たさ〉の観念は（アルノーの言う）「知性のうちに対象的にある応じた〈冷たさ〉そのものではなく」、他の何かである。つまり、「知性の外には何らあることをもたない或る種の感覚 sensus quidam unllum habens esse extra intellectum」である。（233. 06‐15）

（d）「偶像崇拝者 idololatres たちによって仮想された神々の不分明な観念」は、彼らの偽なる判断に質料を提供している限り、質料的に偽なる観念である（233. 18–21）。

（e）「私が質料的虚偽と呼ぶのは、その観念が不明瞭かつ不分明であるので、私の感覚の外なる定立的な何かを私に表示するかどうか弁別できない、からである」（234. 14–17）。

（f）「質料的」という語についてスアレスと同じ使い方をしている（235. 05–14）。

デカルトの答弁を捉え返してみる。「形相的に解された観念」は、ここでは次のように説明されている。すなわち、「観念そのものは、或る種の形相であり、どんな質料からも構成されないのだから、或る何かを表象する限りで観念が考察される度毎に、観念は質料的にではなく、形相的に解されている」（232. 12–15）。これに対して、「知性の働き operatio intellectus に応じてみられるならば、その場合には、観念は質料的に解されていると言われうる」（232. 16–17）。質料的に解された場合には、観念は「諸対象の真偽 veritatem vel falsitatem objectorum」には関係しない（232. 18–19）。これに対して「読者への序言」では次のように記されることになる。「あるいは質料的に matelialiter、知性の働き operatio intellectus として解されうる、［中略］あるいは対象的に objective、当の働きによって表象された事物《もの》 res repraesentata として解され」る（8. 20–23）、と。解釈者たちが繰り返し述べているように、この二つの箇所の「質料的」は同じ意味で使われている、と見ることができる。「第二答弁・諸根拠」の「定義」においては、「思惟の形相」ということと「表象された事物《もの》」とは結びついてはいない（160. 14–161. 03 & 161. 04–09）。「第四答弁」では「形相」という規定と「何かを表象する」ということが結びつく。「序言」ではもはや「形相的」とは言われずに「対象的」と言われる。これに対して観念に関して「質料的に」という語の意味するところは、動いていない。

「知性の働きに応じてみられるならば」、観念は「諸対象の真偽」には関係しない。対象の真偽に関係しないところ、観念が「事物《もの》でないものを事物《もの》であるかのように表象する」（M3, 43. 29-30）ことにおける知性の働き、そこに質料的虚偽は生じる。判断ではない。〈冷たさ〉の観念を質料的虚偽をおかしているという印を付けて〈観念〉と呼ぶならば、それは「知性の外には何らの存在ももたない或る種の感覚」である（233. 14-15）。否定的表現としての〈冷たさの観念〉を肯定的に表現すれば、〈冷たいという感覚〉ということになる。この感覚が判断に虚偽の質料（材料）を与える。観念の質料的虚偽は感覚が基になっている「不明瞭性 obscuritas からだけ」（234. 21-24）生じる。観念は「事物《もの》の像」である、しかし、感覚は誤って事物《もの》ではないものを事物《もの》のように表象することがある。その場合に表象された事物《もの》は、形相的にないし対象的に捉えられた観念に他ならない。表象された事物《もの》そのものについて真偽を問うのではない。感覚を表象にもたらす、感覚されたことを知性が表象しようとする、その知性の働きが質料的虚偽の源である。アルノーのように形相的にのみ観念を解している場合には、このことは見えてこないのである。「偶像崇拝者たちによって仮想された神々の不分明な観念」も感覚がもとになっている不明瞭性から発生している。

スアレス『形而上学討究』の当該箇所を（Francisco Suarez, *Disputationes Metaphysicæ*, 9, sectione 2, numero 4）前後をも含めつつ簡潔に纏めれば、以下のようになる。質料的に偽であるという事態は、判断から離れた「把握 apprehensio」のうちで生じる。虚偽が「把握」のうちに質料的にある、というのは、記号のうちに記号の合成そのものに従って虚偽があるように、「把握」のうちに虚偽があるということである。「神はいない」という命題の虚偽はこのような虚偽である。「記号 signum ないし音

vox」であるところの《Deus》と《est》と《non》とを結びつけることにおいて生じる虚偽である。判断において生じる虚偽ではない。その意味で〈質料的な〉、言い換えれば、判断の素材における虚偽である。デカルトが、「質料的」という語の用い方はここでのスアレスの用法と同じである、と述べているのは、判断の偽ではなく、判断から離れている「把握」（「観念」）についての虚偽を「質料的」と呼ぶという点以外ではあるまい。

（3）「ブュルマンとの対話」（AT. V, 152 & 157/B. Texte 9 & Texte 19）

（a）（AT. V, 152/B. Texte 9）

「第三省察」《nam profecto, si tantum ideas ipsas ut cogitationis meæ quosdam modos considerarem, nec ad quidquam aliud referrem, vix mihi ullam errandi materiam dare possent.》（M. 3, 37. 25-28）

（ブ）「外的な事物《もの》 res externæ」に関係づけなければ誤りはないのではないか。

（デ）「私は諸観念の本性そのものにおいて誤ることがありうる」。「色の観念を考察して」「事物《もの》である、性質である」などと言えば、あるいはその観念によって「表象されている色がそのような何かである」と言えば、誤る。

（b）（AT. V, 156/B. Texte 19）

「第二答弁」「第2項」「自分が神の観念をもっていることを否定して、その代わりに何らかの偶像idolum などなどを形成する」（139. 06-07）。

（デ）「その偶像は彼らにとってわれわれの観念と等価である。しかし、彼らが偶像を形成する間に、実象的な観念を形成するならば、彼らは質料的に偽なる観念を形成している」。

(4) 質料的虚偽について解釈上問題とされる点（多くの場合似非問題であると思われる）。

(1) 「第三省察」（事物《もの》ではないものを事物《もの》であるかのように表象する観念）と「第四答弁（判断に虚偽の質料＝材料を与える）との関係。デカルトは見解を変更したか否か。

(2) 観念にも真偽を認めるとはどのようなことか。「表象」ということとの関係。

(3) 観念の明証性との関係

(4) 質料的に虚偽なる観念は対象的実象性を表象するか否か。

(5) 質料的に虚偽なる観念と感覚内容についての観念との関係。

(6) 感覚の三段階との関係。

(7) アルノー「挿入節の虚偽の理論 la théorie de la fausseté des incidentes」との関係。

(8) 《realitas》の《res》をどこでおさえるのか。

(9) 観念理論と感覚理論との結節点。

(10) 観念・感覚と判断との関連。

第三章　解釈としてのデカルト的「観念」説

第一節　「ブュルマンとの対話」　「観念」の広狭

『省察』本文における「事物《もの》の観念」説と「答弁」における「思惟されたすべて」を同じ「観念」の広狭の区別として説明できるのか。この広狭の区別が主張されるのは、「ブュルマンとの対話」での発言に基づいている。しかし、この発言を理解するには二つの点に留意しておかなければならない。一つはこの「対話」について総じて当てはまるそのテクストの性質の問題である。聞き書き、何度かの書き写しから生じる余儀なき不正確さである。もう一つは発言そのもののもっている問題である。「第三省察」における「いわば事物《もの》のでないどんな観念もありえない」(AT. VII, 44. 04) という記述に関するブュルマンの問いにデカルトが答えた。問いは「無の観念」はどうか、というものであった。デカルトの答えとされている箇所を引用してみよう。

「答え。その無の観念は否定的にだけ観念であり、そして、ほとんど観念とは呼ばれえない。一方しかし、著者はここで観念を元来の意味で厳密に proprie et stricte 受け取っている。またそれとは別に、共通的基礎概念（ども）の観念も与えられており、それらは元来の意味では proprie 事物《もの》の観念ではないが、その場合には、観念がいっそう広く latius 受け取られている」(Entretien avec Burman, AT. V, p. 153/BEYSSADE,

Texte 12, p. 43)。

留意しなければならないのは、「元来の意味で」とわれわれの訳した《proprie》という語の意味するところにある。この語はとりわけてもデカルト的「観念」の意義が論じられる場合に過剰な役割を果してしまう。「観念」とは「事物《もの》の像である」ということがデカルト哲学にとっての〈本来〉の規定であると、英米系の研究者たちによって、解釈されることがある。このことが「類似なき表象」（*e. g.* ALOYSE R. NDIAYE 1991, p. 25）ということの意義の究明を不徹底にしかねない。この点をわれわれは重ねて示してきたが、要をのみ簡潔に繰り返しておく。「第三省察」において、「観念」という用語が初めて、精錬に向けての第一歩として、それゆえ未だ精錬されてはいない、換言すれば、デカルト的に〈本来〉の意味では用いられることのない、その〈観念の第一の途〉という場所で、「これらのうちの或る種のものはいわば事物《もの》の像であり、これらにのみプロプリエにproprie観念という名称が当てはまる」（AT. VII, 37. 03-04）と述べられている。当時における《idea》という語の用法からして「元来」であること――その意味でならば「本来」でもよいということ――を先に明らかにした（本書「第二部第三章第四節」参照）。いわば、伝統的な《imago》という概念と、世俗化された《idea》という概念が、ここにおいて合流することになる（『省察』において《idea》と《imago》が絡むのは、〈観念の第二の途〉以降では同じく「第三省察」において、観念がそれの観念であるその当の事物《もの》よりもいっそうおおきな完全性を含むことはないということが結論として表明される箇所だけである。そこに「観念は或る種の像のようなものとして私のうちにある ideas in me esse veluti quasdam imagines」と記されている。この「像」は当然のことながら、外来観念という説明方式の理由のなさが暴かれた後では、観念が表象内容と切り離せないということを示している）。以上のことが上記の引用文にもそのまま適用されなければならない。

「ブュルマンとの対話」における「観念を元来の意味で厳密に受け取っている」ということは「事物《もの》の像」から「像」を取り去って、と理解しなければならない。「像」という規定を取り去って、しかし「事物《もの》の」という規定を残して理解しなければならない理由は、「他の途」（AT. VII, 40. 05）以降の「観念」についての規定が問われているからである。とすると、デカルトのここで謂わんとする主旨は、「共通的基礎概念」の観念は、「事物《もの》の観念」とは言えないが、「観念」をもっと広く受け取れば、「観念」と言える、ということである。『省察』と「答弁」とにおける「観念」説を同じく「観念」についての理説として抱擁しようとする場合の核心はここにある。デカルト的「観念」説における根底的に哲学的問題もここにある。「事物《もの》の観念」という規定と「思惟されるすべて」という規定の差異せざるをえない所以が問われなければならない。『省察』から諸「答弁」へとデカルト的「観念」説は〈展開〉する、とわれわれは解釈した（本書「第三部第二章」参照）。『省察』から諸「答弁」へという時の流れがデカルトの思索の流れにどのように打ちよせているのか。このことについては、これまで〈違い・異同〉ばかりが論じられてきたと思われる。ただし、J.-L. MARION とJ.-M. BEYSSADE によって登り口に向かっての一段は与えられている（JEAN-LUC MARION 1996, Le statut responsorial des *Meditationes*, dans *Questions cartésiennes II*, PUF, 1996, pp. 317-338 (dans *Objecter et répondre*, publié sous la direction de J.-M. BEYSSADE et J.-L. MARION, PUF 1994, pp. 3-19.) & JEAN-MARIE BEYSSADE 1994, Méditer, objecter, répondre, dans *Objecter et répondre*, publié sous la direction de J.-M. BEYSSADE et J.-L. MARION, PUF 1994, pp. 21-40.)。しかし、われわれは、いまだ登り口を見つけてはいないのではないか。手掛かりは「観念」についての規定の差異にある。

第二節　「事物《もの》の観念」と「思惟されるすべて」

『省察』本文における「観念」の規定は「第三省察」における「事物《もの》の観念」に尽きる。「第二答弁・諸根拠」では「思惟の形相」（AT. VII, 160. 14-15）（「第三答弁」では「知得の形相（AT. VII, 181, 11-12）」とされている。さらに「第三答弁」では「精神によって知得されるすべて」（AT. VII, 181, 11-12. これが先の規定と同じ場所であることに注意をはらうべきである。つまり、「哲学者によって使い古された」「知得の形相」を「知得されるすべて」としてデカルトは用いているのである、そこ）にまで、そして「第五答弁」でデカルトは観念を「思惟されるすべてにまで広げる」（AT. VII, 366. 20-21）。諸「答弁」における「観念」の規定はこれに終着する。「思惟されるすべて」という規定には「事物《もの》の」という規定も含まれるように思われる。諸「答弁」的な広義の「観念」規定に『省察』本文的な狭義の「観念」規定が包摂されるように見える。果してそうであろうか。「私自身の観念」および「対象的実象性」という概念がこの点での差異を印す試薬になる。

後者については、既に明らかにしたところであるので、「私自身の観念」について、既になしたところ（本書一六〇－一六三頁）とは若干異なる角度から検討しよう。「私自身の観念」について『省察』本文から読みとられることを次の四点に纏めることができる。第一に、「私自身の観念 idea mei ipsius」（AT. VII, 43. 05-09 & 44. 18-28）と言われるその「私」が他の存在者、他の人間と同列におかれる「私」であること。第二に、「その観念の原因が私自身ではない」ような原因の探査から「私自身の観念」を除外してよいこと（ATVII, 42. 18-43. 04）。つまり、「私自身の観念」を「私」は「私」から取ってくることができる、ということ。第三に、その観念が「本有的」

であること（AT. VII, 51. 06–14）。第四に、「私自身の観念」の「私自身」が「思惟する事物《もの》 res cogitans」のかぎりであり、「身体から実際に区別」されること（AT. VII, 78. 13-20）。以上の四点である。「私」は「私と同じような mei similes 他の人間たちを表象する」（AT. VII, 43. 03-04）観念をもっている。『省察』本文における「私自身の観念」の表象する内容は、他の人間の観念が表象する内容と「同じよう」である。「私」と他人との間に超越的な障壁はこの限りでは置かれていない。あなたも彼女も彼も「私」と同じように「思惟する事物《もの》」としての人間である。そのことを「私」は知の獲得過程へと遡及することなしに、獲得しうる。「神」、「物体的な事物《もの》」、「天使」、「動物」、「他の人間」などと、「私」が並べ立てるとき（AT. VII, 43. 01–04）、「私は思惟する事物《もの》である」という「第一の認識（AT. VII, 35. 06–10）の知ることにおける第一性の意義は〈非時間的な、ロゴスの上での〉〈既に〉という層において摑まれている。このことが神の実在証明の意義とともに捉え直されて「本有観念」という表現をもつ。

この「私自身の観念」は、マルブランシュによって否定され（自分の心は「意識つまり内的感得 conscience ou sntiment intérieur」によって知られるとされ（N. MALEBRANCHHE, *De la recherche de la vérité*, 1. 3, p. 2, ch. 7, t. 1, pp. 448–455）、カントによって「仮象」とされ（*Cf.*「思惟するものとしての私は内的感覚の対象 ein Gegenstand des inneren Sinnes であって、心と呼ばれる。外的感覚の対象であるものは身体と呼ばれ」（I. KANT, *Kritik der reinen vernunft*, A342/B400））、現象学にとってはとどかぬ夢と化す。なぜか。「事物《もの》の観念」としての観念把握と意識の問題が混同されるからである。対象認識と形相認識［自己認識と他者認識］との差異が、当の存立事態の差異の評価を抜きにして、〈形式ないしモデル〉〈物理学、形而上学、［心理学、社会科学］〉の差異に還元される。ヒュームが明らかにしたことをよりさらに進めれば、意識内容のどこを探しても意識主体は意識内容としてしか現れないのは理の当然である。「私自身の観念」は「私は実体である」（AT. VII, 45. 20）という表象内容をもつ観念である。「神」、「物体的な事物《もの》」、「天使」、「動物」、「他の人間」などの観念と同様に、対象的実象性をもつ観念である。「私自身の観念」は神の実在証明を介して、「私」が実体であることの意義が見出されることをとおして、その内実と役割が定まる。「私自身の観念」として摑まれる「私」は、経験の可能性のア・プリオリな最終制約なのではない。「第三省察」において摑まれた「私」は、「私」にとって、「私」が〈知ること〉と〈あること〉の拠点である。有限性という範域のなかで、それだけで実在するという意味で〈あること〉の第一性である、かつ、「思惟する事物《もの》」として知ることの第一性をなす。もちろん、「私」が「われわれ」と成りゆくためには、なお無限なるものに跳ね返されねばならない。

反論者がこの「私自身の観念」という問題に触れるのは「第三反論」「第五反論」においてである。ホッブズはまさしくカント的な物言いをする。つまり、「私自身の観念は、（もし私の身体が観られるならば）見ることから生じ（もし心ならば）およそ心の観念はない」（AT. VII, 183. 15-17）、と。デカルトは「構像力に描かれた心の像は与えられていないが、だがしかし、私が観念と呼ぶ当のものは与えられている」（AT. VII, 183. 23-25）と答える。ガサンディの「第三省察」への反論の第二項は、すべての観念を外来観念であるとする点を骨子とする。「事物《もの》の観念 Idea Rei」さえも「精神が概念を抽象し形成する」ことによって得られる、とされる（AT. VII, 281. 05-11）。ガサンディの批判を受け入れるならば、「精神が複合したり、合成したりして作り出すキマエラの観念が、精神自身によって作られるのではなく、外来的なものである（AT. VII, 362. 10-12）と結論することになる。そういう考え方をすれば、ガサンディの反論もガサンディが作ったのではないことになる。「あなたの反論の形相（形式）は、あなたが用いた個々の語のうちにあるのではなく、合成にのみ存するのである」（AT. VII, 362. 18-19）。これがデカルトの答えである。

同じく「第三省察」第六項のガサンディによる反論は、「あなたがさまざまな観念の実象性の原因ではなく、諸観念によって表象された事物《もの》そのものが原因である」(AT. VII, 291. 08-10) という主張を中核にする。抜き出してみれば、次のようになる。「あなたはあなたの観念を何ももたないか、あるいは、たかだか不分明で不完全な観念しかもたない」(AT. VII, 292. 01-02)。「あなたはあなたの観念をもたないし、もつこともできない」(AT. VII, 292. 05-06)。「知性は自己自身を知解しない」(AT. VII, 292. 09)。「なるほど直接的 directa ではないが、反省的認識 reflexa cognitione によって、あなたはあなたを知得する」(AT. VII, 292. 25-26)。この「反省的認識」とはいわば照り返しのことであり、間接的に折れかえって得られる認識のことである。「眼と鏡の間に隔たりがあるように inter oculum speclumque est interstitium」(AT. VII, 292. 20-21)。ホッブズと同工異曲の批判と解することができる。これに対してデカルトは次のように応える。それらの反論は「答弁を求めてはいない」(AT. VII, 366. 18-19)、と。「あなたは観念という名称を構像力に描かれた像にのみに限定しているが、しかし実はこの私は、思惟されるすべてにまで広げている」(AT. VII, 366. 19-21)。「精神だけが鏡をも、目をも、自分自身をもまた認知する」(AT. VII, 367. 05-06)。感覚を介さない観念を認めるか否かということによって「事物《もの》の観念」という把握の問題性が視界からはずれてしまう。諸「答弁」のなかには、デカルト自身に由来をもつ「私自身の観念」という表現は見出されない。

それでは「思惟されるすべて」が観念であるとされる場合に、その「思惟されるすべて」のなかにどのようにして他人と同列なる「私」が含まれるのか。「思惟されるすべて」が観念であるならば、「私自身の観念」も「神の観念」も観念であるという理解が成り立つことになる。慥かに、これらの「観念」も「思惟されるすべて」の中に入るが、しかし、これらとこの観念とを同じレヴェルにおくことはできない。デカルトは、以上の箇所で「私自身の観念」の問題に対して「事物《もの》の観念」との関連で答えてはいない。いわば〈自己意識〉の成立が語られるような問題系に入って応答をしている。ホッブズからすれば、「われわれが観念なしに心と呼ぶもの」は「理性によってわれわれが推論する」(AT. VII, 183. 17-19) 結果のように見えている。ホッブズも、ガサンディも「私自身の観念」が「事物《もの》の観念」であるということが理解できない。このことを「対象的実象性 realitas objectiva」ということに即して考えてみるならば、既にわれわれの示したように、「対象的実象性」がその固有の働きを為すと考える限り、「事物《もの》の観念」と〈思惟についての観念〉を区別せざるをえない(本書一五四頁―一五七頁参照)。「思惟されるすべて」を観念とする規定は、そのうちに「事物《もの》の観念」という規定をも包摂しつつも、しかし、事物《もの》を対象にする観念と観念をも対象とする思惟との差異は、規定上の包摂関係には還元しえぬ差異なのである。対象認識は形相認識に汲み尽くされることはない。

第三節　対象認識と形相認識

『省察』本文的「観念」の規定は「事物《もの》の観念」であり、諸「答弁」にはこの規定は規定としては見られることがない。このことはまた、諸「答弁」には「観念」を「思惟の様態」(AT. VII, 37. 26, 40. 07-08, 41. 20) とする規定が見出されないということとも関連する。「思惟されるすべて」が観念であるならば、そしてそれが観念の観念をも含むならば、思惟の様態の様態をも認めることになる。しかし、様態の様態はもはやない。われわれは『省察』的「観念」から諸「答弁」的観念への展開を、「〈対象認識〉がその実在的基盤を保証された上で「事物《もの》の」という規定が不要になる」と表現した（本書一六三頁）。逆に眼差しを向けるならば、「対象的実象性」という概念は対象認識の成立根拠を明らかにするときに用いられる概念なのである。神の実在を証明するとは「私」の認識が「われわれ」の認識になることの可能性の理拠を明らかにすることである。対象認識が客観的妥当性をもつ認識であることの成り立つ次第がそこにおいて開示される。物体の実在証明は、対象認識が対象にとどくことの理を、感覚の直接性として開きだす。『省察』の「観念」は「事物《もの》として「対象的実象性」をもたねばならない。そのことが問われないような類の観念は、観念を「事物《もの》の観念」とする限り、「質料的に虚偽」なる観念であるとされる。事物《もの》についての表象内容である「対象的実象性」は「対象的にある」。この〈あり方〉は知性を支えとするにしても、知性によって産出されるのではない。「観念」が「私の内にある」ということのためには知性の働きが要求される。観念は「対象的実象性」をもつ。この「対象的実象性」は「私」ではない事物《もの》の「私」のうちなるありさまである。その点では、「対象的実象性」の〈ある〉こと、つまり「対象的にある」ことは、知性の働きに支えられている。言い換えれば、「私」が観念を知得する限りで、観念が知得されなければ存立しないという意味でのみ、観念がもつ「対象的実象性」の「対象的にあること」は知得することに支えられる。しかしながら、「対象的実象性」が「私」ではない事物《もの》についての表象内容である限り、そして、その内容の原因を探求することができる限り、その内容の〈ある〉ことは「私」の働きとは一切無縁である。この「対象的実象性」と「対象的にあること」との区別、さらには、観念が「私の内にある」ことと実体が「私の外に実在する」こととの区別が総じて見失われている点に、デカルト的「観念」に関する諸解釈の混乱の源がある。

たとえば、ヨルトンは「存在的 ontic」な要因をできるだけ縮約し、意味論的に解釈しようとする。彼にとって肝要な点は、観念と対象との類似性の否定（YOLTON, 1984, p. 39. 翻訳一七〇頁）と「第三の何か tertium quid」 (*e. g.* YOLTON, 1975, p. 164) の拒絶である。彼によれば、「観念（代）表象説 representative theory of ideas」はこの両方を払拭できないことになる。そこで彼は「知得とその内容を認識的なものとみなし、その両者の間に存在的分離をしない知識論」(YOLTON, 1975, p. 162) と彼の規定する「直接実在論 direct realism」を採用する。しかしながら、上に指摘した〈存在論的 ontologique〉な差異を認めないことは、ヨルトンを含む英米系の研究者に顕著に見られるように、「観念」についてのデカルトの理説を認知の理論へと変質せしめることになる。その場合にはなぜ神の実在を観念に即して証明しなければならないのかという理由がなくなる。表象ということで類似性の浸食に怯えなければならないのは、デカルト的表象内容が、その対象を前提としないあり方をすること、つまり「対象的にあること」を理解していないからである。「私の外に」対象が実在し、そのことを前提にしてはじめて、「私の内にある」観念がその対象を表象するということが確認されるのではない。「私」の知得する観念が表している内容について「私」が知得しているということの原因以外に、内容そのものの原因を問うことができる。そのようなあり方で表象内容はある。そこには類似性に染まる余地はない。しかしそれでも、「対象的にある」「対象的実象性」を認めることは、「意味の第三世界」を認めること、つまり、われわれの認識を離れて少なくとも認識素たる観念内容が〈知ること〉と〈知られること〉とは別に、独立して存在すること、これを認めることではないのか。

まず第一に、デカルト的「観念」は認識素ではない。人間の知る営みと独立に決まっている認識の単位ではない。われわれによって見出され共有されるものである。第二に、事物《もの》の「観念」にせよ、それの「対象的実象性」にせよ、事物《もの》の代理としての表象ではない。事物《もの》の何であるかがそれをとおして明らかになる何かである。その何であるかは探究をとおして獲得される。観念を明晰判明にするということが真理の探究の途なのである。予め何であるかが探究以前に判明な仕方で与えられているということはない。この予め与えられている探究されるべき何かが

「私」とは独立に与えられているとすることが「第三の何か」を措定することである。第三に、「対象的にある」ということは、表象された表象性の原因を問うことを可能にする存在論的差異である。デカルトが実象性の原因を問うのは「第三省察」と「第六省察」においてである。神が実在することの意味、物体が実在することの意味を解明するときにだけ用いられる概念である。たとえば、物体的個物の性質についての認識を明らかにする際には、何の働きもなしえない概念である。「対象的実象性」も「対象的にあること」も個々の対象について、その認識がどのように行われているかを示そうとする認知理論の歯車ではない。対象認識が成立する根拠を明らかにする説明方式の一環である。

それでは、「思惟されるすべて」にまで「観念」が広げられる諸「答弁」的「観念」説をどのようにわれわれは解釈すべきなのか。われわれはこの事態を『省察』本文においていわゆる「自己意識」の問題は生じているが、そこではこの問題系は観念をめぐる問題系と未だ出会ってはいないことを指摘し、「思惟内容を対象化するという」地点にデカルト的「意識」概念成立の発端を見出した。もちろん、諸「答弁」には纏まった「観念」論はない。「思惟されるすべて」を「観念」とする地点に立つならば、『省察』の発見の歩みを捉え返す形相認識の総合的整理、対象認識の具体的展開としての自然的諸学、自己認識の展開としての「情念」の理論、これらへの展望がかくして開かれる。

第四章　デカルト「観念」説に関する文献表

「観念」の定義、「観念」説の展開、「観念」の「対象的実象性」・「対象的存在」、「本有観念」、「質料的虚偽」、デカルト哲学における「観念」説の意義、デカルト的「観念」の哲学史的位置などに関する基礎的文献、これらの問題を論じる場合に要求される研究文献その他を以下に掲げる。ただし、これらは一九九七年までに収集されたものである。

基礎文献

Œuvres de Descartes, publiée par Charles Adam et Paul Tannery, Nouvelle présentation, Vrin 1964-1973.

Descartes, Correspondance, publiée par Ch. Adam et G. Milaud, Félix Alcan, 1936-1963.

Descartes: Œuvres philosophiques, édition de F. Alquié, Garnier 1963/t. I, 1967/t. II, 1973-t. III.

Les textes des《*Meditationes*》, publiée par Tokoro Takefumi, Chuo University Press, 1994.

Descartes, L'entretien avec Burman, Édition, traduction et annotation par J.-M. Beyssade, P. U. F., 1981.

Concordance to Descartes' Meditationes de prima Philosophia, Prepared by K. Murakami, M. Sasaki and T. Nishimura, Olms-Weidmann, 1995.

AUGUSTINUS, *De diversis quaestionibus LXXXIII*, (qu. 46, 2).

THOMAS AQUINAS, *Quæstiones disputatæ de veritate*, (qu. 3, art. 1-8).

THOMAS AQUINAS, *Scriptum in IV libros Sententiarum*, (lib. I, dist. 36, qu. 2, art. 1 & 2) (dans É. GILSON, *Index Scolastico-Cartésien*, 1912 Paris; Burt Franklin, pp. 136-137).

THOMAS AQUINAS, *Summa Theologiæ*, (p. I, qu. 15, art. 1& 3).

THOMAS AQUINAS, *Quaestiones Quodlibetales*, (IV, qu. 1. art 1).

J. DUNS SCOTUS, *Opera Ommia*, Vivès éd. 1893-1894, vol. IX, XII, XVII, *Opus Oxoniense*, (Op. Ox., lib. 1, dist 13, unica; diet. 8,. q. 4 n. 10; lib. I, dist 35, qu. unica, n. 10: dist. 36, qu. unica, n. 10: dist. 39. qu. unica, a. 2, n. 7).

J. DUNS SCOTUS, *Opera Omnia*, præside P. Carolo Balić, (*Ordinatio* I, dist. 3, p. 1, qu. 4, t. 3, p. 170; dist. 3, p. 2, qu. 2, t. 7, pp. 552-554; dist. 35, qu. unicat t. 6, t. 6, pp. 256-258: dist 36, qu. unica, t. 6, pp. 288-289, p. 290: t. 6, p. 407).

OCKHAN, *Scriptum in Librum in Librum Primum Sententiarm* [seu] *Ordinatio*, dans *Opera Philosophica et theologica, Opera theologica*, t. 4, St. Bonaventure University, 1979, *Ordinatio*, (lib. I, dist. 35, qu. 1, t. 4, p. 432; qu. 2, t. 4, p. 440; qu. 5, t. 4, pp. 485-486, p. 484, p. 488, p, 490, p. 492, p. 493, p. 494,; qu. 6, t. 4, p. 513, p. 522).

FRANCISCO SUAREZ, *Disputationes metaphysicæ*, [Salamanca 1597]: Paris 1866: Olms 1965, (disp. 2, sect. 1, t. I, p. 65; disp. 7, sect. 1, art. 21; disp. 25, sect. 1, t. 1, pp. 899-914; sect. 2, p. 916; disp 31, sect, 1, art. 13; disp.

31, sect. 6, art. 15)

PETRUS FONSECA, *Commentarionum in Metaphysicorum Aristotelis Staggiritæ Libros*, Köln 1615: Olms 1964, (lib. IV, cap. 2, qu. 2, sect. 1, t. 1, pp. 710-711).

FRANSISCUS TOLETUS, *Commentaria, una cum quæsionibus, in universam Aristotelis logicam, dans Opera omnia philosophica*, Roma 1572: Köln 1615/16: olms 1985, t. I-III, (p. 25, p. 33).

A. ARNAULD, & P. NICOLE, *La logique ou l'art de penser*, Frammarion, 1970, (p. I, ch. IV, p. 82).

A. ARNAULD, & P. NICOLE, *La logique ou l'art de penser*, Édition critique par P. CLAIR et F. GIRBAL, J. VRIN, 1981.

A. ARNAULD, *Des vraies et des fausses idées,* ch. VI, dans *Œuvres,* (t. 38, p. 204).

A. ARNAULD, *Des vraies et des fausses idées*, Texte revu par Christiane FRÉMONT, Fayard, 1986.

N. MALEBRANCHE, *De la recherche de la vérité*, dans *Œuvres compleses*, Vrin C. N. R. S, 1961-1977, (lib, III, p. II, ch. 1, § 1, § 1, p. 382 *etc.*; Eclaircissement XI, t, IIIm, p. 163, *etc.*; lib. III,p. I, ch. 1, § 1, t. I, p. 382 *etc.*; Eclaircissement XI, t. III, p. 163, *etc.*; lib. III, p. Ich. 1, § 1, t. I, p. 382; III-II-VII, § 1, t. I, p. 448; III-II-VII, § 4 *passim*; VI-II-V, t. II, p. 366).

P. S. REGIS, *Cours entier de philosophie*, (lib. I, p. ch. I, p. 68; Dictionnaire des termes propres à la philosophie), Amsterdam, 1691.

B. SPINOZA, *Tractatus de intellectus emendatione*, dans *Opera*, hrsg. von C. GEBHART, (t. II, pp. 14-15).

G. W. LEIBNIZ, *Nouveaux essais sur l'entendement humain*, (lib. II, ch. 1).

J. LOCKE, *An Essay Concerning Human Understanding*, (BK. II, ch. 1, §1).

LOUIS DE LA FORGE, *Traité de l'esprit de l'homme,* dans P. CLAIR, *Louis De La Forge, Œuvres Philosophiques*, P. U. F., (pp. 133-134, p. 158).

A. GEULINCX, *Annotata latiora in Principia Philosophiæ Renati Descartes*, dans *Opera Philosophica*, ed. J. P. N. LAND, (t. III, p. 369, pp. 373-374).

J. CLAUBERG, *Notæ in Cartesii Principiorum Philosophiæ*, dans *Opera Omnia Philosophica*, (t. I, p. 497).

J. CLAUBERG, *Exercitationes Centum de Cognitione Dei & Nostri*, dans *Opera Omnia Philosophica*, (t. I, p. 609).

THOMAS REID, *Essays on the Intellectual Powers of Man*, 1785.

M. HEIDEGGER, *Der Kategorien-und Bedeutungslehre des Duns Scotus*, *Frühe Schriften*, Vittorio Klostermann, 1972.

M. HEIDEGGER, *Die Grundprobleme der Phänomenologie*, *Gesamtausgabe*, Bd. 24, Vittorio Klostermann, 1975 (S. 49, S. 50).

I. KANT, *Kritik der reinen Vernunft*, (B142, A574/B602, A569/B597, A437/B465, A567/B595, A592/B620, A630/B568).

報　告　書

「報告書」(1)『デカルト『省察』の（共同作業による）批判的註解とその基本的テーマの問題論的研究』（昭和六〇年度科学研究費補助金研究成果報告書）研究代表者、中央大学教授、所雄章

「報告書」(2)　『デカルト『省察』の（共同作業による）批判的註解とその基本的テーマの問題論的研究』（昭和六三年度科学研究費補助金研究成果報告書）研究代表者、中央大学教授、所雄章

「報告書」(3)　『デカルト『省察』の（共同作業による）批判的註解とその基本的テーマの問題論的研究』（平成三年度科学研究費補助金研究成果報告書）研究代表者、中央大学教授、所雄章

「報告書」(4)　『デカルト『省察』「反論と答弁」の共同作業による校訂版の作成と基本的諸テーマの研究』（平成九年度科学研究費補助金研究成果報告書）研究代表者、東洋大学教授、村上勝三

研究文献

A

RAZIEL ABELSON, Depth Grammar and Necessary Truth, in *Language and Philosophy* ed. by SIDNEY HOOK, New York Unibersity Press, 1969, pp. 215-220.

RICHARD E. AQUILA, Brentano, Descartes and Hume on awareness, *Philosophy and Phenomenological Research*, XXV, 1974-75, pp. 223-239.

LILLI ALANEN, Cartesian Ideas and Intentionality, in *Language, knowledge and intentionality*, *Acta Philosophica Fennica*, Vol. 49, Helsinki, 1990.

LILLI ALANEN, Sensory Ideas, Objective Reality, and Material Falsity, in *Reason, Will and Sensation: Studies in Descartes's Metaphysics*, Edited by J. COTTINGHAM, Oxford 1994.

LILLI ALANEN, Une certaine fausseté matérielle: Descartes et Arnauld sur l'origine de l'erreur dans la perception sensorielle, dans *DESCARTES. Objecter et répondre*, publié sous la direction de J.-M. BEYSSADE et J.-L. MARION, PUF 1994.

FERDINAND ALQUIÉ, *La découverte métaphysique de l'homme chez Descartes*, P.U.F. 2e éd. 1966.

FERDINAND ALQUIÉ, Expérience ontologique et déduction systématique dans la constitution de la métaphysique de Descartes, dans *Descartes*, Cahiers de Royaumont, Les Édition de Minuit, 1975.

FERDINAND ALQUIÉ, *Descartes, Œuvres philosophiques*, édition de F. ALQUIÉ, Garnier 1963/t. 1, 1967/t. 2, 1973/t. 3 (t. 2, p. 434, n. 1; p. 434, n. 3; p. 509, n. 1; pp. 673-674, n. 1).

JEAN-ROBERT ARMOGATHE, Sémantèse *d'idée / idea* chez Descartes, in *Idea*. VI Colloquio Internazionale, éd. par M. FATTORI et M. L. BIANCHI, Editioni dell'Ateneo Rome, 1990.

B

EFREM BETTONI, *Duns Scotus: The basic principles of his philosophy*. Catholic University of America, 1961.

JEAN-MARIE BEYSSADE, *La philosophie première de Descartes*, Flammarion, 1979.

JEAN-MARIE BEYSSADE, Descartes on Material Falsity, dans *Minds, Ideas and Object*, ed. Ph. CUMMINS and G. ZOELLER, 1992.

JEAN-MARIE BEYSSADE, The idea of God and the proofs of his essence, dans *The Cambridge Companion to Descartes*, ed. John COTTINGHAM, Cambredge, 1992, pp. 174-199.

JEAN-MARIE BEYSSADE, On the Idea of God: Incomprehensibility or Incompatibilities?, dans *Essays on the Philosophy and Science of René Descartes* ed. STEPHEN VOSS, Oxford University Press, 1993, pp. 85-96.

Jean-Marie Beyssade, Méditer, objecter, répondre, dans *DESCARTES. Objecter et répondre*, publié sous la direction de J.-M. Beyssade et J.-L. Marion, PUF 1994, pp. 21-40.

Jean-Marie Beyssade, Sensation et idée: le patron rude, in *Antoine Arnauld: Philosophie du langage et de la connaissance*, éd. par J.-C. Pariente, J. Vrin, 1995, pp. 133-152.

Michelle, Beyssade, Réponse à Lilli Alanen et à Raul Landim sur la fausseté matérielle, dans *DESCARTES. Objecter et répondre*, publié sous la direction de J.-M. Beyssade et J.-L. Marion, PUF 1994, pp. 230-246.

Ralph M. Blake, Note on the Use of the Term IDÉE prior to Descartes, in *The Philosophical Review*, vol. 48, 1939, pp. 532-535.

Martha, Bolton Confused and Obscure Ideas of Sense, in *Essays on Descartes' Meditations*, ed. by A. O. Rorty, University of California Press, 1986, pp. 389-404.

C

Pierre-Alain Cahné, *Un autre Descartes-Le philosophe et son langage*, Vrin, 1980.

Vere Chappell, The Theory of Ideas, in *Essays on Descartes' Meditations*, ed. by A. O. Rorty, University of Calfornia Press, 1986, pp. 177-198.

N. Chomsky and J. Katz, On Innateness: A Reply to Cooper, in *The Philosophical Review*, vol. 84, 1975.

John, Cottingham, *A Descartes Dictionary*, Basil Blackwell, 1993.

David E. Cooper, Innateness: Old and New, in *The philosophical Review*, Vol. 81-1972, pp. 465-483.

FREDERICK C. COPLESTON, *Aquinas*, 1955-1977, Pelican Books.

TIMOTHY J. CRONIN, *Objective Being in Descartes and in Suarez*, Gregorian University Press, 1996.

D

ARTHUR DANTO, Semantical Vehicles, Understanding, and Innate Ideas, in *Language and Philosophy*, ed. by SIDNEY HOOK, New York University Press, 1969, pp. 122-137.

ARTHUR DANTO, The Representational Character of Ideas and the Problem of the External World, in *Descartes: Critical and Interpretive Essays*, The Johns Hopkins University Press, ed. by MICHAEL HOOKER, 1978, pp. 287-297.

ROLAND DALBIEZ, Les sources scolastique de la théorie cartésienne de l'être objectif, dans *Revue d'histoire de la philosohie*, 1929 (III), pp. 464-472.

MARCELO DASCAL, *La sémiologie de Leibniz*, Aubier Montagne, 1978, (pp. 166-167).

CATHERINE G. DAVIES, *《Conscience》 as Consciousness: The Idea of Self Awareness in Frenche Philosophical Writing from Descartes to Diderot*, Voltaire Foundation, Oxford, 1990.

GEORGES DICKER, *Descartes, An Analytical and Historical Introduction*, Oxford University Press, 1993 (pp. 89-108).

DANIEL DUVOIS, Idée, peinture et substance, dans *Les Études pholosophiques*, no. 1-2, 1996.

E

RUDOLF EUCKEN, *Geschichte der philosophischen Terminologie*, Olms, 1891/1964.

F

FRANCIS FERRIER, *William Chalmers*, 1968, P. U. F.

FRANCIS FERRIER, L'influence scotiste sur les philosophes du XVIIème siècle, dans *Recherches sur le XVIIe siècle*, C. N. R. S., 1976, pp. 35-49.

RICHARD W. FIELD, Descartes on the Material Falsity of Ideas, in *philosophical Review*, 102, 1993, 3, pp. 309-333.

DANIEL F. FLAGE, CLALENCB A. BONNEN, Descartes and the Epistemology of Innate Ideas, in *Historical Philosophical Quarterly*, 1992, 9, 1, pp. 19-33.

福居純『デカルト研究』創文社、一九九七年。

G

ÉTIENNE GILSON, *Index Scolastico-Cartésien*, 1912 Paris; Burt Franklin

ÉTIENNE GILSON, *René Descartes: Discours de la méthode*, Texte et commentaire par Étienne Gilson, J. Vrin 1967 (1er éd. 1925).

ÉTIENNE GILSON, *Études sur le rôle de la pensée médiévale dans la formation du système cartésien*, J. Vrin, Troisième édition 1967 (1er éd. 1930).

ÉTIENNE GILSON, *Jean Duns Scotus*, J. Vrin, 1952.

ÉTIENNE GILSON, *L'être et l'essence*, J. Vrin, 1972 (1er éd. 1962).

ÉTIENNE GILSON, *Le Thomisme*, J. Vrin, 6e éd. 1972 (1er éd. 1965).

NELSON GOODMAN, The Emperor's New Ideas, in *Language and Philosophy* ed. by SIDNEY HOOK, New York

University Press, 1969, pp. 138-142.

Henri Gouhier. *La pensée métaphysique de Descartes*, J. Vrin 2e éd. 1969 (1er éd. 1962).

Martial Gueroult. *Descartes selon l'ordre des raisons*, t. I, Aubier-Montaigne, 1968 (ler éd. 1953).

H

Octave Hamelin, *Système de Descartes*, Félix Alcan, 1921.

Robert J. Henle, *Saint Thomas and Platonism*, Nijhoff, 1956.

Dieter Henrich, *Der ontologische Gottesbeweis*, J. C. B. Mohr, 1967.

I

猪城博之「デカルトにおける「観念のレアリタス・オブエクティワ」について」『哲学年報』（九州大学）一一輯、一九五一年、一九一頁から二一三頁。

今村茂『デカルトに学ぶ』中川書店、一九八九年。

J

Nicolas Jolley, *The Light of Thought. Theories of Ideas in Leibniz, Malebranche, and Descartes*, Clarendon Press. Oxford, 1990.

K

Denis Kambouchner, Des vraies et des fausses ténèbres: la connaissance de l'âme d'après la cotroverse avec Malebranche. Appendice: Remarques sur la définition arnaldienne de l'idée, in *Antoine Amauld: Philosophie du langage et de la connaissance*, éd. par J.-C. Pariente, J. Vrin, 1995, pp. 153-190.

ANTHONY KENNY, *Descartes: A Studey of his Philosophy*, Random House, 1968.

桂寿一『デカルト哲学とその発展』東京大学出版会、一九九六年。

小林道夫『デカルト哲学の大系』勁草書房、一九九五年。

小泉義之『兵士デカルト』勁草書房、一九九五年。

黒田亘『経験と言語』「第四章　経験の可能性」東京大学出版会、一九七五年。

L

RAUL LANDIM FILHO, Idée et représentation, dans *DESCARTES. Objecter et répondre*, publié sous la direction de J.-M. BEYSSADE et J.-L. MARION, PUF 1994, pp. 187-203.

ROGER LEFÈVRE, *La Structure du cartésianisme*, Publications de l'Université de Lille III, 2ème trimestre 1978.

THOMAS M. LENNON, Representationalism, judgment and perception of distance: further to Yolton and McRea, in *Dialogue* (Canada), vol. 19, 1980, pp. 151-162.

A. O. LOVEJOY, 'Representative Ideas' in Malebranche and Arnauld, in *Mind,* vol. 32, 1923, pp. 449-461.

M

JOHN L. MACKIE, The Possibility of Innate Knowledhe, in *Proceedings of the Aristotelian Society*, vol. 70, 1969-1970, pp. 245-257.

JOHN L. MACKIE, *Problems from Locke*, Clarendon Press, 1976, pp. 209-225.

LOUIS MARIN, *La critique du discours*, Les Éditions de Minuit, 1975.

丸山圭三郎『ソシュールの思想』岩波書店、一九八一年。

JEAN-LUC MARION, *Sur l'ontologie grise de Descartes*, vrin, 1975.

JEAN-LUC MARION, *René Descartes: Règles utiles et claires pour la direction de l'esprit et la recherche de la vérité*, Martinnus, Nijhoff, 1977, p. 42.

JEAN-LUC MARION, *Sur la théologie blanche de Descartes*, P. U. F., 1981.

JEAN-LUC MARION, *Sur le prisme métaphyique de Descartes*, P. U. F., 1986.

JEAN-LUC MARION, Quelle est la méthode dans la métaphysique? dans *Questions cartésiennes I*, PUF, 1991, pp. 75-110.

JEAN-LUC MARION, Le statut responsorial des *Meditationes,* dans *Questions cartésiennes II*, PUF, 1996, pp. 317-338 (dans *Objecter et repondre*, publié sous la direction de J.-M. BEYSSADE et J.-L. MARION, PUF 1994, pp. 3-19.).

GOTTFRIED MARTIN, *Immanuel Kant, Ontologie und Wissenschafttheorie*, Gruyter, 1983.

ANDRÉ MARTINET, *Éléments de linguistique générale*, Armand Colin, 5e éd., 1965.

ROBERT MC RAE, Innate Ideas, in *Cartesian Studies*, ed. by R. J. BUTLER, Basil blackwell, 1972, pp. 32-54.

MURRAY MILES, The Idea of Extension: Innate or adventitious? On R. F. MC RAE's Interpretation of Descartes, *Dialogue, Canadian Philosophical Review*, 1988, 27, 1, pp. 15-30. Réponse de MC RAE, pp. 24-29; commentaire de M. MILES, pp. 29-30.

水野浩二「観念の「表現性」の問題－ガッサンディのデカルト批判をめぐって－」『哲学』日本哲学会、三二号、一九八二年。

宮崎隆「デカルトにおける本有観念としての神－その受動の仕方－」『待兼山論叢』大阪大学文学部（哲学）二二号、一九八八年。

宮崎隆「デカルトにおける感覚的観念の受容の仕方－感覚的観念と情念との関係を手掛かりに」『カルテシアーナ－』大阪大学文学部哲学史第一講座、一〇号、一九九〇年。

Denis Moreau, Arnauld, les idées et les vérités éternelles, dans *Les Études philosophiques*, no. 1-2, 1996.

持田辰郎「デカルトにおける観念の正当性とライプニッツの批判」『名古屋学院大学論集人文・自然科学篇』二七号（1）、一九九〇年。

持田辰郎「デカルトにおける観念の精錬と、神の実在のア・プリオリな証明」デカルト研究会編『現代デカルト論集Ⅲ』勁草書房、一九九六年、一八七頁から二二四頁。

村上勝三「デカルト哲学における客象的レアリタス」『哲学』日本哲学会、二八号、一九七八年。

村上勝三「デカルト的「観念」の〈あり方〉（一）」『文学会志』山口大学、三二号、一九八一年。

村上勝三「デカルト的「観念」の〈あり方〉（二）」『文学会志』山口大学、三三号、一九八二年。

村上勝三「デカルト的「観念」説における《esse objectivum》の意義」『西日本哲学会会報』、三〇号、一九八二年。

村上勝三「「観念」と「意識」」『文学会志』山口大学、三四号、一九八三年。

村上勝三「デカルト哲学における「本有観念」と「観念」の本有性」『哲学雑誌』九九号、一九八四年。

村上勝三「中世スコラ哲学における「イデア」説からデカルト哲学における「観念」説へ」『文学会志』山口大学、三九号、一九八八年。

村上勝三『デカルト形而上学の成立』勁草書房、一九九〇年。

武藤整司「デカルトにおける「質料的虚偽」概念の検討」『高知大学学術研究報告人文科学』四一号、一九九二年。

N

中川純男「イデアと観念　アウグスティヌスのイデア論」『理想』第六三六号、一九八七年、四九頁から六〇頁。

中本泰任「デカルトにおける観念の真－偽について－自然学の基礎学としての形而上学という観点から　1」『カルテシアーナ』大阪大学文学部哲学哲学史第一講座、六号、一九八五年。

中本泰任「デカルトにおける観念の真－偽について－自然学の基礎学としての形而上学という観点から　2」『カルテシアーナ』大阪大学文学部哲学哲学史第一講座、七号、一九八六年。

ALOYSE R. NDIAYE, *La Philosophie d'Antoine Arnauld*, J. Vrin, 1991.

西本恵司「デカルト的観念について－「第三省察」「第二答弁」における観念の定義をめぐって－」『哲学年報』九州大学、四〇号、一九八一年。

CALVIN NORMORE 1986, Meaning and Objective Being: Descartes and His Sources, in *Essays on Descartes' Meditations*, ed. by A. O. RORTY, University of Calfornia Press, 1986, pp. 223-241.

O

小澤明也「日本におけるデカルトに関する文献（一九七九－九四）」デカルト研究会編『現代デカルト論集III』勁草書房、一九九六年。
C. SS. R. JOSEPH OWENS, Faith, Ideas, Illumination, and Experience, in *The Cambridhe History of Later Medieval Philosophy*. Cambridhe University Press, 1982, pp. 440-459.

P

JEAN-CLAUDE PARIENTE, *L'analyse du langage à Port-Royal*, Les Éditions de Minuit 1985.

R

JONATHAN RÉE, *Descartes*, Allen Lane, 1974.

G. [RODIS-] LEWIS, *Le Problème de l'inconscient et le cartésianisme*, P. U. F., 1950.

G. RODIS-LEWIS, *L'Œuvre de Descartes*, J. Vrin, 1971.

G. RODIS-LEWIS, *Descartes: Textes et débats*, Le Livre de Poche, 1984.

G. RODIS-LEWIS, L'arrière-plan platonicien du débat sur les idées: De Descartes à Leibniz, in *Idée et vérités éternelles chez Descartes et ses succeseurs*, J. Vrin, 1985, pp. 19-38 (Permanence de la philosophie. Mélanges offerts à J. MOREAU; éd. de la BACONNIÈRE et PAYOT, pp. 221-240).

G. RODIS-LEWIS, L'innéité cartésienne et sa critique par Lelarge de Lignac, in *Idée et vérités éternelles chez Descartes et ses succeseurs*, J. Vrin, 1985, pp. 51-62 (*Revue des sciences humaines*, 1951, pp. 30-41).

G. RODIS-LEWIS, La Connaissance par idée chez Malebranche, in *Idée et vérités éternelles chez Descartes et ses succeseurs*, J. Vrin, 1985, pp. 63-88 (Malebranche, l'homme et lœuvre 1938-1715, Vin, 1966).

BERNARD ROUSSET, Spinoza, lecteur des objection de Gassendi à Descartes: La《Métaphysique》, dans *Archieves de Philosophie*, 1994, pp. 485-502.

S

佐藤透「心の内のイデアと心の外のオブジェクト―近代における二種の概念変化を与えたデカルトの影響につい

て―」『文化』(東北大学文学会)、五六号、一九九二年。
清水明「「観念の原因」にかんするデカルトの省察」『文経論叢』弘前大学人文学部、二一号(3)、一九八五年。
LEEN SPRUIIT, *Species intelligibilis: From Perception to Knowledhe*, Volume 2, E. J. Brill, 1995.
鈴木泉「観念・存在・内的感得―マルブランシュ・アルノー論争へ向けての予備的考察―」『教養学科紀要』東京大学教養学部、二四号、一九九二年。

T

VERNON THOMAS, *The Metaphysical Role of Ideas in the Philosophy of Descartes*, University Microfilms International, 1963.
所雄章『デカルトII』勁草書房、一九七一年。
所雄章『人類の知的遺産三二　デカルト』講談社、一九八一年。
MARTIN M. TWEEDALE, Abelard and the Culmination of the Old Logic, in *The Cambridge History of Later Medieval Philosophy*, Cambridhe University Press, 1982, pp. 143-157.

V

FREDERICK P. VAN DE PITTE, Descartes's innate ideas, in *Kant-Studien*, Bd. 76, no. 4, 1985, pp. 363-384 (*René Descartes: Critical Assessments* ed. by George J. D. MOYAL, t. I, pp. 138-160).

W

JEAN WAHL, Notes sur Descartes, *Revue Philosophique*, Mai-Août 1937.
JEAN WAHL, Exemple d'une règle inconnue: le verbe《être》chez Descartes, dans *Descartes,* Cahier De

Royaumont, Minuit, 1957 (pp. 360-375).

RICHARD A. WATSON, *The Downfall of Cartesianism 1673-1712*, A study of epistemological issues in late 17th century cartesianism, Martinus Nijhoff, 1966.

RICHARD A. WATSON, *The Breakdown of Cartesian Metaphysics*, Humanities Press International, INC. 1987.

JEAN-PAUL WEBER, *La constitution du texte des Regulæ*, Société d'Édition d'Enseignement Supérieur. 1964.

NORMAN J. WELLS, Objective Being: Descartes and His Source, in *The Modern Schoolman*, XLV, 1967.

NORMAN J. WELLS, Objective Reality of Ideas in Descartes, Caterus, and Suarez, in *Journal of the History of Philosophy*, 28, 1, pp. 33-61.

RULON WELLS, Innate knowldge, in *Laguage and Philosophy*, ed. by SIDNEY HOOK, New York University Press, 1969, pp. 96-119.

MARGARET D. WILSON, *Descartes*, Routledhe & Kegan Paul.

MARGARET D. WILSON, Descartes on The Representationality of Sensation, in M, KULSTAD and J. COVER (eds.), *Central Themes in Early Modern Philosophy*, Indianapolis, Hackett, 1990, pp. 1-22.

MARGARET D. WILSON, Descarte on Sense and Resemblance, in *Reason, Will and Sensation: Studies in Descartes's Metaphysics*, Edited by J. COTTINGHAM, Oxford 1994, pp. 209-228.

KNNETH P. WINKLER, Grade of Cartesian Innateness, in *The British Journal for the History of Philosophy*, 1, 1993, 2, pp. 23-44.

Y

山崎広光「デカルトと「観念」の問題（上）」中京大学教養論叢、第二四巻第三号、一九八三年、「一　デカルト的「観念」の独自性」。
山崎広光「デカルトと「観念」の問題（中）」中京大学教養論叢、第二五巻第一号、一九八四年、「二　「観念」の本性－表象的性格と因果的性格－」。
山崎広光「デカルトと「観念」の問題（下）」中京大学教養論叢、第二六巻第四号、一九八六年、「三　「観念」の起源－生得性と経験性－」。
山崎広光一九九二、「感覚と事物《もの》－デカルトにおける感覚的事物《もの》の「質料的虚偽」について－」『哲学』日本哲学会、四二号、一九九二年。
山田晶『トマス・アクィナスの《レス》研究』創文社、一九八六年。
山田弘明『デカルト『省察』の研究』創文社一九九四年。
JOHN W. YOLTON, Locke and the Seventeenth-Century Logic of Ideas, in *Journal of History of Ideas*, XVI, 4, Oct. 1955, pp. 431-452.
JOHN W. YOLTON, Ideas and Knowledge in Seventeenth-Century Philosophy, in *Journal of History of Philosophy*, XIII-2, April 1975, pp. 145-165.
JOHN W. YOLTON, Perceptual Cognition with Descartes, *in Studia Cartesiane* 2, Quadratures 1981, pp. 63-83.
JOHN W. YOLTON, On Being Present to the Mind: A Sketch for the History of an Idea, in *Dialogue* (Canada), XIV, 1975, pp. 373-388.
JOHN W. YOLTON, *Perceptual Acquaintance From Descartes to Reid*, The University of Minnesota Press, 1984.

（ジョン・W・ヨルトン／安藤正人訳「デカルトにおける物体の知的認識」、デカルト研究会編『現代デカルト論集Ⅱ　英米編』勁草書房、一九九六年、一三五頁から一七四頁）

あとがき

私たちの仕事はまだ途中である。しかし、いつまでも途上だと気取るわけではない。『デカルト形而上学の成立』、『デカルト研究』全三巻、『新デカルト的省察』、合わせて五部作でひとまとまりの仕事を終える。今はそこまで力がもつことを祈るような気持ちである。しかし、一歩踏み出したことには違いない。その踏み出した脚の重心は踏み出した脚を越えて前にかかっている。

本書の素材となった論文の初出を以下に掲げておく。

第一部

第一章　デカルト哲学における「客象的レアリタス」について（『哲学』日本哲学会編、二八号、一九七八年、一一六―一二六頁）

第二章　科学の光・光の科学（『レンズ・マジック』日本ブリタニカ、一九七九年、六一―七四頁）

第三章　行為と意識――見えるものを越えて（『文学会志』山口大学、三六巻、一九八五年、七五―九一頁）

第二部

第一章　「疑い」と「確実性」――『省察』における（『理想』五八九号、一九八二年、五三―六五頁）

第二章　デカルト的「観念」の〈あり方〉（二）――『規則論』における「観念」の在処（『文学会志』山口大学、三三巻、一九八二年、七一―九一頁）

第三章　デカルト的「観念」の〈あり方〉（一）（『文学会志』山口大学、三二巻、一九八一年、二三―四二頁）デカルト的「観念」説における《esse objectivum》の意義（『西日本哲学会々報』三〇号、一九八二年、五―八頁）

第三部

第一章　中世スコラ哲学における「イデア」説からデカルト哲学における「観念」説へ（『文学会志』山口大学、三九巻、一九八八年、四三―六〇頁）

第二章　「観念」と「意識」――『省察』から「諸答弁」への「観念」説の展開（『文学会志』山口大学、三四巻、一九八三年、四三―六〇頁）

第三章　デカルト哲学における「本有観念」と「観念」の本有性（『哲学雑誌』九九巻／七七一号、一九八四年、二六―四五頁）

第四部

「反論と答弁」における「観念」について（『デカルト『省察』「反論と答弁」の共同作業による校訂版の作成と基本的諸テーマの研究』科学研究費報告書、一九九八年、二〇四―二三一頁）

本書の下地になっている研究はデカルト研究会に参加された方々に支えられている。デカルト研究会は所雄章中央大学（名誉）教授を中心に、一九七九年から一九九八年まで一九年間続いた。一九九二年三月八日、九日両日に渡って所教授の命名による「われわれのデカルト研究のこれまでとこれからと」という研究集会が行われた。「これまで」側の担当者の一人として私が報告した。その一部分に次のような件がある。「デカルト研究会は楽しい会であった」。その理由は二つある。一つには「或る種の抑制がきいていた」ということがある。たとえば、「就職論文のために場を提供しようなどとは考えてこなかったこと」。もう一つは「所先生を除いて権威はいないということ」。「もし誰かが、頭ごなしの言い方をしたとしても、デカルト研究会では馬鹿にされるだけである」。「デカルト研究会に参加しても、就職には役立たない、特に今の時代では。それに、名前が売れるわけでもない。しかし、良質な哲学的議論をすることができる。だから、楽しい」。この会が二〇年目を前にして終わったのには、それなりの理由があるだろう。それはともかく本書の下地になっている論文はデカルト研究会における数々の議論の成果である。参加された方お一人お一人の名前を挙げることは最早できないが、ここにみなさまへの感謝の意を表したい。

　また、現象学を組み込む存在論の確立という構想は、カンブシュネル教授との議論のなかではじめて明瞭になった。とはいえ、東洋大学哲学科が優秀な現象学研究者たちのいわば「たまり場」であったということを抜きにしては覚束無かったというのも事実である。現象学の質的にも量的にも圧倒的な凌駕関係に埋もれながら、デカルト主義者瘦軀一個孤軍奮闘するなかで摑まれた構想でもあった。新田義弘東洋大学（名誉）教授の牙城に巣くう獅子身中の虫に暖かい励ましを与え続けた同僚の皆さんに感謝の意を表したい。

　最後になったが、この構想の実現に向けての第一歩は知泉書館の小山光夫さんと高野文子さんによって与えられた。私の力不足から尽力を強いることになってしまったお二人にお詫びをも込めつつ、感謝の意を表したい。なお、本書は平成一六年度科学研究費補助金（研究成果公開促進費）の助成を受けて公刊されたものであることも付け加えなければならない。

二〇〇四年六月一日　　風つよき人間《いるま》の里にて

〔観念と存在〕 ISBN4-901654-36-5

2004年8月5日 第1刷印刷
2004年8月10日 第1刷発行

著者 村上勝三

発行者 小山光夫

印刷者 藤原良成

発行所 〒113-0033 東京都文京区本郷1-13-2
電話(3814)6161 振替00120-6-117170
http://www.chisen.co.jp
株式会社 知泉書館

Printed in Japan 印刷・製本/藤原印刷

引用文献著者索引

（「第四部第四章」記載のものを除く）

用 語 索 引

（訳語の理解を容易にするためにラテン語・フランス語を補ったものもある。）

あ 行

欺く神　74,78
悪しき霊（genius malignus）　74,78
医学　183
意志（voluntas）　47,102,107,112,155,159,185,187,208
——作用（volitio）　102,155,200
意識（する）（conscientia/conscius esse）　52,58,80,153,155,158,161－70,199,202,213,224,230
イデア（idea）　105-09,123,124,133,134,136,137,140-44,148-50,160
痛い,痛み　58,188
色　188,203,218
因果（性）　143,145
——の原理　13,203
印鑑　81,83
隠然的に（implicite）　122,182,184,192
疑い　63,65,69,71-73
運動　8,21,90,176,188,208
永遠（的）　137,138,177,201
延長（extensio）　16,85,87,90,91,93,100,163,176,205
——的実体（substantia extensa）　9
——的な事物《もの》（res extensa）　15
大いなる傾向性（magna propensio）　15
音　188

か 行

懐疑理由（ratio dubitandi）　69,74
懐疑論者　70,77
解析幾何学　32
概念（する）（conceptus/concipere）　5－8,10－12,16－18,94,105,106,117,119,120,140,142,144－147,150,153,154,161,162,164,166,167,171,178,197,198,205,213,214,220,225,228,230
外的命名（denominatio extrinseca）　7,10,12
外部感覚　81-83,85,88,93-95,98,100
外来観念（外来的）（idea adventitia）　114,115,174,180,187,188,192,203,205,221,225
数　100,176,213
かくかく性（talitas）　108,109,124
形（figura）　8,9,21,22,80－90,92－95,98-100,188
確実性（certitudo）　63-65,68-71,73-75,77,114,115,119,183
確実に,確実な（certus,certe）　63,68,69,74,199,204,208
確信（persuasio）　74,75
語ることの形式　90,91
可能性（possibilitas）　6,228
可能的（な）存在（ens possibile）　210
神（的）　13,69－72,106－09,114,120,122,123,128,133-43,148-50,156,158,160,163,166,174-76,182-86,189,191,193,198,200,201,203－08,214,215,217,218,224,225,228,230
——の実在証明　6,110,115,116,120-22,174,181,186,189,204,206,212,225
——の誠実（veracitas Dei）　123
感覚（sensus）　21,22,37,39,70,72,73,81－84,86,88,98,103,113,117,118,128,144,147,175－78,180,185,188,204,215,216,219,226,228
——的質料　72,73
感情（affectus）　112
観念（idea）　9-15,79-81,83-96,98-

100,103-05,107,109,111-22,125-27,133,135,139,144,146,147,149,151,153-71,174,175-93,196-208,210-12,214-23,225,226,228-30
——（の）三分類説　104,113,114,116,119,128,174,176,181,210
観察（者）　43,45-54,56-59
完全性（perfectio）　198,206
元来（proprie）　113,116-18,128,210,220-22
偽・虚偽　111,112,186,215-19
機会（occasio）　185,188-90,193
——原因　193
幾何学　69,70,182,183
記憶（力）（memoria）　83,84,86
記号　82,94,96,97,98,100,217
基礎概念（notio）　167,171,187,208
基体（subjectum）　33,89,91,100,141,143
キマエラ　113,114,179,225
欺瞞　207,208
共通感覚（sensus commnis）　83,84,98
共通的基礎概念（notio communis）　104,117,188,222
共通な観念　88-90,100
近代科学　21,22
偶性（accidens）　135,203,205
屈折法則　27,28,30
駆動力・衝動（impetus）　33
経験　48,188-90,193,225
形而上学（metaphysica）　71-73,77,78,96,128,212,224
——的確実性　71
形相（的）（forma）　10,12,13,33,103,106,108,111,134-36,142,143,145,159-62,165,170,177,187,188,199-201,205,206,208,213-16,223,225
——的概念（conceptus formalis）　10,143,145,146,150,180
——認識　156,165,166,171,224,227,228
原因（causa）　12,13,15,19,116,127,143,197,203-06,213,215,223,226,226,229
言語　78,97,177
現実性（actualitas）　5,6
現実的（形相的）実象性（realitas actualis sive formalis）　6,158,203,206
現実的（形相的）存在（esse actuale sive formale）　210
顕然的に（explicite）　122,182,184,190
原理（principium）　135,136,137,181
行為　41-47,50-52,56-58,169
光学　32
構像力（phantasia）　83,84,91,97,103,159,199,205,213,226
広大無辺性（immensitas）　140
高邁　192,193
コギト（cogito）　6,7,9,19,63,154,163
心　23,103,185,186,200,207,224-27
言葉（の意味）　90,92,145,184-186,189,192,198

さ　行

最始的属性（attributum praecipuum）　9,14
裁量の自由　208
作為観念（作為的）（idea a me ipso facta）　114,174,179,182,183,187,193
作用因（causa efficiens）　144,203,206
作用的かつ全体的原因（causa efficiens et totalis）　12
算術　183
思惟（cogitatio）　8,9,16,41,56,75,101-05,111,113,114,116,122,123,128,134,139,154,155,158-68,176,181,183,184,187-90,197,199,202,208,211,213,214,216,220,222-27,230
——する事物《もの》（res cogitans）　6,59
——（の）様態（modus cogitandi）　103,110,112,116,119-21,123,227
——的実体（substantia cogitans）　9

時間　204
自己意識　53,55,57,227,230
自己原因（causa sui）　202
志向的形質（species intentionalis）　34
自然
——学　21,22,33,35,36,72,77,180,182,188,189,230
——的　97
——的傾動性（impetus naturalis）　115
——哲学　78
——の光（lumen naturale）　191
実践的　150
——確実性　71
実験　21-25,30,38
実経験　78
実在（する）（existentia/existere）　5-9,16,64,66-68,70,71,74-76,112,113,115,116,118,120,121,123,156,165-69,176,162,183,186,203,204,206,225,227-30
実象性・レアリタス（realitas）　5,6,10-17,19,111,120,201,203,206,211,226,229
実象的（realis）　94,98,111,141,218
——区別（distinctio realis）　7
——存在（ens reale）　19
（自）証知（内的）（internum testimonium/temoignage）　168,171
実体　8,9,15,16,33,150,153,164,165,167,168,201-204,205,212,225,228
——形相（forma substantialis）　32-34
思弁的　150
質料（的）（materia）　33,77,110,135,145,170,216,218,219
——因（causa materialis）　203,206
——的虚偽（falsitas materialis）　117,202,214-17,219,228
思弁的学　72
衝動（自然の）（implusion）　191
情念　230
自由　170
縮約的にある（esse diminutum）　108
純粋知性　84,91,92
循環　129
神学　72
身心二元論　40
身体（物体）（的）　43,46,47,49,52,75,76,84-86,89,90,94,95,99,103,181,193,199,208,224,225
——性　42,52
真理・真　70,86,87,89,93,123,137,184,186,208,216,217,219,229
数学　21,32,35,71-75,78,177,180
精神（的）（mens）　64,65,76,78,90,92,94,103,111,114,134,141,145,150,156,158,159,165,170,177,180,182,183,187,188,191,198,199,202,206,207,211,223,225
性質　145,218,230
絶対名辞（nomen absolutivum）　141
想起　77,177,191
像（imago）　80,93,95,99,104,110,116,117,156,159,175,191,199,200,205,213,221,222,226
創造（creatio）　106,134,136,137,144,146
想像力・想像する（imaginatio/imaginari）　70,72,80,83,84,86,88-95,97,98,100,117,205
挿入説の虚偽の理論　219
属性（attributum）　8,9,14,19
存在（者）（esse/ens）　7,98,99,140,151,163,164,168,198,211,212,215
——神学　140
——性（entitas）　10,15,199
——論（的）　143,144,147,169,192,214,229
——論的証明　14

た　行

態勢（dispositio）　193
第一の認識　224

第一志向・第二志向　151
対象　93,104-08,110,111,116,119,121-24,127,128,137,141,143,145,162,163,165-70,187,201,210,216,217,224-28,230
——的概念（conceptus objectivus）　10,144-47,150,151
——的完全性（perfectio objectiva）　110,198,199
——的技巧（artificium objectivum）　127,199
——的実象性／対象的レアリタス（realitas objectiva）　5,6,10-15,18,19,110-12,116-24,126,127,138,146,156-59,164,174,199,203,205,210-12,215,219,223,225,227-30
——的にある（対象的存在）（esse objectivum）　17,19,105,106,109-11,114,119-24,126,127,138,139,141,143,147,197,199,210-12,214,215,228-30
——認識　165-67,169,170,224,227,228,230
太陽　115,182,183,200,203,205
他人（他者）　43-47,50,51,53-59,224
単純本性　86-88,90,179
知解（intelligentia）　106,134
——する（intelligere）　91,94,107,123,135,137,139,145,180,185,199,201-204,206,208,226
知性（的（intellectus）　8,9,11-13,17,70,83,84,86,87,92-94,106-110,121,122,124,126,127,134,136-39,141-45,147,148,150,182,185,192,197,204,205,208,210,213-17
——作用・知解（intellectio）　138,180,201
知識論（的）　138,153,166-68,229
知識・学的知識・学知（scientia）　64-77,140,183,190
知的存在（esse intelligibile）　107
知的質料（materia intelligibilis）　72,73
知得（する）（perceptio/percipere）　69-71,83,134,156,159-61,165,168,184,190,199,200,204,205,210,214,223,226
抽象（的）（する）　138,225
直覚（的・する）・直視（する）（intuitus/intueri）　99,138,141,191
直接実在論　229
超越（的・性）　140,141,224
冷たさ・冷たい　104,214,217
天文学　182,183

な　行

内含名辞（nomen connotativum）　141
内的
——感覚　224
——感得　80,171,224
——認識（cognitio interna）　183,184,187,189
似姿（similitudo）　135,136,160,191
虹　31,32
認識
——されてある（esse coginitum）　107,138,143
——された対象（objectum cognitum）　107,111,138
——素　229
認知理論　212,229,230
能力（facultas）　84,94,104,180,183-89,192,201

は　行

範型（exemplar）　11,114,118,135,136,142-44,150,160
——因（causa exemplaris）　142
反省（reflexio）　171,180,183,185,187,190,191,226
判明に,判明な（distincte/distinctus）　63,99,229
判断（する）（judicium/judiare）　112,

185,188,215,217-19
被造物　136,138,141-44,186
必然的（に）　116,208
表象　120,160,161,212,221,225,228,229
――する（repraesentare）　15,108-11,115,119-21,126,145,146,149-51,158,166,174,177,189,199,204,215-17,219,226
――されてある（esse repraesentatum）　108,109,124,160
――的性格　113,115,116,117,170
――理論　212
物質的な事物《もの》・物質的（res materialis/materialis）　71,87,90,99,116,158,176,181,189,198
物体（的）（corpus/corporalis）　6,8,34,37,43,79,83,86,87,90-93,95,103,120,123,163,167,181,193,204,206,207,212-14,224,225,228-30
――性　42
――の実在証明　15,120
不明瞭に（な）かつ不分明に（な）（obscure et confuse）　69,216
不明瞭さ（obscuritas）　217
不分明に（な）（confuse/confusus）　217,226
方法　95,100,212
望遠鏡　25-27,35
ポール・ロワイヤル　59,97
本質（essentia）　7-9,16,107,109,113,135,136,145,170,176,177,181,189,191,201
本性・自然・自然本性（natura）　33,39,99,145,174,177,201,205,208,218
本能　191
本有
――観念（idea innata）　115,173,175,177-87,190-92,196,201,210,214,224
――性　173,176,177,184,186,190
――的　175-78,182,183,185,187-89,191-93,198,201,204,207,223

ま　行

蜜蠟　81,83
無　197,203,205,207,220
無限（infinitum）　19,140,176,225
――実体（substantia infinita）　13,15,19
無際限（indefinitum）　19,140,213
無神論者　70,77
無媒介的な思い　52-57
名辞・名前・名称（terme/nom/nomen）　184-86,199,200,205,207,226
明晰かつ判明に（な）（clare et distincte）　69,71,74,77,123,163,229
明晰に（な）（clare/clarus）　207
明証性・明証的（evidentia/evidens）　69-71,74,75,77,128,205,219
眼鏡　26
モデル　106,149
事物《もの》
――の観念（rerum idea）　93,117,156-59,162,164,166-68,176,180,183,185,186,189,210,220,222,224,227
――の像（rerum imago）　104,110,112,114-19,121,123,155,174,210,217,221,222
――の側から（a parte rei）　86,87
模倣（imitatio）　135,136,138,141,144

や～わ行

約定的　97
優勝的（eminenter）　13,19,199
有限　179,225
――実体（substantia finita）　15
様態（modus）　7,15,19,120,134,135,141,153,164,165,167-169,197,210,227
――的区別（distinctio modalis）　7-9
ラティオの関係（relatio rationis）　107,138

力能（potentia）　140,150,189
理拠的区別（distinctio rationis）　7-9
理拠的存在（ens rationis）　18,19,99,198,213
理性・理由・事理・理拠（ratio）　49,104,143,154,180,187,198,201,227,228
類似（性）　21-23,39,115,144,221,228,229
私　16,41-59,63,75,76,79,80,105,119-21,123,134,148,153,158,162-65,169,175-78,190,203,204,207,208,212,223-25,227-29
――自身の観念（idea mei ipsius）　80,116,175,223-25,227
――の内（にある）（in me esse）　11,105,111,112,115,119,121,122,171,174,176,228
――の外（に実在する）（extra me existere）　105,111,112,121,167,228